Baby blues
Rozmowy o emocjach

Sylwia Pyć

Redakcja: Agnieszka Rzepecka
Korekta: Karolina Kadłuczka
Korekta techniczna: Patrycja Figlarska
Projekt okładki i opracowanie graficzne: Monika Zalewska
Skład: InkWander

ISBN: 9788397177956

Limitless Mind Publishing Ltd
15 Carleton Road
Chichester
PO19 3NX
England
Tel. +44 7747761146
Email: office@limitlessmindpublishing.com

Drogi Czytelniku!

Znajdź nas na Facebook/Instagram:
limitless mind publishing
Odwiedź naszą stronę na Amazon
wpisując w wyszukiwarkę limitless mind publishing
lub skanując kod, aby zobaczyć nasze inne pozycje.

♥ *Będziemy bardzo wdzięczni za Twoją opinię na temat książki. To znaczy dla nas wiele.*

Mojej córeczce Oli.
To dzięki Tobie powstała ta książka.
Kocham Cię jak stąd do Księżyca.

SPIS TREŚCI

„Możesz wyglądać na pewną siebie i mieć lęki.
Możesz wyglądać świetnie i czuć się jak wrak człowieka.
Możesz uśmiechać się w towarzystwie i zaciskać pięści,
żeby nie zacząć krzyczeć.
Możesz odpowiadać „u mnie wszystko w porządku”
i nie radzić sobie psychicznie.
Możesz robić setki brzuszków i przysiadów i nie mieć sił.
Możesz być twarda i płakać.
Możesz mieć wszystko i czuć się, jakbyś nie miała nic”.

Alina Adamowicz

MOJA HISTORIA

Miałam 31 lat. Za mną było 10 lat na kierowniczych stanowiskach w dwóch dużych korporacjach. Praca dawała mi ogromną możliwość rozwoju i poczucie sprawczości, ale z drugiej strony wymagała ode mnie mnóstwa poświęceń. Kilka konferencji telefonicznych dziennie, liczne wyjazdy służbowe i niezliczona ilość nadgodzin, w których „gasiłam korporacyjne pożary". Stres i zmęczenie zaczęły rządzić moim życiem. Wiedziałam, że chcę zmiany. Wiedziałam, że jestem gotowa na założenie rodziny i absolutnie nie przewidywałam żadnych trudności z tym związanych. No bo jakie to miałyby być trudności? Do tej pory zarządzałam około 50-osobowym zespołem, więc teraz miałam sobie nie poradzić w zarządzaniu domem i opieką nad własnym dzieckiem, którego tak bardzo pragnę?

Ciąża była dla mnie czasem odpoczynku i wyciszenia. Żadnych komplikacji. Chodziłam do szkoły rodzenia, przeczytałam kilka poradników dotyczących macierzyństwa. Mimo tego, że w tym czasie należałam do osób, które zakładają czarne scenariusze i przeżywają tragedie, które się jeszcze nie wydarzyły, czas ciąży był wyjątkowo spokojnym okresem w moim życiu. Nie było we mnie lęku przed porodem i zupełnie nie zastanawiałam się, co będzie po narodzinach dziecka. Po prostu czekałam. Przecież dziecko to taka naturalna kolej rzeczy. Właściwie wszyscy znajomi z mojego najbliższego otoczenia już byli rodzicami, widziałam, jak żyją… często opiekowałam się ich maluchami i nie mogłam się doczekać swojego. Wydawało mi się, że jestem świetnie przygotowana. No właśnie… wydawało mi się, bo to, co się wydarzyło po narodzinach mojej córki, kompletnie mnie zaskoczyło.

Patrząc na to z perspektywy czasu, myślę, że moje dobre samopoczucie i dobre nastawienie do porodu uleciało po jednej sytuacji w szpitalu, gdzie byłam już kilka dni przed porodem. Podczas wieczornego KTG wyszły drobne nieprawidłowości, które położne chciały skonsultować z lekarzem dyżurującym, i tak chwilę po godzinie 20 przyszła Pani doktor, z której postawy wynikało, że nie bardzo ma ochotę, aby ktoś zawracał jej głowę. Robiła mi USG, a im dłużej to trwało, tym większy niepokój zaczęłam odczuwać. W pewnej chwili przerwałam ciszę, pytając, czy wszystko dobrze. W odpowiedzi usłyszałam „Gdyby było wszystko dobrze, nie leżałaby Pani na patologii ciąży. Skąd mam wiedzieć, czy jest dobrze? Jak urodzi Pani żywe dziecko, to wtedy będzie dobrze". Takiej odpowiedzi kompletnie się nie spodziewałam. Do tej pory nie było mowy o żadnych nieprawidłowościach w trakcie przebiegu ciąży, a teraz, chwilę przed porodem słyszę takie coś. Obudziło to we mnie ogromne przerażenie. Naprawdę ogromne, bo moje myśli od razu wróciły do dalekiej przeszłości, w której gdy miałam 3 lata, to moja mama urodziła martwą córeczkę, a sama zmarła pół roku później. Nagle poczułam, że teraz może być tak samo ze mną i z moją córeczką.

Do tej pory nie nastawiałam się na to, jak będzie wyglądał mój poród. Bardziej wiedziałam, że nie na wszystko mam wpływ, ale wtedy, podczas tego USG wróciły do mnie wszystkie lęki z przeszłości oraz doszły nowe… Dobę przed porodem przepłakałam. Zdecydowano się na wywoływanie porodu, ale finalnie, przez brak postępów w porodzie, Ola urodziła się przez cesarskie cięcie. Pamiętam moment, gdy usłyszałam jej płacz — poczułam ulgę, że już jest po wszystkim, że żyje… Gdy ją zobaczyłam, poczułam się dziwnie. Sama nie wiem czy to była radość, czy tak bardzo chciałam, żeby to była radość… Spodziewałam się fali zalewającej mnie miłości od pierwszego wejrzenia, tymczasem jak patrzyłam na córeczkę, to właściwie nie myślałam o niczym i chyba też nic konkretnego nie czułam. Pamiętam, że to uczucie wywołało we mnie jeszcze większy niepokój i coś w rodzaju zawstydzenia.

Zbliżał się wieczór i pierwszą noc Ola spędziła, śpiąc na mnie. Właściwie było to przyjemne, ale wtedy nie wynikało z potrzeby mojej bliskości z nią, a bardziej z tego, że położna mi ją tak zostawiła i zniknęła, a ja nie umiałam jej odłożyć. W drugiej dobie po porodzie czułam w sobie mnóstwo energii. Nie mogłam się na nią napatrzeć, co chwilę ją przykrywałam, odkrywałam, zmieniałam pieluchę i czekałam, aż się obudzi. Trzecia doba była zupełnie inna. Nie patrzyłam już na dziecko z zachwytem, a coraz bardziej rosnącym niepokojem. Dlaczego śpi? Dlaczego nie śpi? Dlaczego tak często chce być przystawiana do piersi? Dlaczego tak dziwnie oddycha? Tego „dlaczego" była nieskończona liczba, która pozostała ze mną na wiele miesięcy.

Już w szpitalu zorientowałam się, że karmienie piersią nie zawsze wygląda tak, że przystawiasz dziecko i ono je. Niby żadna filozofia, a jednak okazało się to dla mnie chyba jednym z największych wyzwań w życiu. Pomimo tego, że dosyć szybko udało mi się rozkręcić laktację, to karmienie nam nie szło. Ja nie umiałam karmić, Ola nie umiała jeść i nie wyglądało na to, że to się zmieni, co wpędzało mnie w coraz większą panikę.

Wracając do domu, czułam już naprawdę duży lęk. W głowie cały czas miałam to, że muszę ją nakarmić i po tym jak to wyglądało w szpitalu, zdawałam sobie sprawę, że w domu będzie jeszcze ciężej. I faktycznie było tak, jak założyłam — coś z tym karmieniem było nie tak. Spędziła 2 godziny przy piersi, a po odstawieniu ciągły płacz. W pewnej chwili przyszła inna myśl — może ona za dużo je i płacze przez ból brzucha! Dlatego zmieniłam strategię i postanowiłam przez kilka godzin nie dawać jej mleka, czego efektem było to, że mąż przez ten czas bujał ją pod włączonym okapem. Nie wiem, co wtedy było gorsze — jej płacz, szum okapu czy mój rosnący niepokój.

Dwa dni po powrocie do domu na naszą prośbę odwiedziła nas położna laktacyjna, do której mieliśmy kontakt z polecenia. Gdy tylko spojrzała na Olę, od razu powiedziała, że znacząco spadła na wadze. Jak ją zważyła, to tylko potwierdziło jej przypuszczenia. Od tej chwili moje życie zaczęło kręcić się wokół karmienia i ważenia dziecka. Przez pierwsze 3, a nawet 4 miesiące godzinami przystawiałam ją do piersi. Kolejne godziny upływały nad laktatorem, którym stymulowałam laktację, ale i potrzebowałam tego odciągniętego mleka, aby ją dokarmiać. Nie brałam pod uwagę tego, że mogę ją karmić mlekiem modyfikowanym. Nie wiem skąd była we mnie taka silna potrzeba karmienia piersią, ale im bardziej się starałam, tym więcej trudności napotykałam… zapalenie piersi, zatkane kanaliki, poranione brodawki. Ból i frustracja nie do opisania.

W tym czasie jeszcze kilkakrotnie odwiedzała nas położna laktacyjna i w jej obecności jakoś udawało mi się przystawiać małą tak, aby efektywnie jadła, ale jak tylko wychodziła, to znowu stawałam się nieporadna i spanikowana. To był koszmarny czas. Naprawdę. Ból poranionych brodawek i totalny brak snu powodował, że z dnia na dzień czułam się coraz gorzej.

Dzisiaj nie wiem jak to możliwe, że całymi nocami nie spałam. Karmiłam jedynie w pozycji siedzącej „spod pachy". Spędziłam tak niezliczoną ilość godzin. Pamiętam te długie, zimowe noce, po których przychodził dzień, na który nie miałam siły. Ciągle byłam przestraszona, a właściwie przerażona. Nie wiedziałam ani tego co się ze mną dzieje, ani tego co się dzieje wokół.

Moją obsesją od początku stało się ważenie Oli. Zaczęło się od tego, kiedy położna powiedziała, że spadła na wadze. Od tego momentu ważyłam ją codziennie rano i wieczorem. Bywało też, że potrafiłam ją rozebrać w środku nocy, żeby położyć na wagę i sprawdzić, czy przybrała chociaż ze 20 gramów. Gdy ważyła trochę więcej, uspokajało mnie to, ale tylko na chwilę, a gdy waga się nie zmieniała — paraliżował mnie strach i wymyślałam mnóstwo przyczyn, dlaczego tak się dzieje. Przez ponad 8 miesięcy prowadziłam zeszyt, w którym skrupulatnie zapisywałam datę, godzinę i wagę dziecka. I chyba przestałam to robić tylko dlatego, że Ola już nie mieściła się na wadze.

Okres połogu wspominam też jako smutny czas. Nie potrafiłam określić, czym jest spowodowany ten smutek, ale był i to bardzo silny. Wywoływało to u mnie sporo płaczu. W dodatku ten ciągły lęk o to, że stanie się coś złego. Cały czas na to czekałam, a w tym oczekiwaniu pojawiało się coraz więcej negatywnych myśli, i zdecydowanie potęgował to brak snu i mój, i Oli.

Dzisiaj wiem, że kompletnie nie zdawałam sobie sprawy, co mnie czeka po narodzinach dziecka i szybko okazało się, że nie jestem na to wszystko przygotowana. Co do takich małych dzieci miałam chyba tylko jedno przekonanie — że tylko jedzą i śpią. Tymczasem moje dziecko ani nie jadło, ani nie spało. Byłam pewna, że coś jest nie tak albo ze mną, albo z nią. Drzemka w dzień trwała około 15 minut, natomiast w nocy maksymalnie godzinę. Pamiętam, jak mój mąż 3 dni z rzędu liczył czas snu Oli. Wyszło, że przesypia około 8 godzin na dobę, podczas gdy wszędzie czytaliśmy, że noworodek przesypia około 16-18 godzin.

Teraz wiem, że to statystyki, które nie dotyczyły mojej córki, ale wtedy był to duży powód do zmartwień. Obwiniałam się, że coś robię nie tak, że nie umiem odpowiednio zająć się dzieckiem. Jestem niewystarczająca i chyba nie nadaje się na mamę. Te myśli zaczęły rządzić moim życiem. Ciężko było mi się pozbierać, tak żeby po prostu być i cieszyć się z tego wszystkiego, co było wokół mnie, a dzisiaj wiem, że powodów do radości było naprawdę dużo. Chociażby to, że w tym czasie mój mąż był na 6-miesięcznym zwolnieniu lekarskim po operacji wiązadła. Przecież to była idealna sytuacja. Pierwsze miesiące po narodzinach dziecka mogliśmy spędzić razem. Jego obecność w domu powinna być dla mnie dużym ułatwieniem, tymczasem było wręcz odwrotnie. Tak zafiksowałam się na punkcie małej, że właściwie on nie miał zbyt dużego pola do popisu i z każdym dniem odsuwał się coraz bardziej i od niej, i ode mnie. Czułam się wtedy bardzo samotna i niezrozumiana. Swoją drogą to dziwne uczucie mieć cały czas męża pod ręką i dziecko przy piersi, a czuć tak wielką samotność.

Żałuję tego straconego czasu. Strach tak bardzo nade mną panował, że nie potrafiłam cieszyć się z macierzyństwa i wiem, że bardzo dużo straciłam w tej początkowej relacji z dzieckiem, bo moja opieka nad Olą była bardzo mechaniczna i przepełniona strachem. Na pewno też bardzo zmieniła się relacja między mną a moim mężem, bo nasze drogi zaczęły się dosyć szybko rozchodzić, co powodowało, że zaczęliśmy żyć jakby w dwóch innych światach, a zupełnie nie potrzebnie. Ja w tym czasie bardzo skupiałam się na dziecku oraz na swoim złym samopoczuciu. On na rehabilitacji kolana. Wieczory spędzaliśmy niby razem, a oddzielnie…

Po porodzie obudziło się we mnie wiele lęków związanych również z moim zdrowiem i życiem. Ciągle czułam się chora. Czułam się coraz gorzej pod względem psychicznym, ale i fizycznym. Pojawiło się u mnie wiele objawów somatycznych, a każdą niedyspozycję uważałam za zwiastun śmiertelnej choroby. Ból głowy — guz mózgu, kołatanie serca — zawał, ból brzucha — rak jelit. Dzisiaj wydaje mi się to nawet dosyć śmieszne, ale wtedy naprawdę to było coś, co mnie paraliżowało. Myślę, że przyczyną tego było sporo nieprzepracowanych tematów z dzieciństwa. Nagle wszystkie trudne rzeczy, które przytrafiły mi się w życiu, zaczęły do mnie wracać i nabrały zupełnie innego znaczenia.

Po śmierci mamy zamieszkałam u dziadków. Moi dziadkowie zapewniali mi cudowną opiekę, ale już od dziecka nakładano na mnie sporo ograniczeń, które teraz jak sądzę, wynikały z racji ich podeszłego wieku. Mój ojciec zmarł nieoczekiwanie tuż przed moją maturą, dwa miesiące po nim zmarła moja ukochana babcia. Był to dla mnie bardzo trudny czas, ale mimo wszystko podeszłam do tego okresu zadaniowo. Było sporo załatwień dotyczących pogrzebów, no i przede wszystkim moja matura oraz dylematy związane ze studiami. Wyprowadziłam się z domu i zamieszkałam z moimi przyjaciółmi. Już na drugim roku studiów zaczęłam pracę i moja kariera potoczyła się dosyć szybko, tak że zaczęłam zajmować stanowiska kierownicze. Z biegiem czasu były to coraz bardziej ambitne zajęcia, ale wymagały ode mnie bardzo dużej dyspozycyjności i dużej odporności na stres. No i właśnie ta odporność na stres coraz bardziej zaczęła mnie zawodzić. Właściwie nigdy tego nie analizowałam, tylko szłam przed siebie, mając poczucie, że jestem zdana sama na siebie, ale przy tym bardzo silna. I nagle jak się zatrzymałam i znalazłam się w momencie życia, w którym miałam wszystko, z czego powinnam się cieszyć —

czyli cudownego partnera, który był moją wielką miłością, piękną i zdrową córeczkę, własne mieszkanie i stabilizację finansową — to właśnie wtedy znalazłam się w otchłani rozpaczy, z której ciężko mi było wyjść.

Na pewno w czasie połogu bardzo pomogła mi położna laktacyjna, która była dla mnie niezwykłym wsparciem. Pani Justyna okazała pomoc nie tylko dziecku, ale przede wszystkim mnie. Cierpliwie powtarzała te same rzeczy, pocieszała i stawiała do pionu. Zawdzięczam jej bardzo wiele i teraz zaprosiłam ją do współpracy nad pisaniem tej książki.

Po około pół roku od porodu, kiedy mój stan i pod względem fizycznym, i psychicznym pozostawiał jeszcze wiele do życzenia, postanowiłam umówić się z panią psycholog, do której chodziłam na terapię jeszcze przed ciążą.

To kobieta Anioł, która stanęła na mojej drodze wtedy, kiedy tego najbardziej potrzebowałam. Wystarczyła nam tylko jedna, dłuższa rozmowa, która właściwie od razu postawiła mnie na nogi. Wiedziałam, że u niej znajdę zrozumienie i pocieszenie. Wytłumaczyła mi również logicznie, z czego wynika mój stan i jak sobie mogę pomóc. Pamiętam, jak wyszłam z jej gabinetu. Był początek lata, a ja pierwszy raz od długiego czasu wzięłam głęboki oddech i szczerze się uśmiechnęłam.

Jestem sobie wdzięczna za to, że sięgnęłam po tę pomoc. Trochę za późno i chyba to jest główny powód, dla którego opowiadam swoją historię i piszę tę książkę. Zarówno ja, jak i kobiety, z którymi na co dzień rozmawiam, mówią to samo — nie warto się męczyć, nie warto czekać, aż przejdzie, nie warto czekać, aż wpadniesz w depresję — WARTO za to o tym rozmawiać i uświadamiać mamy, że złe samopoczucie psychiczne nie jest ich winą ani powodem do wstydu. Już sama świadomość tego — może bardzo pomóc…

KILKA SŁÓW O MNIE

Nazywam się Sylwia. Jestem Doulą – asystentką kobiet w ciąży i połogu oraz Certyfikowanym Trenerem Mentalnym. Prywatnie mama trójki fantastycznych maluchów, które dają mi ogrom szczęścia i siły. Chociaż z tą siłą bywa różnie, bo raz mi ją dają, a innym razem pozbawiają jej całkowicie, tak że odliczam godziny, aż wszyscy pójdą spać, a ja będę mogła wtedy czytać, pisać i słuchać podcastów – bo to, poza zabawami z dziećmi, lubię robić najbardziej…

Bycie mamą to najtrudniejsze wyzwanie w moim życiu, ale jednocześnie też moja najpiękniejsza podróż w nieznane. I chcę Cię zabrać w tę podróż, aby pokazać, że nie zawsze jest łatwo, bo często nie jesteśmy w stanie wszystkiego przewidzieć i zorganizować tak jakbyśmy tego chciały. Nie zawsze też rozumiemy emocje swoje i emocje swoich dzieci, ale zawsze warto to zmienić. Zrozumienie i akceptacja to droga do odzyskania spokoju i radości w życiu. I to właśnie robię na co dzień podczas indywidualnych sesji z moimi podopiecznymi – pomagam zrozumieć i zapanować nad trudnymi emocjami na każdym etapie macierzyństwa. Szczególnie bliskie są mi emocje związane ze smutkiem poporodowym.

Wiem, że narodziny dziecka to zawsze ważne wydarzenie w życiu rodziny. Nie ma tu znaczenia czy to pierwsze, czy kolejne dziecko. Nie ma znaczenia, ile masz lat, czym się zajmujesz i jakie doświadczenia masz za sobą. Znaczenie za to mają Twoje emocje, które towarzyszą Ci zawsze, a tuż po porodzie mogą Cię bardzo zaskakiwać. Wydaje Ci się, że jesteś przygotowana do bycia mamą? Może już masz dzieci, więc skąd się wzięła ta bezradność, smutek, rozdrażnienie i dezorganizacja?

Odpowiedź na to pytanie pokażę Ci w tej książce. Znajdziesz tutaj przede wszystkim historie kobiet, które zmagały się ze smutkiem poporodowym. Są to historie opowiedziane z ogromną szczerością, której towarzyszyło dużo wzruszenia, łez, ale i radości. Bo właśnie taką mieszanką uczuć jest macierzyństwo – czy tego chcesz, czy nie…

Zaczęłam od mojej historii, bo to ona pokazała mi potrzebę pracy, edukacji i przede wszystkim nagłośnienia tematu smutku poporodowego, aby dotarł do jak największej liczby kobiet. Gdy po narodzinach pierwszego dziecka potrzebowałam pomocy, nie bardzo wiedziałam, gdzie jej szukać. Nie mogłam też znaleźć żadnej książki, która pomogłaby mi zrozumieć emocje kobiety po porodzie – moje emocje. Dlatego wiem, że przytoczone tutaj rozmowy stanowią ogromną wartość, zawierają dużo wiedzy, dzielą się doświadczeniem i przede wszystkim są prawdziwe, czego coraz bardziej nam brakuje w dzisiejszym świecie.

Znajdziesz tutaj nie tylko rozmowy z innymi kobietami-matkami, ale również wywiady ze specjalistami z różnych dziedzin, którzy wypowiadają się na temat smutku poporodowego, zawierające definicje i ich spostrzeżenia.

Są to wywiady z 4 specjalistami:
- Ginekologiem, który opowiada co się dzieje z ciałem i hormonami kobiety tuż po porodzie.
- Położną z 20-letnim stażem pracy.
- Psychoterapeutką, która zapewne słyszała wiele historii podobnych do Twojej.
- Psychiatrą, który zwraca uwagę na to kiedy Twoje złe samopoczucie powinno skłonić Cię do wizyty u specjalisty.

Podczas licznych rozmów z kobietami, widzę, jak bardzo personalnie traktujemy temat naszego samopoczucia. Uciekamy od smutku, wstydzimy się naszych uczuć i słabości… Młoda mama często ma wobec siebie samej zbyt wygórowane wymagania, czując się przy tym niewystarczająca. Chce wcielić w życie scenariusz idealnej matki. Ale warto zadać sobie pytanie, kim jest idealna matka? I czy zamiast bycia idealną, co jest wręcz nieskończonym pojęciem, nie lepiej być dobrą, kochającą i szczęśliwą? Często porównujemy się z tym, co widzimy w naszym otoczeniu, głównie na portalach społecznościowych. Na pewno i wśród Twoich znajomych na Facebooku czy Instagramie, widzisz piękne i uśmiechnięte mamy z równie uśmiechniętymi bobaskami i zastanawiasz się, co u Ciebie poszło nie tak. Ale zapewniam Cię, że wszystko jest tak! W życiu nam wszystkim towarzyszą różne emocje, które nie zawsze widać, dlatego tym bardziej nie powinniśmy się porównywać z innymi.

Na co dzień, w trakcie sesji, od moich podopiecznych najczęściej słyszę słowa osamotnienie i frustracja, nie uważam, żeby było w tym coś złego. To uczucia, które są elementem życia każdego człowieka. Jednak myślę, że powinniśmy pracować z emocjami i uczuciami, które robią nam krzywdę. Wprowadzają w złe samopoczucie i zabierają radość życia. Często wydaje nam się, że jesteśmy osamotnieni w swoich rozterkach, traktujemy je osobiście i zbyt surowo się oceniamy. Przyjrzenie się tym emocjom i rozmowa o nich może to zupełnie zmienić. Przynieść oczyszczenie i rozwiązanie problemu. A pomoc, której potrzebujesz, często znajduje się na wyciągnięcie ręki i nie ma nic złego w tym, że o nią poprosisz.

O smutku poporodowym nie mówi się prawie wcale, wciąż też mało mówi się o depresji poporodowej, ale to, że się o czymś nie mówi nie oznacza, że tego nie ma.

Po rozmowach z dziesiątkami kobiet widzę jedno – Baby Blues jest demokratyczny. Może dopaść każdego i to jak się potoczy, zależy w dużej mierze od nas samych. Możesz tkwić w stanie lęku i beznadziei albo poszukać pomocy i zacząć cieszyć się z macierzyństwa. Zachęcam Cię do tego, abyś obrała ten drugi kierunek i wierzę, że historie opisane w tej książce pokażą Ci, że można to zrobić.

ROZMOWY Z KOBIETAMI ZMAGAJĄCYMI SIĘ ZE SMUTKIEM POPORODOWYM

Ania, 33 lata
Mama dwojga dzieci

Sylwia: no dobrze Aniu, wiem tylko tyle, że masz dwoje dzieci.

Ania: tak, pięciolatkę i dwulatka.

Sylwia: jak wyglądał Twój czas po porodach? Dwa razy towarzyszył Ci Baby Blues?

Ania: tak, a w zasadzie po drugim porodzie prawdopodobnie miałam depresję okołoporodową. Prawdopodobnie, ponieważ była stwierdzona po czasie. Mówię, że okołoporodowa, bo wiązała się jeszcze z innymi rzeczami, dlatego, że syn urodził się w takim trudnym czasie dla mnie i dla córki, bo akurat wtedy pojawiły się u niej pewne problemy zdrowotne. Był też dzieckiem niezaplanowanym, co też miało duży wpływ na moje samopoczucie. Ciąża była taka trochę nieprzepracowana i na pewno trudniejsza z kilku względów. To był czas pandemii, więc dostęp do specjalistów był bardzo ograniczony. Planowałam rodzić w domu, miałam umówioną położną, a to w ostatniej chwili się pozmieniało. I to dosłownie w ostatniej chwili, bo jeszcze w dniu porodu, rano położna była u mnie położna i mnie badała, a później akcja porodowa zaczęła się rozkręcać tak szybko, że ona nie zdążyłaby do mnie dojechać, więc zasugerowała jednak wyjazd do szpitala. Także miałam poczucie, że wszystko wyszło nie tak, jak sobie to zaplanowałam. I to z czasem przekształciło się w coś zdecydowanie większego niż smutek poporodowy.

Sylwia: zdawałaś sobie z tego sprawę? Miałaś już pewnego rodzaju porównanie, bo po pierwszym porodzie też nie czułaś się najlepiej…

Ania: tak, po pierwszym porodzie dopadł mnie Baby Blues, ale ja przez bardzo długi czas to wypierałam. Pamiętam, że podczas wizyty patronażowej położna zostawiła mi ankietę dotyczącą depresji poporodowej, ale nie przywiązałam do niej szczególnej uwagi.

Sylwia: o, to jestem zdziwiona! Jesteś pierwszą osobą, która o tym mówi. To było rutynowe działanie czy położna zauważyła, że masz obniżony nastrój?

Ania: nie, to było rutynowe działanie, ona mi po prostu zostawiła tę ankietę i powiedziała, że podczas następnej wizyty ją odbierze. I ja wręcz to wyśmiałam, w mojej rodzinie, w moim otoczeniu, że gdzie mi depresja będzie groziła. Teraz, po tym, jak już od jakiegoś czasu jestem w trakcie terapii psychologicznej, to wiem, że to są moje mechanizmy obronne, to takie wyśmiewanie moich wszystkich ewentualnych kłopotów i zmartwień. Więc patrzę na to z innej perspektywy. Jestem pewna, że wtedy nikt nie miał pojęcia, co się ze mną dzieje jak zostaję na chwilę sama.

Sylwia: nie chciałaś zwierzyć się z tego, jak bardzo źle się czujesz?

Ania: nie, wtedy nie mówiłam absolutnie nikomu co się ze mną dzieje... Otym jak bardzo jest mi trudno. To też chyba było trochę tak, że ja sama do końca w to nie wierzyłam. Mówi się o tym, że po porodzie wszystko się zmienia, że hormony buzują, że to jest normalne, że na początku się dziwnie czujesz… Ja na przykład przy obu porodach nie miałam czegoś takiego, że zalała mnie fala miłości do dziecka. Po pierwszym porodzie zastanawiałam się „hej, czy ze mną jest coś nie tak?", 9 miesięcy nosiłam córkę w brzuchu, czekałam na nią, gadałam do niej, zakładałam słuchawki na brzuch i puszczałam muzykę i ona się nagle rodzi, a ja patrzę i… no użyję tego określenia „obcy" , wręcz kosmita, nie wiem, kto to jest. Absolutnie nie jestem z tych kobiet, co dają Ci dziecko, a Ty się zachwycasz. Więc to było takie pierwsze uderzenie, że może coś jest nie tak.

Sylwia: analizowałaś czy Twoje uczucia, a właściwie ich brak jest czymś złym?

Ania: tak, tym bardziej, że wszyscy na około mówili „no i jak? Już ją kochasz i świata poza nią nie widzisz?". Nie przyznałam się do tego, że nie, że nie wiem czy kocham. Bo to właśnie było takie uczucie, że nie wiem… Poród był dla mnie trudny, nie będę się tu o nim rozgadywać, bo chyba większość pierwszych porodów jest trudnych i takich zupełnie nie znanych, ale to było dla mnie naprawdę bardzo ciężkie przeżycie, a córka też od początku była bardzo high need baby. Przypominam sobie naszą drugą noc w szpitalu, drugą dlatego, że ona się urodziła o 17.20, więc pierwszą noc przespałyśmy obie wymęczone porodem. Natomiast druga noc, to był taki hardcore, że ja już wtedy poczułam, że zupełnie nie wiem co robić. Dlatego, że ona mi płakała non stop przez całą noc. Cały czas chciała być przy piersi, a one nie były przyzwyczajone do tego i ja cały czas tylko ją zmieniałam z piersi do piersi i już miałam myśli, że ona się nie najada, że coś jest nie tak. Wtrącę taką dygresję, że finalnie karmiłam ją 4 lata, więc było wszystko „tak", tylko wtedy, już sama zaczęłam piętrzyć w sobie wątpliwości. Ona po prostu była takim dzieckiem, że już od samego początku bardzo potrzebowała bliskości. Przypominam sobie taki moment, właśnie tej drugiej nocy, kiedy już nie miałam siły jej karmić i tak myślałam – to niemożliwe, że ona chce tak dużo jeść. Dzisiaj wiem, że to nie chodziło o jedzenie, tylko o potrzebę bliskości, ale wtedy jako młoda mama zastanawiałam się nad tym, czy jest możliwe, żeby ten mały brzuszek tyle pomieścił. W końcu wzięłam ją na ręce, tak trochę pionowo i zauważyłam, że ta pionizacja nieco jej pomaga i nosząc ją, żeby nie obudzić mojej współtowarzyszki z sali, wyszłam na korytarz. Zaczęłam chodzić po tym korytarzu z córką na rękach i trafiłam na położną, która… do dziś nie mogę tego zrozumieć, zaatakowała mnie słowami, tak bardzo agresywnie, że „co Pani robi?!". Wiesz, ja chcę wierzyć w to, że to była troska, ale wyrażona w bardzo zły sposób. Użyła sformułowania, że zemdleje Pani, upadnie i zabije dziecko. Wyobrażasz sobie? Jak teraz myślę sobie o młodych mamach i ich pierwszych nieporadnych ruchach, to nie rozumiem, jak można coś takiego powiedzieć. Zdaję sobie sprawę z tego, że się martwiła, że jestem po porodzie, że straciłam bardzo dużo krwi i że jestem słaba, ale można to powiedzieć inaczej. Pamiętam, że wtedy to było takie moje pierwsze uderzenie, że rozpłakałam się i płakałam długo razem z tym moim maleństwem przy piersi. No ale potem wróciłam do domu, niby szczęśliwa... przed wszystkimi, ale również przed sobą. Czekaliśmy na to dziecko, więc dlaczego teraz miałabym powiedzieć, że coś jest nie tak. Mnie się w ogóle wydawało, że jestem super przygotowana do bycia mamą. Mam młodszą siostrę, bardzo długo pracowałam z dziećmi przedszkolnymi, no przedszkolnymi, a nie noworodkami, ale mimo wszystko wydawało mi się, że o dzieciach wiem dużo i że wejdę w tę rolę zupełnie naturalnie. Tymczasem okazało się, że wszystko jest takie obce, dziwne, trudne i samotne... Mój mąż wtedy pracował na popołudnia, więc często wracał już po nocnym usypianiu dziecka, dlatego mam wrażenie, że ten najgorszy czas dnia miałam już za sobą. Pamiętam też, że wtedy brałam bardzo do siebie każde słowa. Może nawet nie nacechowane negatywnie tylko, które mogłyby mieć dla mnie negatywny wydźwięk. Przypomina mi się np. sytuacja, kiedy byłam z córką na spacerze i zadzwoniłam do koleżanki, a że była to zima, to na dworze mimo niezbyt późnej pory było już ciemno i jak powiedziałam tej koleżance, że spacerujemy, to ona rzuciła takim półżartem, że „no co Ty, z dzieckiem to się w dzień wychodzi na dwór, żeby łapało słonko, witaminę D" i tak dalej. I jak to usłyszałam, to miałam w głowie takie „Jezu, znowu coś robię źle". Bardzo brałam do siebie różne rozmowy, często czułam się atakowana. Śmieję się do dzisiaj, po tym jak moja mama zapytała mnie, czy kąpaliśmy córkę w nadmanganianie potasu, a ja nie miałam wtedy pojęcia, co to jest. Jednak od razu się oburzyłam i krzyknęłam „No co Ty!", bo myślałam, że ona mnie atakuje i wypomina, że kąpię dziecko w jakiejś chemii, a jej chodziło o to, że może by jej to by pomogło na jej zmiany skórne. I myślę, że to jest taki znak, że tak nie trzeźwo się myśli w tym wszystkim, że nagle wszystko zaczyna sprowadzać się do tego, że się nie nadaję. Nie daję sobie rady, a widzę, jak inne dziewczyny chodzą uśmiechnięte z dziećmi. Tym bardziej, że ja cały czas widziałam kobiety spacerujące z wózkami, w których spały dzieci, a moja córka wcale nie spała. To było dla mnie tak trudne... Wychodząc na dwór, bardzo się stresowałam, z kolei siedząc w domu, nie mogłam wytrzymać sama. Moje próby wyjścia najczęściej kończyły się powrotem z płaczem nas obu. Ratowało mnie noszenie dziecka w chuście, no ale to też była zima i wtedy nie chodziłam jeszcze z tą chustą na dwór. Jednak chodząc po domu, dzięki tej chuście mogłam chociaż ukroić sobie kromkę chleba. Bo naprawdę moja córka była na tyle nieodkładalna, że często cały dzień nic nie jadłam. To również wpływało na moje pogarszające się samopoczucie.

Sylwia: to były ciężkie doświadczenia na wielu płaszczyznach...

Ania: tak. Na pewno ta nowa rola bycia mamą jest trudna. I to bym chciała bardzo mocno zaznaczyć, że może się o tym nie mówi, ale tak jest. I to jest ok, że nie od razu zakochujesz się w swoim dziecku. To jest ok, że nie wiesz, co zrobić. To jest ok, że boisz się wykąpać dziecko. Nawet jak Ci się wydaje, że masz ogromną wiedzę, to może się okazać, że w praktyce to jest zupełnie co innego. Są takie dzieci, które nie śpią, są takie dzieci, które dużo płaczą i że to niekoniecznie Ty robisz coś źle.

Sylwia: cieszę się, że o tym mówisz. Przez młode mamy przemawia dużo emocji i w większości są to negatywne emocje, które tylko generują niepokój i zmęczenie.

Ania: strasznie, naprawdę strasznie. Minęło 5 lat od mojego pierwszego porodu, a ja teraz, rozmawiając z Tobą, czuję w środku roztrzęsienie. Było tyle negatywnych emocji i osamotnienia. Dodatkowo, na pewno sporą rolę odgrywały hormony. Około 3 miesiąca po porodzie miałam tak ogromną produkcję mleka, że doszło do hiperlaktacji. Przez cały rok musiałam nosić wkładki laktacyjne. Czułam, że wszystko udźwignę, a dziś sobie myślę, że może nie musiałam sama.

Sylwia: przyszło Ci wtedy do głowy, żeby z kimś porozmawiać o Twoich uczuciach?

Ania: nie. Chyba to wynika z takiego poczucia, że nie zostanę zrozumiana, ale też ja ogólnie dopiero teraz uczę się proszenia o pomoc.

Wtedy to było „jak to, ja nie dam rady? Ja sobie nie poradzę?". Przypominam sobie momenty, jak mój mąż często wracał z pracy o 20 i ja jedyne, o czym marzyłam, to żeby usiadł ze mną na kanapie, a mój mąż wtedy trenował bieganie i często jak wracał z pracy to potrafił wejść do domu, szybko przebrać się i od razu iść biegać. I moja prośba o to, żeby został, to było pytanie „Musisz iść?". On mówił „no chcę". I nie widział tego, że ja nie chcę, żeby on szedł i to pokazuje mi, że często tak jest, że nawet Ci najbliżsi nie mają dostępu do naszych emocji. My się tak super kamuflujemy w tym, że właściwie nie widać, kiedy coś jest nie tak. I taką moją radą dla każdej mamy jest, żeby zdjąć tę maskę, żeby mówić o tych wszystkich rozterkach i wręcz wymagać wsparcia. Mam wrażenie, że czasem mężczyznom trzeba tak bardzo dosłownie powiedzieć „hej, słuchaj, ja potrzebuję, żebyś został i ze mną porozmawiał albo chociaż posiedział". Trzeba wyzbyć się takiego poczucia, że to on powinien o tym wiedzieć, żeby to zrobić bo w sumie niby dlaczego on ma się tego domyślić?

Sylwia: zgadza się. Teraz na pewno jest Ci łatwiej z takim podejściem. Wyczuwam, że pod względem emocjonalnym masz wiele rzeczy wypracowanych. Jesteś w stanie powiedzieć, dlaczego po porodzie nie mówiłaś głośno o swoich potrzebach?

Ania: chyba czułam, że muszę wszystko udźwignąć, w końcu to moje wymarzone dziecko. Może też bałam się oceny. Z kolei męża nie chciałam prosić o pomoc, bo wolałam, żeby sam z siebie chciał coś robić. Nie mam też jakiejś super bliskiej relacji z mamą i czułam się przez nią bardzo oceniana, więc gdzież bym się jej przyznała do tego, że ja sobie nie radzę. Że nie wiem czy jestem dobrą mamą, a może ona mi potwierdzi, że nie jestem...

Sylwia: czułaś się rozbita pod względem emocjonalnym, a towarzyszyły Ci też przy tym jakieś objawy somatyczne?

Ania: ogólnie u mnie zawsze stresy są somatyczne. Od dziecka miałam silne bóle brzucha na podłożu emocjonalnym i w związku z tym, że u mnie to trwają one przez całe życie, to ja nie zwracam na to uwagi. Więc nie opiszę Ci teraz objawów somatycznych, bo ich nie pamiętam, ale jestem pewna, że były. Na pewno pamiętam samotne wycie pod prysznicem. I to chciałam zaznaczyć, że po mnie nie było tego widać, chciałam być taką mamą, która wszędzie pójdzie, dla której dziecko nie będzie ograniczeniem. Dopiero po bardzo długim czasie zdałam sobie sprawę, w jak kiepskim stanie psychicznym byłam, a wtedy udawałam, że wszystko jest ok. Często przekraczałam swoje granice np. W odwiedzinach rodziny czy wyjściu ze znajomymi. Widziałam taki artykuł „Nie strasz mnie macierzyństwem", który przeczytałam na blogu podróżniczym i tam było opisane, że z dzieckiem to da się wszystko i ja właśnie nabrałam takiego przekonania, że z dzieckiem da się wszystko. Mimo tego, że moja córka na każdym kroku dawała mi znać „nie pojadę samochodem"', „nie będę jeździć wózkiem", „nie będę siedzieć w gościach, tylko będę leżeć w pokoju obok przy Twojej piersi". Ja robiłam wszystko, żeby wyglądać na tę mamę, która wszystko może zrobić, a dzisiaj sobie myślę, że gdybym zostawała częściej w domu, to bym na tym wszystkim wyszła lepiej.

Sylwia: no właśnie, a jakie masz jeszcze przemyślenia dotyczące tego, co być może zrobiłabyś inaczej albo spojrzała inaczej na sytuację, w której się znalazłaś?

Ania: trzeba zwrócić uwagę na to, że dzieci są bardzo różne, nie słuchać tego, że czyjeś dziecko, mając 3 miesiące, przesypia noc. Moja córka, mając 4 lata, nie przesypiała nocy, a np. mój syn spał dużo lepiej. Więc mówię to po to, żeby podkreślić, że to nie jest Twój błąd, tylko temperament dziecka i jego potrzeby dziecka. Jak byłam w 3 miesiącu ciąży, to mojej kuzynce urodziło się dziecko i to dziecko pierwsze pół roku życia przespało. Jego rodzice mówili, że w tym czasie słyszeli jak dwa razy jak płacze. I ja też je widziałam to dziecko cały czas śpiące, więc potem kiedy urodziłam swoje i moje cały czas płakało, nie spało, tylko się darło, to ja w sobie szukałam przyczyny, że co jest ze mną nie tak. Mało się o tym mówi, że dzieci są tak różne i kobiety też są różne. Ja np. jestem wysoko wrażliwym człowiekiem, więc też zupełnie inaczej reaguję na płacz dziecka niż np mój mąż. Gdy dla mnie jak dziecko tylko dziecko zakwiliło, to już mi się uruchamiała wyobraźnia i przypominały artykuły typu „co się dzieje z mózgiem dziecka, jak ono płacze". Więc jak ono zaczynało płakać, to już widziałam w jej mózgu te neurony, które się przerywają. Reagowałam natychmiast, więc myślę, że to też sprawiało, że byłam bardzo spiętą i przemęczona mamą.

Sylwia: pamiętasz jak długo trwał stan Twojego smutku poporodowego?

Ania: u mnie ten pierwszy rok życia dziecka był bardzo trudny, no ale Baby Blues tyle nie trwa. Tak naprawdę zaczęłam nazywać rzeczy po imieniu dopiero po 4 latach, jak urodził się mój syn. Wtedy sobie przypominałam, jak ciężko mi było. Na pewno to było ze 3-4 miesiące. I myślę, że takie kategoryzowanie i branie tego w ramy czasowe nie ma większego sensu, bo to jest sprawa indywidualna. Jeżeli złe samopoczucie się pogarsza, to warto poszukać pomocy, a jeżeli to jest na stałym poziomie albo ewentualnie jest nieco lepiej i zaczynasz się odnajdywać w tej roli, to bym wtedy powiedziała, że ten Baby Blues już wygasa. Nie wiem, jak bardzo to jest spójne z fachową literaturą, ale ja tak to widzę. I właśnie u mnie tak było po drugim porodzie kiedy ten stan nie gasł, a wręcz po jakichś dwóch miesiącach przybrał na sile.

Sylwia: myślę, że to dobry moment, żeby przejść do opowieści jak to było po drugim porodzie? Czym się różnił ten stan? Miewałaś jakieś lęki?

Ania: wiesz co lęki to jedno, ale ja miałam bardzo silne myśli samobójcze. Niemalże próby samobójcze. Miałam takie poczucie, że to kompletnie nie jest moje życie, że nie wiem, co tu robię, że kompletnie nie radzę sobie w byciu mamą dwójki dzieci. Że ja na to wszystko się nie pisałam, bo tak jak mówiłam – druga ciąża nie była planowana i co gorsza – nie przepracowana. Dzisiaj sobie myślę, że jakbym zobaczyła kogoś w takim stanie w ciąży, to bym natychmiast wysłała na jakąś terapię albo konsultację psychologiczną. Ja dużo straciłam. Przez te 9 miesięcy wypierałam, że jestem w ciąży. Nie zauważałam rosnącego brzucha i już wtedy było wiadomo, że to są jakieś psychologiczne problemy, no bo z drugiej strony to nie było tak, że ja nie chciałam tego dziecka. Nie zaplanowałam tego i wiedziałam, że to będzie trudne, zresztą wtedy miałam od razu w głowie wizję tego, jak wyglądało moje macierzyństwo przez pierwszy rok i pomyślałam, że jak teraz znowu tak będzie, to ja po prostu tego nie dźwignę. Tym bardziej, że moja córka w tym czasie była diagnozowana neurologicznie i jak byłam w ósmym miesiącu ciąży, to została jej postawiona diagnoza, więc to dla nas był ciężki czas. Byłam w stresie, bo bałam się o córkę, a ktoś mi tu mówi, że ja za chwile mam się zatroszczyć o nowe życie. Dlatego nazywam to depresją okołoporodową, zresztą tak określiła to psychiatra, z którą spotkałam się po czasie. Taki wpływ na to miał szereg zdarzeń, które wydarzyły się w moim życiu tak na to wpłynął. Powiem szczerze, że jak czytałam albo słyszałam o depresji, to miałam czasami już takie „oj, już przestańcie", był taki czas, że dużo się o tym mówiło i tego nie rozumiałam, miałam wręcz taki odruch wymiotny. Dopiero jak mnie to dotknęło, to poczułam, że dopiero teraz wiem, jak ja bardzo tych ludzi nie rozumiałam i to było jeszcze gorsze, bo wiedziałam, że teraz nikt nie zrozumie mnie… No to jest coś, czego nie da się opowiedzieć. Ja już będąc w ciąży, poprosiłam mojego męża, żeby miał mnie na oku. Dosłownie takiego sformułowania użyłam. Bo pamiętam, jak się czułam po pierwszym porodzie, a że teraz jestem w kiepskim stanie psychicznym, to trochę się boję tego co będzie. I co ciekawe, mój mąż wcale tego nie zauważył. Mało tego, jak próbowałam mu o tym opowiadać, to on nie słyszał. Nie rozumiał, co ja do niego mówię. Myśląc sobie o tych przeżyciach, mam takie porównanie, że to jest tak głęboka otchłań, że ktoś, kto tam nie był, tego nie zrozumie. Dopóki mnie to nie dotknęło, to myślałam sobie, że to jest takie trochę przerysowane, a dzisiaj bym chciała bardzo krzyczeć do osób, które są w takiej sytuacji „hej! Leć po pomoc!". Uważam, że ja za późno poszłam po tę pomoc. Nie potrafię sobie przypomnieć, jak długo to było po drugim porodzie. Natomiast miałam już dwa epizody silnych myśli samobójczych, że naprawdę byłam o krok od zrobienia tego. Pewnie to by była nieudana próba samobójcza, nie zmienia to faktu, że stan już był bardzo poważny. Byłam kompletnie przytłoczona tym, co się dzieje. Moja starsza córka przestała spać odkąd urodził się jej brat. Mój mąż był bezużyteczny w nocy, ponieważ córka chciała tylko do mnie, a syn potrzebował piersi. Byłam niewyspana i strasznie przebodźcsowana dźwiękami. Dwoje dzieci cały czas wisiało na mnie. Pamiętam taki moment, że wpadłam w furię, taki szał. Zamknęłam się w łazience, moje dzieci płakały pod drzwiami z moim mężem, a ja krzyczałam, że już dłużej nie dam rady. Mój mąż godzinę wcześniej kąpał syna i nie wylał wody z wanienki i wtedy miałam tak intensywną myśl, że wystarczyłoby, żebym włożyła tam głowę i jej nie wyjęła. Ale miałam też coś takiego, co mnie ocknęło i pomyślałam „hej, o czym Ty właściwie myślisz?" Ale to było tak intensywne i obezwładniające uczucie, że mnie przeraziło. I wtedy nie odważyłam się żeby od razu porozmawiać o tym z moim mężem porozmawiać, bo co miałam powiedzieć? Że miałam ochotę się zabić? Tego samego wieczoru włączyłam sobie podcast psychologiczny o depresji poporodowej i wszystko, co mówiła tam prowadząca, to było o mnie. Dosłownie wszystko. Poczułam poniekąd taką ulgę, że ktoś mnie rozumie, ktoś wie, o co chodzi. I ona pod koniec nagrania poleciła test, który jest dostępny online i jego wynik będzie taką wskazówką, czy powinnam się zgłosić po pomoc i mi wyszło, że „prawdopodobnie masz depresję poporodową, zgłoś się po pomoc". Mimo tego, że już było po 23, w nocy to od razu znalazłam psychoterapeutkę, o której ktoś kiedyś mi mówił. Napisałam do niej na Facebooku. I myślę, że gdybym nie zrobiła tego w tym momencie, to bym tego nie zrobiła wcale. Miałam w głowie to, że mogę ją obudzić moją wiadomością, ale też wiedziałam, że jak nie zrobię tego od razu, to pewnie nie zrobię tego przez długi czas i będzie jeszcze gorzej. I tak zaczęłyśmy pracować tak ogólnie nad moim życiem. Nad nauką odpuszczania i wyznaczania swoich granic, że nie muszę ich ciągle przekraczać dla dzieci. No i samo wyjście z domu na psychoterapię raz w tygodniu, kiedy to szłam sama na godzinę bez dzieci, to już był jakiś kosmos. Także naprawdę polecam. Warto porozmawiać ze specjalistą, który pomoże szybciej uporać się z tym złym samopoczuciem. Ja bardzo żałuję, że nie poszłam wcześniej. Bardzo. Myślę, że przez to straciliśmy dużo w początkowej relacji i ja, i mój syn, bo wtedy byłam jak taki robot – przebrać i nakarmić. No ale cieszę się, że w ogóle poszłam, bo zaczęłam ratować siebie i tym samym zaczęłam ratować naszą relację. Dlatego bardzo bym chciała, żeby to głośno wybrzmiało, że to nie jest wstyd. Wręcz przeciwnie, to jest odwaga pójść i powiedzieć, że nie daje rady. To się robi i dla siebie, i dla swoich bliskich. W psychoterapii uświadomiłam sobie, że dbam bardzo o swoje dzieci, a nie dbam o siebie. Można mieć bliskie życzliwe osoby i często są one ogromnym wsparciem, ale to nie zawsze wystarcza.

Sylwia: często też paradoksalnie to właśnie najbliższe osoby nie widzą, że dzieje się coś złego. Dobrze się maskujemy. W ferworze nowych obowiązków zapominamy o sobie nawzajem i jest zdecydowanie mniej rozmów. Wchodzimy w tryb zadaniowy. Fantastyczne jest to, o czym mówisz z tak ogromną szczerością. Jest to historia bardzo trudna, ale niesie za sobą przekaz, jak ważne jest to, aby zadbać o siebie i nie dźwigać wszystkich rozterek samotnie tylko poprosić o pomoc. Podjąć działania wtedy kiedy jest źle, a nie biernie czekać na poprawę, tracąc przy tym swoje samopoczucie fizyczne, psychiczne, ale także to o czym powiedziałaś – relacje z bliskimi.

Ania: myślę też, że krzywdzące jest środowisko, które nas otacza. Przekonanie, że my kobiety musimy to wszystko udźwignąć, bo taka jest rola matki. Chodzi mi o takie zaciskanie zębów, bo trzeba, bo inni tak robią, chociaż wcale nie wiemy, jak jest u innych. Widzimy jakąś małą część życia albo zdjęcie w mediach społecznościowych, ale nie widzimy całej historii, która się za tym kryje.

Sylwia: tak. Podobnie jest gdy ktoś nas odwiedza po porodzie. Też widzi małą część życia, które wcale nie musi wyglądać tak, jak się wydaje.

Ania: no i tu warto powiedzieć też o połogu. To jest strasznie ważne. Uważam, że w naszym świecie połóg jest bardzo zepchnięty, nie mówi się o nim. I nie szanuje się kobiety w połogu. Ja miałam straszne połogi. Po pierwszym porodzie miałam bardzo dużo szwów, a po drugim komplikacje w postaci krwiaka i naprawdę przez pierwszy miesiąc nie mogłam siedzieć. Mieszkaliśmy wtedy w kawalerce, co pewnie też przyczyniło się do mojego stanu psychicznego. I widzę taki obraz, jak moi teściowie siedzą na kanapie, jedynej kanapie, jaką mamy w tym mieszkaniu, która służyła i do siedzenia, i do spania. Trzymają na rękach mojego syna, obok jest córka i mąż, i ja gdzie jest mi autentycznie tak słabo, że mam wrażenie, że zaraz zemdleję, ale siedzę na jednym półdupku, uśmiecham się i pytam, czy zrobić im kawę. Więc młoda mamo jeżeli masz drugi pokój, to idź i się tam połóż, nie patrząc na to, czy ktoś przyszedł was odwiedzić, tylko patrząc na to, że teraz tego potrzebujesz. Można też powiedzieć, żeby sami zrobili sobie kawę albo, że nie masz ochoty na odwiedziny, bo nie czujesz się na siłach, by przyjmować gości. Trzeba słuchać siebie, pilnować swoich granic i nie myśleć, że jest się nie uprzejmą. Chcę tego nauczyć moją córkę, może nie tego jak być nieuprzejmą, ale jak być asertywną. Wiesz, kiedyś czytałam taki artykuł, że było badanie naukowe, podczas, którego poczęstowano dziewczynki i chłopców słoną lemoniadą. Każdy chłopiec ją wypluł i powiedział ble, a dziewczynki ją piły. I takie są właśnie dziewczynki i kobiety, potrafią zaciskać zęby, żeby tylko było dobrze. A nie ma nic złego w tym, że nie chcesz pić słonej lemoniady, nie ma też nic złego w tym, że nie chcesz odwiedzin, kiedy się źle czujesz.

Sylwia: pięknie o tym wszystkim opowiadasz! Zawsze kończąc rozmowę, pytam, co byś teraz powiedziała kobiecie, która jest świeżo po porodzie, ale poruszyłaś już mnóstwo ważnych kwestii i bezpośrednio zwracałaś się z przekazem do tych młodych mam z ogromną szczerością i autentycznością, za co bardzo Ci dziękuję. Więc na koniec chciałabym wrócić jeszcze na chwilę do podcastu, który jak mówiłaś, otworzył Ci oczy. Zachęcam swoje podopieczne do tego, żeby też szukały odpowiedzi na swoje złe samopoczucie i rozterki na zewnątrz – czytając bądź właśnie słuchając podcastów. Możesz opowiedzieć, który dla Ciebie był tym przełomowymem?

Ania: podcast o depresji, który mnie uratował był Magdaleny Komsty. Ona prowadzi „Codziennik Rodzica". Uwielbiam ją, bardzo otworzyła mnie w moim rodzicielstwie. Miałam z nią konsultacje online. Wtedy karmiłam w tandemie, bo jak urodził się mój syn, to nadal karmiłam córkę i to też zaczęło mnie przerastać. Pamiętam taką sytuację kiedy karmiłam ich oboje jednocześnie i piersi mnie tak bolały, że dosłownie rwałam sobie włosy z głowy. I rozmawiałam z nią między innymi na ten temat. Spytałam, czy to jest ok, jak odmówię córce, czy nie poczuje się odrzucona, odepchnięta… a ona mi powiedziała słowa, które zapamiętam do końca życia – „Jeżeli nie masz ochoty karmić swojej córki w tym momencie, to nie masz jej ochoty karmić w tym momencie, a nie, nie masz jej ochoty karmić w ogóle. A powiedz mi, czy jeżeli Twoja córka będzie mieć chłopaka i nie będzie miała ochoty na sex, to czy powinna mu powiedzieć, że teraz nie ma ochoty na sex?". Poczułam się, jakby ktoś mi dał w twarz. Uświadomiłam sobie, że ja swoją postawą ją uczę ją tego, że ma zacisnąć zęby i dać, bo kocha. Myślę, że to była jedna z najważniejszych rad w moim rodzicielstwie, bo nie nauczymy dziecka granic, jeżeli sami będziemy przekraczać swoje. Także dbajmy o swoje emocje i o swoje granice i dla siebie, i dla naszych dzieci.

Sylwia: bardzo Ci dziękuję za tę rozmowę. Swoją szczerością i autentycznością wniosłaś ogromną wartość do tej książki i wierzę, że to o czym opowiadasz, pomoże nie jednej kobiecie.

Katarzyna, 35 lat
Mama trojga dzieci – Psychoterapeutka

Sylwia: cieszę się, że mogę z Tobą porozmawiać, bo będzie to rozmowa z perspektywy mamy i psychoterapeutki, która pracuje między innymi z kobietami borykającymi się z trudnymi emocjami po porodzie. Chciałabym zacząć od tego, jaka jest Twoja definicja Baby Bluesa i historia z nim związana.

Kasia: teraz tak z perspektywy czasu to wiem, że ja po pierwszych dwóch porodach miałam po prostu typowego Baby Bluesa. Co to jest Baby Blues? Według mnie to jest naturalny stan, który występuje u większości kobiet po porodzie i jest związany z nagłym spadkiem hormonów.

Sylwia: zazwyczaj literatura mówi, że ten stan utrzymuje się do 10 dni.

Kasia: nie, nie. Powiedziałabym, że norma jest do trzech miesięcy, bo tyle czasu potrzeba na to, aby ustabilizować chociażby laktację. Jeżeli stan smutku i ogólnie złego samopoczucia utrzymuje się dłużej, to trzeba się przyjrzeć, czy nie przeszedł w depresję. Patrząc z perspektywy czasu, mój stan nazwałabym też jako zaburzenia adaptacyjne. Po pojawieniu się dziecka miałam całkowity brak organizacji, ale tak silny, że powodował we mnie lęk. Kiedy urodziłam pierwszą córkę, to mój mąż wziął sobie 2 tygodnie urlopu ojcowskiego i był ze mną w domu przez cały czas, a potem jak szedł do pracy, to byłam w ciągłym lęku o to, że nie umiem się zająć dzieckiem. Po drugim porodzie już było lżej. Pewnie dlatego, że to już drugie dziecko, zresztą poród był super. Potem długo staraliśmy się o Jasia i powiedziałam sobie, że to pewnie będzie trzecie i ostatnie dziecko, i wszystko sobie dobrze zaplanuje. Zakładałam, że będzie to poród siłami natury podobnie jak dwa poprzednie. Kupiłam sobie koszulę do porodu, ustawiłam playlistę w telefonie. Po przyjeździe do szpitala, mój ginekolog powiedział bardzo nie miło, że „co Ty to w ogóle planujesz, to będzie cesarka". Dla mnie to była masakra, bo ja nie chciałam cesarki. Dziewczyny rodziłam naturalnie i teraz też tak chciałam z takiego jakiegoś mojego przymusu, żeby było sprawiedliwie, że dziewczyny naturalnie to on też. Uparłam się, że chcę spróbować, bo jak trafiłam na porodówkę, to miałam już 6 cm rozwarcia, no ale z kolei mój lekarz upierał się, że ma być cięcie. Wtedy cała w płaczu zawołałam męża. Po chwili już na spokojnie lekarz porozmawiał z nami i powiedział, że ze względu na moją cukrzycę ciążową dziecko może być bardzo duże. Chociaż ja jakoś wewnętrznie czułam, że on nie będzie ważył ponad 4 kg. Pierwsza córka ważyła 3,5 kg, druga 3,75 kg, więc mówiłam, że teraz nie będzie więcej niż te 4 kg, ale pamiętam, że lekarz odpowiedział mi na to – „a co jak będzie więcej i trzeba będzie mu barki łamać?". Więc powiedziałam „dobra, ok, zgadzam się, żeby tylko był zdrowy". No i jak urodził się Jaś, to leżałam i cały czas płakałam. Położne myślały, że to ze szczęścia, ale to nie było ze szczęścia tylko dobiło mnie to, że ważył 4 kg, tak jak się spodziewałam i dałabym radę urodzić naturalnie.

Sylwia: i myślisz, że w dużej mierze to wpłynęło na to co się działo potem?

Kasia: myślę, że tak.

Sylwia: ale po wszystkich trzech porodach czułaś stan smutku poporodowego?

Kasia: tak, po wszystkich trzech, ale po trzecim najbardziej. Po porodzie z Jasiem bardzo długo dochodziłam do siebie, takich fizycznych objawów to było może z 8 miesięcy. Wtedy miałam ciągle zapalenie piersi i zatkane kanaliki, aż w pewnym momencie doszło do mnie, że to są objawy psychosomatyczne. Po prostu moja głowa nie wyrabiała. Przez długi czas nawet nie wychodziłam z domu, bo nie umiałam się zorganizować. Nie umiałam go karmić. W szpitalu nauczyłam karmić dziewczynę, która leżała ze mną na sali, a ja sama nie potrafiłam. Jasiek nie umiał chwycić brodawki, a ja oczywiście myślałam, że wszystko to moja wina. Po powrocie do domu zadzwoniłam do doradczyni laktacyjnej, z którą współpracowałam, bo podsyłała mi pacjentki, które potrzebowały pomocy terapeuty i ona uczyła mnie jak karmić Jasia. Mimo tego, że to już było moje trzecie dziecko to jak przychodziło mi go karmić, to dosłownie oblewały mnie poty, no coś strasznego. W obecności położnej umiałam to robić, ale jak tylko wychodziła – to już nie. Potem do niej wiele razy dzwoniłam i teraz jak sobie przypomnę jakie pytania zadawałam, to stwierdzam, że byłam wtedy jak bez mózgu.

Sylwia: poza tym, że dziecko nie umiało ssać piersi i ta nauka wymagała od Ciebie dużo czasu i energii, to coś jeszcze w temacie karmienia szło nie tak?

Kasia: tak, miałam niezliczoną ilość razy zatkane kanaliki, niezliczoną ilość razy zapalenia piersi i straszny ból, a to było dla mnie naprawdę koszmarne. Nie zapomnę, jak mówiłam do męża, że rozumiem dziewczyny, które wyrzucają swoje noworodki do wody. Doskonale to rozumiałam, wtedy, w tamtym stanie. No i teraz też rozumiem, tzn. nie rozumiem, ale wiesz co mam na myśli? Ten stan powoduje ogromne przytłoczenie i takie coś, że nie myślisz racjonalnie. I jeżeli nie masz wsparcia osób bliskich, to jest bardzo ciężko sobie poradzić. Przystawiając Jasia do piersi, miałam wręcz fazy takiej agresji i lęku do tego stopnia, że potrafiłam uderzać ręką w łóżko. Oczywiście jemu nigdy nic nie zrobiłam, ale zachowywałam się dziwnie, np. też krzyczałam. I pamiętam, że przychodziły do mnie moje córki, głaskały mnie i mówiły „mamo, już jest dobrze, już umie jeść", ale ja cały czas byłam w napięciu i wtedy czułam się jeszcze bardziej beznadziejnie, że dzieci to widzą.

Sylwia: w takim trudnym emocjonalnie stanie to już nie wiele trzeba, żeby zapędzać się coraz dalej…

Kasia: dokładnie. Nam w tym czasie nie sprzyjały jeszcze dodatkowe okoliczności, bo tydzień po porodzie moja starsza córka trafiła do szpitala, z powodu salmonelli, więc ja byłam sama z noworodkiem i trzylatką. Nikt do mnie nie przychodził, bo wszyscy mieli paraliż, że zarażą się tą salmonellą… Tutaj dochodzi też kwestia mojej relacji z matką, która jest beznadziejna i ona nigdy nie była dla mnie pomocna. Z kolei jak przychodziła moja teściowa i prosiłam ją, żeby pobawiła się ze średnią córką, a ja sobie wtedy np. poprasuję i posprzątam, oderwę w ten sposób głowę, to nie, ona wolała stać i prasować – 70-letnia kobieta. A ja na to patrzyłam i było mi jeszcze gorzej, bo czułam duży dyskomfort. Potrzebowałam czegoś innego, komunikowałam to, ale to było jak mówienie do ściany. Mój mąż całymi dniami pracował, więc byłam sama z dziećmi. Czułam się jak wrak człowieka. Dzwoniłam codziennie do tej położnej laktacyjnej, że nie daję sobie rady i ona w końcu się mnie spytała, czy ja jem, a ja na to, że nie bardzo, bo nie mam apetytu. Pijesz wodę? No nie. A śpisz? – No staram się spać wtedy, kiedy dzieci śpią, no ale w sumie mi się to nie udaje. A ona na to – dziewczyno, Ty już masz depresję – a mi jakby ktoś dał w twarz i pomyślałam, że faktycznie na to wygląda. Przecież u kogoś innego bym to raz dwa zdiagnozowała, a sama u siebie nie widzę, co się dzieje.

Sylwia: wiesz z czego może wynikać to, że Twój stan emocjonalny był gorszy i dłużej się utrzymywał akurat po trzecim porodzie?

Kasia: tak. Myślę, że powodem jest to, że to była moja czwarta ciąża, bo ciążę przed Jasiem poroniłam i nie mogłam sobie długo z tym poradzić. Od tego momentu zaczęło mi się coś psuć w głowie. W trzy pierwsze ciąże zaszłam bardzo szybko, a potem po poronieniu się zablokowałam i kolejna ciąża była dopiero po roku. Po tym poronieniu nie miałam wsparcia w nikim poza mężem. Nikt nie interesował się tym, jak się czuję. Bardzo się wtedy zablokowałam, a z kolei potem jak odpuściłam, to się udało. Wiem, też z perspektywy terapeuty, który pracuje z dziewczynami po stracie albo które nie mogą zajść w ciążę, że głowa robi największą robotę. Potem, po porodzie wszystko wróciło z większym natężeniem. Towarzyszyła mi apatia, rozdrażnienie, brak apetytu, bezsenność i rozkojarzenie. Trochę się otrząsnęłam po tym, jak spadłam ze schodów z Jasiem, miał wtedy 3 miesiące. Uderzyłam jego twarzą w barierki. Spędziliśmy cały dzień w szpitalu. Swojego bólu nawet nie czułam, dopiero wieczorem się zorientowałam, że mam skręconą kostkę.

Sylwia: to wydarzenie bardziej Tobą wstrząsnęło czy Cię otrząsnęło? Uświadomiłaś sobie, że musisz się jakoś ogarnąć?

Kasia: wstrząsnęło, ale zachowałam zimną krew. Potem, ze trzy tygodnie po tym wypadku, bardzo to odchorowałam. Znowu miałam zatkane kanaliki w piersiach i zapalenie piersi. Mój organizm mi mówił, że dzieje się coś złego. Moje córki też mi mówiły, mimo tego, że to małe dzieci.

Sylwia: to do Ciebie docierało czy bardziej denerwowało?

Kasia: to mnie dołowało. Miałam wyrzuty sumienia. Podchodziła do mnie Nina i mówiła „widzisz mamo, już jest lepiej, już dajesz sobie radę. Super jesteś". W takich sytuacjach docierało do mnie jaka ja jestem straszna dla tych dzieci, że one to widzą, że mi trudno. To powinien być dla wszystkich fajny czas, że jest brat, powinniśmy się cieszyć, a ja to wszystko psułam i nie miałam dla nich czasu.

Sylwia: wiesz, ale wydaje mi się, że właściwie to o czym mówisz, jest w większości domów. Jak już jest dziecko, jedno czy więcej i pojawia się kolejne, to siłą rzeczy sytuacja się zmienia. Trzeba się przeorganizować. U każdego pojawiają się różne emocje, a sam Baby Blues u kobiety się pogłębia. Młoda mama ma wobec siebie wyrzuty sumienia, że nie jest wystarczająco zaangażowana w opiekę nad starszymi dziećmi. Zarzuca sobie brak organizacji, a dodatkowo nie rozumie swoich emocji, ale odnoszę wrażenie, że o tym właściwie się nie mówi. Kobiety traktują to personalnie, że tylko ja tak mam. Tylko ja nie radzę sobie z tym wszystkim. Jestem beznadziejną mamą itp. Żyjemy w takim wyidealizowanym świecie. To, co widzimy w mediach społecznościowych, odbiega od naszej rzeczywistości, ale też nie zdajemy sobie sprawy z tego, że widzimy tylko niewielką część i wyciągamy przez to zbyt pochopne wnioski.

Kasia: tak, ale myślę, że w mediach społecznościowych też zaczyna się mówić o tych ciemnych stronach macierzyństwa, chociaż nadal mało, bo wciąż mamy tendencję do porównywania się. Nasuwa mi się jeszcze jedno. Ja z perspektywy swojej pracy wiem, że kobieta, która jest w ciąży, albo jest już po porodzie, bardzo identyfikuje się ze swoją mamą. I widzę, że dziewczyny, które mają ciężkie relacje ze swoją mamą, są bardziej podatne na Baby Bluesa.

Sylwia: trzeba to jakoś przepracować?

Kasia: dobrze by było.

Sylwia: jak można pomóc swojej koleżance, która dopiero urodziła?

Kasia: no właśnie pomóc, a nie iść do niej na ciasto i kawę, którą ona zrobi. Pójść i nie oceniać, że ma nie posprzątane tylko pomóc jej posprzątać. Potrzymać dziecko, żeby ona mogła wziąć spokojnie prysznic.

Sylwia: chyba jeszcze tego nam brakuje?

Kasia: oj, brakuje. Właśnie to kobieta kobiecie robi dużą krzywdę przez takie porównywanie i ocenianie. To, że ktoś świetnie sobie radzi z pięciorgiem dzieci nie oznacza, że ja nie mogę mieć trudności przy jednym. Przecież każdy jest inny i tworzy inną historię. A jest taki społeczny nacisk, żeby kobieta wszystko ogarniała. Według otoczenia to trochę jest tak, że kobieta jest takim inkubatorem dla dziecka. Ja powtarzam moim pacjentkom, że po porodzie mają nic nie robić. Skupić się nie tylko na dziecku, ale i na sobie.

Sylwia: tak! Nikt nie pyta, jak się czuje kobieta, tylko wszyscy skupiają się na nowo narodzonym dziecku.

Kasia: tak! Idzie się do dziecka, a nie do kobiety. Nawet zapomina się o tych dzieciach, które już są w domu. Wszyscy pytają, co trzeba dla dziecka? A co może być trzeba dla dwutygodniowego dziecka, wszystko ma. Bardziej trzeba zaopiekować się starszymi dziećmi, żeby nie czuły się pominięte.

Sylwia: dokładnie, bo to dla nich też jest niełatwa sytuacja. Dobrze, a powiedz, jak dalej potoczyła się Twoja historia smutku poporodowego?

Kasia: wiesz, ta położna, z którą utrzymywałam kontakt, powiedziała mi, że wchodzę w depresję i muszę zacząć brać leki. I moimi lekami stała się witamina D, witamina B12, Omega itp. Codziennie rano brałam garść tych „tabletek" i zaczęłam się lepiej czuć. Oczywiście suplementy same w sobie poprawiają samopoczucie, ale to mi pokazało, jak wiele dzieje się w mojej głowie. To nie były dla mnie witaminy tylko leki. I autentycznie jak zapomniałam ich wziąć, to się gorzej czułam, wzięłam i od razu lepiej. Ogólnie zaczęłam się wtedy ogarniać, ale tak czy inaczej, po roku zdecydowałam się pójść na swoją terapię.

Sylwia: myślę, że przez wiele lat nazbierało się sporo rzeczy. Smutek poporodowy po każdej ciąży, ogólne zmęczenie towarzyszące mamom, poronienie, trudne relacje z mamą i w końcu przychodzi taki moment, że trzeba to wszystko wziąć i coś z tym zrobić.

Kasia: dokładnie. I moja terapia trwała dwa lata, ale myślę, że jeszcze nie wszystko sobie uporządkowałam i chciałabym na nią wrócić.

Sylwia: przez to, że poruszyłaś wątek terapii i psychologów, nasuwa mi się pytanie – jak z Twojego punktu widzenia wygląda pomoc psychologiczna dla kobiety po porodzie w szpitalu?

Kasia: pomoc jest zerowa.

Sylwia: no właśnie, a uważam, że to rzecz, która absolutnie powinna ulec zmianie. Po porodzie z każdą kobietą powinien porozmawiać psycholog. Ojej samopoczuciu, o emocjach, jakie mogą pojawić się po powrocie do domu.

Kasia: myślę, że to powinna być podstawa przy wypisie. Taka rozmowa edukacyjna.

Sylwia: tak, łącznie ze wskazaniem możliwości gdzie można szukać pomocy, bo tak naprawdę kobieta w szpitalu czuje się zaopiekowana, szczęśliwa, że jest już po porodzie, czeka z niecierpliwością na wyjście do domu i okazuje się, że ta pomoc jest potrzebna dopiero kiedy wraca do domu i zaczyna się tak jakby nowe życie.

Kasia: tak! Nie ma opieki okołoporodowej psychologicznej, nie wiem kiedy to się zmieni. Trzeba zrozumienia, że przy całym byciu w ciąży i porodzie, przecież też jest kobieta, a nie tylko dziecko.

Sylwia: na szczęście rozumieją to terapeuci. Tylko myślę, że u wielu kobiet jest jeszcze dosyć duża blokada, aby zgłosić się po pomoc. Boją się osądzania, wstydzą się, że sobie nie radzą. Jak jest z Twoimi pacjentkami? Jak już zdecydują się, żeby przyjść do terapeuty, to rozmawiają szczerze czy ciężko im się otworzyć?

Kasia: otwierają się, ja bym powiedziała, że nawet walą z grubej rury – np. „nie wiem co się dzieje, ale ja nie lubię tego dziecka”. Ja ogólnie też zachęcam do tego, aby kobiety przychodziły na sesję już w ciąży, jeśli mierzą się z jakimiś lękami. Wtedy często jest moment bardzo dużego regresu i jest większy dostęp do różnych emocji.

Sylwia: a widzisz jakiś schemat u tych kobiet? Powtarzalność problemów? Zachowań? Objawów somatycznych?

Kasia: tak. Kobiety, które są po porodzie, wkurzają się na siebie, że nie ogarniają rzeczy, które robiły do tej pory, i to już później leci lawinowo, a to generalnie potęguje frustrację. Trzeba nauczyć się odpuszczać, mieć to po prostu gdzieś, że np. nie jest posprzątane. A jak kobieta bardzo zapędziła się w złym samopoczuciu, to zalecam leki.

Sylwia: to już jest ostateczność?

Kasia: nie, ja myślę, że to nie jest ostateczność. Ostateczność, to by była terapia na oddziale zamkniętym. Uważam, że jak mamy możliwość skorzystania z leków, to powinniśmy to zrobić. Teraz są leki, które są mało obciążające i nie mają wpływu na karmienie piersią. I nie jest tak, że jak się zacznie brać te leki, to trzeba już to robić do końca życia. Bierze się je przez jakiś czas i można odstawić. Jeżeli pracujesz nad sobą, zaopiekujesz się sobą, umiesz rozmawiać o swoich emocjach, to wszystko wróci do normy. Moim zdaniem kobiety po porodzie powinny być też roszczeniowe. Powiedzieć do kogokolwiek wprost „przyjdź i pomóż mi" albo „przyjdź i porozmawiaj ze mną".

Sylwia: dziękuję Ci bardzo za tak szczerą rozmowę. Pokazuje to nam, że nawet takiej osobie jak Ty – chciałoby się powiedzieć znającej temat emocji od podszewki, pracującej w zawodzie terapeuty – ciężko było poradzić sobie z emocjami po porodzie. Czy na koniec naszej rozmowy chciałabyś coś powiedzieć kobiecie, która obecnie zmaga się z Baby Bluesem?

Kasia: żeby o tym mówiła, komunikowała, co czuje, czego się boi i z czym się zmaga. Żeby była wręcz roszczeniowa, bo ta pomoc jej się należy.

Marzena, 35 lat
Mama dwojga dzieci

Sylwia: Marzenko, dwa porody i dwa razy Baby Blues?

Marzena: nie. Dwa porody, ale dwa zupełnie inne porody i przede wszystkim inna świadomość przy drugim. Baby Bluesa miałam przy Poli, czyli po pierwszym porodzie. Od 33 tygodnia ciąży byłam w szpitalu, bo miałam cholestazę i cukrzycę ciążową. Wiedziałam, że to nie przelewki, ale mimo to nie brałam pod uwagę innego scenariusza tylko taki, że wszystko będzie dobrze. Jednak przedłużający się pobyt w szpitalu nie wpływał na mnie dobrze. Tym bardziej że wydawał mi się bez sensu, bo nie miałam wdrożonego żadnego leczenia. No ale ok, powiedzmy, że według lekarzy szpitalna obserwacja była jedynym słusznym rozwiązaniem. Problem z moją psychiką zaczął się kiedy zawołano mnie na założenie cewnika Foleya, żeby wywołać poród. I jeden z lekarzy nie mógł mi założyć tego cewnika. No i nagle z trzech osób w gabinecie, tych osób zrobiło się prawie z 10. Jednym z lekarzy był doktor, który słynie z ciętego języka i z tego, że bardzo krytykuje kobiety plus size. Ja przed ciążą z Polą miałam zdiagnozowaną insulinooporność, mimo tego schudłam ponad 15 kg i tak naprawdę mimo końca ciąży, nie wróciłam nawet do stanu pierwotnego, więc dla mnie to był sukces, a on strasznie mi dogryzał. Długo trwała walka, żeby założyć cewnik, cały gabinet ludzi, doktor nie dość, że miał trochę za dużo do powiedzenia, to jeszcze oparł się łokciem o moje kolano i prawił uwagi na temat mojego wyglądu, więc czułam się tam bardzo niekomfortowo. Jak jakiś eksperyment badawczy. Po wyjściu stamtąd pierwszy raz pękłam. Wyłam jak bóbr. Ten cewnik i tak na nic się nie przydał, bo szybko mi to wszystko wypadło.

Sylwia: spotęgowało to Twoje uczucie rozbicia?

Marzena: tak, bardzo. Dobił mnie jeszcze wieczór, kiedy to dyżurująca Pani doktor wzięła mnie tak nie typowo, bo późnym wieczorem, żeby zrobić USG i w trakcie badania spytałam, jak dziecko, a ona na to „No chyba liczy się Pani z tym, że w każdej chwili będziemy ciąć, przecież tu jest zagrożenie życia". Gdzie ja, będąc ponad 2 tygodnie w szpitalu, cały czas słyszałam, że wszystko jest w porządku. Więc wtedy poczułam się jakbym dostała obuchem w głowę. Strasznie się przejęłam i zdenerwowałam, a tak naprawdę zostałam z tą informacją sama. Dwa dni później zdecydowano się na wywoływanie porodu oksytocyną, jednak po całym dniu, kiedy byłam podłączona do tej kroplówki, nie działo się właściwie nic. Po kilku godzinach przyszedł lekarz i zapytał, czy coś czuję, powiedziałam, że no coś tam czuję, ale chyba nie tak ma wyglądać poród, na co on ze śmiechem, że no nie i że po dwóch nieudanych próbach wywołania porodu proponuje cesarkę. No i się zgodziłam, bo już chciałam to wszystko skończyć, zresztą to był piątek i bałam się, że może się coś wydarzyć przez weekend, kiedy na oddziale jest znacznie mniej personelu.

Sylwia: spotkałaś się z takimi sytuacjami, które właściwie nie powinny mieć miejsca. Mam tu na myśli to, jak to sama określiłaś „przedmiotowe traktowanie", brak komunikacji albo komunikacja niewłaściwa…

Marzena: tak! Właśnie tak się czułam. Przebywanie w szpitalu ogólnie nie jest komfortową sytuacją, ja byłam ponad 2 tygodnie i w tym wszystkim zabrakło po prostu zrozumienia, i to ze strony lekarzy, gdzie powinno być największe wsparcie. Tzn. ja mówię o tych najgorszych sytuacjach ze szpitala, które miały wpływ na moje późniejsze zachowanie. Bo były też przyjemne wizyty lekarzy, czy rozmowy z położnymi, no ale ogólnie czuję niesmak związany z tą końcówką ciąży.

Sylwia: rozumiem. A co było dalej?

Marzena: na stole zasnęłam z brzuchem, obudziłam się bez brzucha. Pola mimo tego, że urodziła się w 35 tyg., była w bardzo dobrym stanie, ale i tak wyjście ze szpitala przedłużało się w nieskończoność.

Byłam na sali z dziewczynami, które rodziły naturalnie, więc gdyby mogły, to by mlekiem ściany obieliły, a ja po cięciu nie mogłam rozkręcić laktacji, jako jedyna z wcześniakiem i taka już zasiedziana w tym szpitalu. Było tak, że już codziennie wyłam, bo przychodził obchód ginekologiczny i mówiono mi, że możemy iść do domu, za chwilę przychodził obchód pediatryczny i słyszę, no gdzież do domu, zostajecie. I tak przez tydzień, codziennie to samo. Jak zabierano dziecko na badania, to nie mogłam mu towarzyszyć, odpowiedź była na zasadzie nie bo nie. Pamiętam, jak raz zabrano Polę na jakieś badania, a po chwili położna wróciła z nią i powiedziała dumna — „no teraz będzie spała, bo ją nakarmiłam, zjadła 40 ml mleka modyfikowanego". I wtedy chyba pierwszy raz w życiu kogoś tak ochrzaniłam, pamiętam, że powiedziałam — „Wcześniaka, zdziczała Pani! To ja tu próbuję rozkręcić laktację, co chwilę ją przystawiam, godzinami siedzę z laktatorem, a Pani ją karmi mlekiem modyfikowanym". No byłam tak wściekła! Nie miałam żadnego wsparcia przy rozkręcaniu laktacji. Pediatra podczas jednego z obchodów powiedziała mi, że ja nie będę karmić piersią, a ja sobie pomyślałam „a to Ci pokażę, jak nie mam tutaj pomocy, to sobie sama poradzę". Dużo czytałam na profilu facebookowym Hafija. Mąż mi przywiózł mój laktator, żebym mogła go używać kiedy zechcę i faktycznie poradziłam sobie sama, ale kosztowało mnie to dużo stresu. Moje zmęczenie narastało. Z każdym dniem w szpitalu stawałam się coraz bardziej niespokojna i przybita. Więc gdy padła propozycja, że ja dostaję wypis, bo nie ma wskazań, żebym dłużej tu była i tylko zajmowała miejsce, to się zgodziłam. Wróciłam na noc do domu i to było najlepsze, co mogłam dla siebie zrobić. Niby się wyspałam, chociaż wiesz, to też było tak, że w nocy się zrywałam i szukałam swojego brzucha albo dziecka. Na szczęście Pola nie została na długo sama w szpitalu, bo zabraliśmy ją na drugi dzień do domu.

Sylwia: wróćmy jeszcze na chwilę do tego, co miało miejsce przed porodem. Czy wtedy, kiedy byłaś taka rozbita i zdenerwowana, co okazywałaś płaczem, padła propozycja konsultacji psychologicznej?

Marzena: tak, wtedy kiedy pielęgniarki widziały, że bardzo płaczę, to wezwano psychologa.

Sylwia: a przy obchodzie lekarzy padało takie pytanie? Czy ktoś może potrzebuje rozmowy z psychologiem?

Marzena: nie. Było jeden raz tak, że chodziła pani psycholog i pytała „no i jak tam dziewczynki?" To było śmieszne dla mnie, bo pytanie kieruje do czterech kobiet na sali i ciężko oczekiwać, że ktoś nagle zacznie się uzewnętrzniać w obecności kilku obcych osób. Wtedy, kiedy przyszła już tylko do mnie na prośbę położnych, to też nie zaproponowała mi np. tego, żeby wyjść na korytarz, gdzieś się przejść i porozmawiać. Tylko przy wszystkich dziewczynach pyta co się stało, że płaczę. Ja oczekiwałam takiej rozmowy sam na sam, a przyszła do mnie Pani, po której postawie czuć było, że musiała przyjść i zapytała, bo jej kazali zapytać. Także ciężko w takiej sytuacji podjąć jakąś rozmowę. Chciałam porozmawiać, no ale na osobności.

Sylwia: psycholog zaproponowała możliwość kontaktu w razie gdybyś zmieniła zdanie?

Marzena: nie. Po prostu sobie poszła.

Sylwia: kilka dni później byliście wreszcie wszyscy razem w domu. Jak wyglądały te pierwsze dni? Czy te wszystkie trudne emocje zabrałaś ze sobą ze szpitala?

Marzena: oj tak, tak. Przez pierwszy miesiąc budziłam się w nocy i szukałam brzucha, jakby w nocy zapominałam, że już urodziłam. Wydaje mi się, że mój mózg nie był gotowy na to, żeby już rodzić. Zresztą trafiłam niespodziewanie do tego szpitala w 33 tygodniu ciąży i ominął mnie taki fajny etap wicia gniazda. Szykowanie ubranek, pranie, prasowanie, układanie — to wszystko robił mój mąż. Później mój pobyt w szpitalu był niepotrzebnie przedłużany, spotkało mnie tam kilka stresujących i wręcz niemiłych sytuacji. Ja też bardzo chciałam rodzić naturalnie, ale to bardzo. Nie podchodziłam do tego w taki sposób, że jak jakaś kobieta miała cesarkę, to była gorsza, nie w tym rzecz. Ja po prostu gdzieś w sobie miałam mocno zakorzenione to, że chcę urodzić naturalnie. Zapadło mi też w głowę, jak teściowa mi mówiła, że poród naturalny jest zupełnie inny, a jak urodzisz przez cesarkę, to nie ma takiego instynktu macierzyńskiego, że cesarka to nie poród. Teraz wiem, że to nieprawda i wręcz głupota, żeby tak mówić, ale wtedy to jakoś to we mnie rezonowało bardzo długo. Czułam się tak, jakbym zawiodła, nie dała rady. No było sporo takich myśli o tym, co poszło nie tak. A przypomniało mi się jeszcze, że bardzo chciałam mieć syna. Nastawiłam się na to do tego stopnia, że jak na USG dowiedziałam się, że to dziewczynka, to się rozpłakałam. Mój Paweł był na mnie zły, nie mógł sobie wyobrazić, dlaczego ja tak zareagowałam. Ja wiem, że nie miałam na to wpływu, to są emocje. Wiadomo, że nawet jakbym krokodyla urodziła, to bym go pokochała. I tak jest. Zamiast syna jest Pola i kocham ją najbardziej na świecie.

Sylwia: emocje były duże i w dużej mierze negatywne, a jak Twoje samopoczucie pod względem fizycznym?

Marzena: fizycznie nie czułam się źle. Bardziej chodzi o to, że koło mnie nie było nikogo życzliwego. Moja mama była we Włoszech, przyjechała dopiero po 3 tygodniach po porodzie. Nikt do mnie nie przyszedł z miską zupy, czy żeby porozmawiać. Byliśmy zupełnie sami.

Sylwia: kobiety, z którymi rozmawiam, mówią, że potrzebowały właśnie tylko rozmowy…

Marzena: tak, też tak uważam. Dla mnie cały urlop macierzyński to była samotność. Były chwile, że długo ciągnął się za mną smutek, chociaż sama nie wiedziałam dlaczego. Było też dużo rozdrażnienia. Każdy dzień wyglądał tak samo. Mój mąż był w pracy i wtedy czułam się najgorzej. Rzadko ktoś nas odwiedzał, ale pamiętam, że wtedy miałam momenty, w których czułam się bardzo oceniana jako matka. Na przykład kiedy moja teściowa powiedziała do Poli „o, a gdzie masz smoczka? Babcia kupi Ci smoczka", to wtedy czułam się, jakby wszystko było nie tak, jakbym robiła wszystko źle. Wiem, że ona nie miała nic złego na myśli, ale ja się czułam cały czas atakowana. Było to dla mnie bardzo męczące, nie wiem, wydaje mi się, że poza Pawłem, czyli moim mężem, nie było nikogo, kto by przyszedł i powiedział mi „radzisz sobie, jest fajnie".

Sylwia: a właśnie tego potrzebowałaś?

Marzena: tak.

Sylwia: mówiłaś o tym głośno? Że chcesz porozmawiać? Czuć się doceniona?

Marzena: nie. Teraz bym powiedziała.

Sylwia: to ciekawe. Właściwie wszystkie kobiety, z którymi rozmawiam, mówią, że teraz zachowałyby się inaczej. Szukały rozmowy i pomocy w rozładowaniu swoich negatywnych emocji.

Marzena: z perspektywy czasu widzę, że jest to bardzo ważne. Myślę, że to znacznie poprawiłoby moje samopoczucie i powrót do formy.

Sylwia: no właśnie. Podsumowując – wiele rzeczy złożyło się na Twoje złe samopoczucie psychiczne po ciąży. Niespodziewanie trafiłaś do szpitala, gdzie byłaś dłużej, niż się tego spodziewałaś. Spotkałaś się z dużym niezrozumieniem ze strony lekarzy, nagle pojawiły się insynuacje, że życie dziecka jest zagrożone. Potem wywoływanie porodu, które się przeciągało i nie przyniosło żadnych efektów. Przecież takie oczekiwanie, to też jest ogromny stres… i na koniec cięcie cesarskie mimo Twojej ogromnej chęci porodu siłami natury.

Marzena: tak i jeszcze problemy z karmieniem. To wszystko bardzo się we mnie skumulowało.

Sylwia: wtedy zdawałaś sobie z tego wszystkiego sprawę? Że po tym wszystkim, co się wydarzyło, masz prawo się tak czuć?

Marzena: nie. Nie zdawałam sobie z tego sprawy. Nie myślałam racjonalnie, wszystko w głowie strasznie mi się tłukło. Jak przychodziły negatywne myśli, a przychodziły bardzo często, to czułam to kilka razy bardziej. Ciągle miałam jakieś wyrzuty sumienia. Czułam się, jakbym nie dawała sobie z niczym rady. Teraz wiem, że tak nie było, ale wtedy to była dla mnie jedyna prawda. Długo byłam w takim przekonaniu. Wręcz się biczowałam, sama sobie znajdowałam sytuacje, w których mogłam się obwiniać.

Sylwia: kobiety mawiają, że po porodzie czują się, jakby straciły rozum i zdolność logicznego myślenia.

Marzena: tak! We mnie też było mnóstwo irracjonalnych zachowań. Teraz część z nich pamiętam jak przez mgłę, ale wtedy wszystko dla mnie było sprawą życia i śmierci. Dodatkowym obciążeniem i stresem było to, że miesiąc po porodzie zaczęliśmy przeprowadzkę. A w tym całym pakowaniu i bałaganie był noworodek. Chcieliśmy to zrobić szybko, no ale niestety okazało się, że jak to przy remoncie i przy przeprowadzce jest dużo niespodziewanych rzeczy, i to potęgowało frustrację. Nie było za bardzo z kim zostawić Poli, więc wszystko szło jeszcze dłużej.

Sylwia: ktoś zwrócił uwagę na to, w jakim jesteś stanie? Jak się czujesz?

Marzena: nie.

Sylwia: jesteś w stanie wrócić do tego, ile trwał u Ciebie stan Baby Bluesa? Kiedy wszystko zaczęło się stabilizować?

Marzena: trwało to sporo. Polka miała jeszcze epizody z sapką, co wzmogło moją czujność i lęki. Nie mogłam w nocy spać, bo nasłuchiwałam czy nic jej nie jest i potem w ciągu dnia, kiedy doszło jeszcze niewyspanie, zaczęłam czuć się jeszcze gorzej. Paweł po przyjściu z pracy od razu brał się za robienie czegoś w mieszkaniu, bo w końcu przeprowadziliśmy się jeszcze w trakcie remontu. Więc on zamykał się w pokoju i coś robił, a ja w drugim pokoju sama z dzieckiem. Im bardziej przeciągał się ten remont, tym bardziej przeciągało się moje wychodzenie na prostą. Na pewno źle było przez 3 miesiące.

Sylwia: czyli więcej niż podaje literatura, bo mówi się o około 10 dniach.

Marzena: nie, nie. Zdecydowanie dłużej i u mnie, i u koleżanek, z którymi potem o tym rozmawiałam.

Sylwia: rozmawiałaś kiedy było już po wszystkim?

Marzena: tak. Wtedy, kiedy było trzeba z nikim nie rozmawiałam o tym jak się czuję.

Sylwia: na początku naszej rozmowy wspomniałaś, że po drugiej ciąży było już inaczej?

Marzena: tak. Już cała ciąża i to, co się działo potem było inne, łatwiejsze. Chociaż to był czas całkowitego lockdownu. Przedszkola były zamknięte, więc siedziałam z dziewczynkami w domu i nie mogłam w pełni poświęcić się noworodkowi.

Sylwia: ale mimo tego wspominasz to lepiej.

Marzena: tak, dużo lepiej. Wiedziałam już więcej, trochę więcej czytałam. Obserwowałam różne profile na Instagramie i uświadomiłam sobie, że mam prawo się tak czuć, mam prawo czegoś nie zrobić, nawet mam prawo przez chwilę nie lubić swojego dziecka i to wszystko nie sprawia, że jestem złą matką.

Sylwia: świetnie, że o tym mówisz. Większość kobiet boi się takich uczuć i myśli. Wstydzą się o tym rozmawiać, bo traktują to bardzo personalnie.

Marzena: tak, wiem o tym. Ja tak miałam po urodzeniu pierwszego dziecka. Wszystko w sobie tłumiłam, nie mówiłam, bałam się okazać swoje niezadowolenie. Teraz jest inaczej i o wiele lepiej się z tym czuję. Bardzo lubię obserwować w mediach społecznościowych Agę Rogalę, ma fajne i takie trafne rolki, czytam Matko Jedyna, Blog Ojciec. Oni pokazują inną stronę macierzyństwa i ogólnie rodzicielstwa. Gdy ich oglądam i czytam ich wpisy, to wiem, że mam prawo czuć się źle.

Sylwia: kończąc naszą rozmowę, co byś powiedziała kobietom, które teraz zmagają się z Baby Bluesem?

Marzena: jak minie trochę czasu, to na wszystko patrzy się inaczej. Jak popatrzy się na siebie z tamtego okresu, to też to inaczej wygląda, bardziej zrozumiale. Powiedziałabym, że trzeba rozmawiać. Mówić o tym jak jest mi źle. Takie rozmowy, jaką my teraz prowadzimy, powinny być na szkole rodzenia, żeby pokazać, że to nie jest tak cukierkowo, tylko są momenty kryzysu. Życie, to nie to, co widzimy na Facebooku czy Instagramie. Kuzynce, która ma za chwilę rodzić, powiedziałam wprost, że jak urodzi, to nie może się zapaść w 100% w dziecko. Musi zostawić chociaż 20% tylko dla siebie. Musi pamiętać też o sobie. Mnie tego zabrakło. Czułam się tak, jakby wraz z narodzinami Poli — umarła Marzena. Nie czułam się kobietą, zostałam tylko matką. To było straszne, że już nie było mnie. Nigdzie nie wychodziłam, z nikim się nie spotykałam, wszystko kręciło się wokół dziecka i to pogłębiało moje złe samopoczucie. Jak wyszłam z koleżankami na pierwsze spotkanie po porodzie prawie po roku, to i tak siedziałam jak na szpilkach.

Sylwia: cieszę się, że tak szczerze o tym rozmawiasz.

Marzena: trzeba o tym rozmawiać i myślę, że takich głosów jak mój zaczyna być coraz więcej.

Sylwia: bardzo Ci dziękuję!

Kasia 32 lata

Mierzyła się z depresją poporodową, która z czasem zaczęła przekształcać się w psychozę. Historia Kasi do tej pory wywołuje w niej
wiele emocji, dlatego wolała ją opisać sama, we własnym tempie. Poniżej e-mail, który od niej otrzymałam.

Nasz synek był planowanym dzieckiem. Oboje z mężem podjęliśmy
decyzję o staraniach. Nie miałam trudności z zajściem w ciążę, która
przez cały okres przebiegała bez większych problemów. Razem cie-
szyliśmy się tym czasem, choć im bliżej do porodu, tym ja coraz bardziej niechętnie myślałam o tym, co mnie czeka. Nie miałam typowego „wicia gniazda", nie szykowałam ubranek, nie czytałam książek
o macierzyństwie, raczej unikałam tego tematu. Poród był ciężki, ale
nie traumatyczny. Po 12 godzinach skurczy porodowych zakończył
się nagłym cięciem cesarskim z powodu spadającego tętna dziecka.
Pamiętam emocje, które mi towarzyszyły, kiedy pierwszy raz zobaczyłam mojego synka – niepewność. Zadałam sobie pytanie „czy to
na pewno moje dziecko? Jest mi taki inny, obcy...". Byłam świadoma, że czasami na miłość do dziecka trzeba poczekać, że przychodzi
ona z czasem. Więc czekałam... ale ona nie nadchodziła.

Byłam ciągle zmęczona, niewyspana. Miałam huśtawkę nastrojów.
Pierwszą rzeczą, która zwróciła moją uwagę, że coś jest nie tak, było
to, że ja... nie czułam do mojego dziecka żadnych emocji. Nie czułam
przywiązania, tęsknoty za nim. Nie odczuwałam radości z przebywa-
nia z nim. Z czasem zaczęłam też unikać opieki nad nim. Nie lubiłam
karmienia piersią. Miałam poczucie, że jest wyjątkowo płaczliwym
i wymagającym dzieckiem. Codziennie płakałam i miałam poczucie
pustki, straconego życia, popełnionego błędu.

Swoimi uczuciami zaczęłam dzielić się z moim mężem. Mówiłam, że
mam dość, że nie mogę znieść dziecięcego płaczu, że jestem zmęczona, że chcę od synka odpocząć. I usłyszałam „co z ciebie za matka, że

tak mówisz, która matka ma dość swojego dziecka... bez przesady, inne mają gorzej. Ciesz się, że jest zdrowy". Wpadłam wtedy w ogromne poczucie winy, że faktycznie jestem okropną matką, że coś jest ze mną nie tak, że nie mam prawa tak myśleć... Więc przestałam głośno mówić o tym, co czuję. Brakowało mi wsparcia. Kiedy płakałam, mój mąż zabierał synka i wychodził do innego pokoju, żeby jak to mówił „mi przeszło".

Zawsze był człowiekiem niepokazującym zbyt wielu emocji. Był za to wspaniałym ojcem, perfekcyjnie zajmował się dzieckiem, kiedy ja nie dawałam rady. Sprzątał dom, gotował. Ideał. Tylko wsparcia dla mnie zabrakło. Pamiętam słowa, które wypowiedział publicznie przy rodzinie „przecież Ty go nie urodziłaś, Tobie go tylko wyjęli na cesarce, to żaden wyczyn, nie porównuj się do innych kobiet, że miałaś ciężko przy porodzie...". Również każdy wypadek dziecka był kwitowany – „to Twoja wina, bo go nie upilnowałaś". Mimo że te słowa bardzo mnie raniły i znacznie pogarszały mój stan, zawsze go broniłam. Wiem, że nie był świadomy tego, jak bardzo mnie ranił. Czułam ogromną pustkę, samotność i bezradność.

Z czasem dotarło do mnie, że chyba potrzebuje fachowej pomocy. Chociaż miałam świadomość, że to depresja – bo przed ciążą kilka razy chorowałam – to jednak zawsze odkładałam na później zapisanie się do lekarza. W międzyczasie, jak synek miał pół roku, wróciłam do pracy na część etatu. Miałam nadzieję, że to mi pomoże, że jak wyjdę do ludzi, to coś się zmieni. Niestety, to nic nie zmieniło. Z czasem zaczął mnie też drażnić kontakt fizyczny z dzieckiem. Nie lubiłam, gdy był zbyt blisko. Aż w końcu niespodziewanie i nieplanowanie zaszłam w drugą ciążę. I wtedy mój stan psychiczny uległ znacznemu pogorszeniu. Pojawiły się myśli samobójcze. Od ginekologa poprosiłam o kontakt do psychiatry, bo czułam, że jest ze mną bardzo źle. Mimo wczesnej ciąży lekarz podjął decyzję o włączeniu leków przeciwdepresyjnych, gdyż istniała obawa próby samobójczej.

Po tygodniu poroniłam. Podczas USG okazało się, że serce dziecka przestało bić, a ja musiałam czekać, aż sama poronię. Trwało to około tygodnia, co bardzo się na mnie odbiło. Dodatkowo cały czas pracowałam. Stres, depresja, poronienie, małe dziecko, które też cały czas karmiłam piersią – wywołało ogromną traumę, która przyczyniła się do wystąpienia tego stanu. Leki nie działały i czułam się coraz gorzej, w związku z czym zmieniono mi leki na mocniejsze. Zaczęłam terapię. Mój stan dalej ulegał pogorszeniu, znowu zmiana leków… pojawiły się epizody bezsenności na zmianę z ciągłą sennością. Byłam agresywna i nieprzewidywalna. I wtedy to się pojawiło…

Wizje, jak kilkusekundowe filmiki, jakby ktoś mi do głowy włożył projektor i wyświetlał film. A w nim ja… robiąca krzywdę mojemu dziecku. Pojawiały się jak impulsy, najczęściej wtedy kiedy dziecko było blisko. Nie towarzyszyły im żadne emocje, a ja byłam jakby nieobecna, nieświadoma otoczenia. Dopiero po chwili dochodziło do mnie co się stało i pojawiał się lęk. Przed samą sobą, przed tym co mogę zrobić. Z czasem pojawiły się także ciche głosy w mojej głowie. Jedna sytuacja zapadła mi w pamięć do dzisiaj. Stałam w kuchni, kroiłam warzywa. Byłam sama z dzieckiem, mąż był w pracy. Synek „doraczkował” do mnie i przytulił się do nogi. Poczułam wtedy straszną niechęć, odrazę, chciałam, żeby mnie puścił. I wtedy pojawiła się wizja, a ja trzymałam w ręku nóż i zacisnęłam na nim rękę. Dopiero kiedy ten stan minął, przyszedł lęk.

Następnego dnia, z ogromnym trudem opowiedziałam o tym mojej psycholog na terapii. Od razu zadzwoniła do mojego męża i opisała w skrócie, że z uwagi na mój stan konieczne jest ograniczenie moich kontaktów z dzieckiem oraz dla dobra mojego i dziecka – niezostawianie mnie samej z synkiem. Na więcej informacji nie wyraziłam zgody. Bałam się, że mój mąż mnie nie zrozumie, że przestraszy się mnie. Sama siebie się bałam. Psycholog nakazała mi również udać się następnego dnia na kontrolę do psychiatry. Tak zrobiłam. Na wizycie miałam otrzymać skierowanie do szpitala. Jednak akurat był to czas pierwszej fali covidu, więc dostęp do leczenia szpitalnego był mocno ograniczony. Psychiatra – po upewnieniu się, że będę mieć ograniczony kontakt z dzieckiem – wypisał receptę na odpowiednie leki.

Miałam stawiać się na terapii co najmniej dwa razy w tygodniu. I tak zaczęłam powolną walkę z chorobą. Wizje i głosy z czasem zaczęły pojawiać się coraz rzadziej. Aż w końcu zniknęły całkowicie. Moje leczenie trwało dwa lata. Od tamtej pory minęły kolejne... Obecnie nie przyjmuję już żadnych leków. Wizje nigdy nie powróciły. Po zakończonym leczeniu całkowicie odkryłam macierzyństwo na nowo. Miałam wrażenie, jakbym na nowo poznawała mojego synka. Jakbym wcześniej była kimś zupełnie innym. Odbudowywałam powoli naszą relację i w końcu zaczęłam odczuwać do niego miłość. Nie da się opisać tego, co zabrała mi choroba.

Czas, miłość i zdrowie. Teraz to nadrabiam – uwielbiam spędzać czas z dzieckiem, gdy jest blisko, kiedy mogę go przytulić, patrzeć jak śpi, pomagać w trudnych emocjach. To niesamowite jak choroba może człowieka zmienić. Ale i zostawia... traumę na całe życie. Do tego stopnia, że panicznie boję się posiadania drugiego dziecka. Lekarz uprzedzał, że jest ryzyko nawrotu choroby przy kolejnej ciąży. Wiem, że gdybym jednak się zdecydowała, to byłabym pod stałą kontrolą, że w razie czego byłabym na lekach, ale to zostawiło we mnie taką traumę, że nie dopuszczam takiej myśli. Żałuję, że gdy zaczęłam widzieć pierwsze oznaki tego, jak Baby Blues przeszedł w depresję poporodową, to nie zgłosiłam się do lekarza. To sprawiło, że pozwoliłam chorobie się rozwijać. Wiem też, że gdyby nie reakcja mojego psychologa, to mogłaby wydarzyć się tragedia.

I kiedy słyszę w telewizji, że matka skrzywdziła własne dzieci – nie oceniam, bo wiem, że w jej przypadku pomoc przyszła za późno. Dlatego staram się być bardzo uważna na nawet najdrobniejsze sygnały u młodych mam z mojego otoczenia. Bo to one czasem są jedynym wołaniem o pomoc. Sama potrafiłam bardzo dobrze udawać, że wszystko jest ok, bo tak naprawdę bałam się reakcji ludzi na to co czuję. W czasie choroby pracowałam, spotykałam się ze znajomymi i nikt niczego nie zauważył. Do tej pory o mojej chorobie wiedzą nieliczni. O początkach psychozy nikt. Jestem wdzięczna, że mam to już za sobą, choć w najgorszym momencie nie sądziłam, że mogę z tego wyjść. Tylko dzięki terapii i farmakologii mogę cieszyć się macierzyństwem, choć nie wierzyłam, że to możliwe. No i dzięki sobie, bo w porę zgłosiłam się po pomoc.

Anna 39 lat,
mama jednego dziecka

Sylwia: czy będąc w ciąży, spodziewałaś się tego wszystkiego, co będzie miało miejsce po narodzinach dziecka?

Anna: nie. Wierzyłam mocno, że wszystko się ułoży, że będzie pięknie. Chociaż pamiętam taki moment, jak dowiedziałam się, że zaszłam w ciążę, to najpierw się śmiałam, a potem długo i intensywnie płakałam. Gdy dotarło do mnie, że zostanę mamą, to poczułam bardzo dużą niepewność tego co będzie. Moja relacja z partnerem już przed ciążą zaczęła się rozjeżdżać i nie do końca wiedziałam, co się dzieje. Planowaliśmy założyć rodzinę, marzyliśmy o dziecku, ale z powodu różnych trudności, nie byliśmy już tak blisko ze sobą. Mieszkaliśmy w Anglii i w sumie dość dobrze nam się powodziło, ale w grę wchodziły inne czynniki. Gdy poznałam mojego ówczesnego partnera, to już od kilku lat nie zażywał alkoholu ani innych używek, wcześniej miał z tym problem. Myślałam, że skoro jest czysty od kilkunastu lat, to jest już zdrowy, silny, świadomy siebie, i będzie wszystko super. Z powodu swojej przeszłości był dość chwiejny emocjonalnie, mało odporny na stres. A w obliczu nawału obowiązków związanych z pojawieniem się dziecka stracił grunt pod nogami. Między innymi zaczął spotykać się z inną kobietą, żeby uciec od problemów, odreagować.

Sylwia: to musiał być dla Ciebie niełatwy czas. Rodziłaś w Anglii?

Anna: tak, i tam gdzie mieszkaliśmy, było dużo porodów domowych. Skorzystałam z tej możliwości i postanowiłam rodzić w domu. Moją ciążę prowadziła bardzo fajna położna, ale akurat tego dnia, gdy zaczęła się u mnie akcja porodowa, było na tyle dużo innych rodzących kobiet, że do mnie została przysłana położna z innego okręgu, a ona akurat była mniej sympatyczna, i to sporo zepsuło. Poród rozpoczęłam w domu, ale mimo tego, że już miałam pełne rozwarcie, to nie mogłam urodzić i musieliśmy jechać do szpitala. Ogólnie poród to sytuacja graniczna i ciężka praca, ale ewidentnie trafiła mi się też osoba, która mi w tym nie pomogła, a wręcz wykazała się wobec mnie sporą złośliwością.

Sylwia: myślisz, że poród w inny sposób, niż go sobie zaplanowałaś oraz poród z osobą, której nie znałaś i z którą nie poczułaś sympatii, wpłynął na Twoje samopoczucie psychiczne?

Anna: tak, myślę, że miało to duży wpływ na to, jak się później czułam. Byłam rozbita, zdenerwowana, miałam wrażenie, że nie sprostałam, że zrobiłam coś nie tak. Podczas próby porodu w domu nie dostałam wsparcia, jakiego potrzebowałam, zablokowałam się.

Sylwia: w Anglii takie porody domowe w obecności personelu medycznego są normą?

Anna: tak, w obecności położnej. Tylko ona nie może robić nacięcia krocza. Dlatego trafiłam do szpitala. Tam lekarka wykonała zabieg i urodziłam dziecko siłami natury. Urodziłam syna około godziny 21 i już około 1 w nocy sugerowano mi, że mogłabym wziąć prysznic i zacząć się zbierać do domu. Także około 4 nad ranem wyszliśmy ze szpitala. Jechaliśmy z nowonarodzonym dzieckiem taksówką, bez fotelika, totalnie oszołomieni.

Sylwia: wszystko na tyle szybko się działo, że chyba nie byłaś w stanie poczuć za wielu emocji?

Anna: tak, bardzo szybko. Z jednej strony fajnie było wrócić do domu. Jednak po powrocie okazało się, że jest mi trudno się odnaleźć, tak nie bardzo wiedziałam co mam robić i ze sobą, i z dzieckiem. Dużo czytałam o tym, jak wygląda czas przed porodem i sam poród, a to co się dzieje po porodzie, to jakoś nie do końca mnie interesowało. Więc rozpoczęcie życia we troje było bardzo zaskakujące i dziwne, a ja strasznie się tego bałam. Czułam się jak jakieś zranione zwierzę kryjące się w jaskini. Pamiętam, jak po porodzie przyszła do mnie ta moja fajna położna i odsłoniła mi okna, bo był piękny dzień, a ja tak siedziałam po ciemku. Wzięła ode mnie dziecko, przytuliła je i pocałowała, a ja bardzo się zdziwiłam, że tak można to małe dziecko całować i przytulać. Towarzyszyło mi uczucie obcości. Uświadomiłam sobie wtedy, ile mam w sobie lęku. Dodatkowo bardzo bolesne było dla mnie to, że nikt z mojej rodziny nie przyjechał w czasie mojego połogu. I chociaż od tego czasu minęło już kilka lat, to nadal jak sobie o tym przypominam, to chce mi się płakać. Sporo rzeczy w sobie przepracowałam, ale akurat brak najbliższych mi osób, kiedy tego potrzebowałam, nadal wywołuje we mnie żal.

Sylwia: rozumiem. Narodziny dziecka same w sobie są bardzo dużym wydarzeniem w życiu kobiety. Dodatkowo, gdy w tym czasie młoda mama odczuwa samotność, to negatywne emocje zaczynają przybierać na sile. Kobiety często też mówią o tym, że nie mogą się doczekać narodzin dziecka, a jak już się pojawia, to tak naprawdę nie wiedzą, co mają robić. Jak je wziąć, żeby nie zrobić krzywdy, jak przytulić i czy w ogóle przytulić. Te emocje bywają przerażające.

Anna: tak, ja też czułam takie przerażenie. Chociaż ogólnie w Anglii jest bardzo duża świadomość związana z depresją poporodową i w związku z tym kontakt z położną jest bardzo dobry, ale mimo wszystko znalazłam się w stanie, o którym nie do końca wiedziałam jak opowiadać.

Sylwia: wtedy czułaś, że coś jest nie tak przez to, co się z Tobą dzieje, czy nie do końca wiedziałaś o co chodzi?

Anna: trochę nie wiedziałam. Myślałam, że to wynika z tych wszystkich hormonów po porodzie, które ze mnie schodzą. Nie wiedziałam jak o tym mówić, ale też bałam się mówić położnym, bo był we mnie lęk, że zabiorą mi dziecko. Jeszcze jakiś czas po porodzie się trzymałam, chociaż nie było to łatwe, bo synek miał kolki, mi się rozeszły szwy, co mnie dodatkowo niepokoiło. Ale wciąż wydawało mi się, że sobie jakoś radzę. Pamiętam, jak zadzwoniła do mnie moja przyjaciółka z Włoch, która jest bardzo zżyta ze swoją mamą, i zapytała, czy moja mama przyjechała mi pomóc, a jak powiedziałam, że nie, to zaczęła bardzo mocno płakać, lamentować i mnie żałować. Dołączyłam do jej lamentów i w tym płaczu zostałam przez kilka dni, a nawet tygodni. Poczułam wtedy taką lawinę trudnych emocji, jakby nie miała końca. W tym czasie przestałam się odzywać do mojej rodziny. Miałam do nich żal, że nikogo przy mnie nie było i jeszcze sposób, w jaki się komunikowaliśmy, strasznie mi nie odpowiadał. Oczywiście nie byłam w stanie im o tym wprost powiedzieć.

Sylwia: sytuacja była dla Ciebie podwójnie trudna…

Anna: tak, bardzo. Chociaż miałam dużo wsparcia ze strony przyjaciół, których poznałam w Anglii.

Sylwia: przed ciążą miewałaś spadki nastroju albo stany depresyjne?

Anna: tak. Już jako nastolatka byłam zablokowana emocjonalnie, a niewyrażone emocje przybierały na sile. Dużo było we mnie smutku i niewyrażonej złości. W pewnym momencie wprowadziłam taką zasadę, że nie hamowałam się z odreagowywaniem, często miało to postać realizacji moich szalonych pomysłów. Co nie było dla mnie jednak do końca dobre, ale lepsze to niż nic. Kiedy wyprowadziłam się z domu, to albo podróżowałam, albo brałam udział w różnych projektach, bo jestem artystycznie ukierunkowana, więc to było moją odskocznią. Wychodziły ze mnie od czasu do czasu różne trudne emocje, frustracje… których nie umiałam rozpoznać i sobie z nimi radzić. Próbowałam też terapii, ale nie całkiem mi odpowiadała, więc przerwałam ją. Może nie byłam też dojrzała do tego, aby pójść w tę terapię na poważnie.

Sylwia: a po narodzinach dziecka jak próbowałaś sobie radzić ze swoim złym stanem emocjonalnym?

Anna: to był czas, kiedy wieczorami zaczął wychodzić mój partner, a ja zostawałam sama z dzieckiem. Nasza relacja zaczęła się rozjeżdżać jeszcze bardziej. Mnie nie bardzo chciało się dbać o dom i całą resztę. Miałam taki system, że jednego dnia zmuszałam się do tego, żeby posprzątać w domu i zrobić jakieś jedzenie, a następnego dnia robiliśmy sobie z przyjaciółmi wycieczki, i to była moja odskocznia i coś, co mnie ratowało. Oni mieli bliźniaki, które urodziły się w tym samym czasie i te wspólne chwile z nimi, na pewno dużo mi dały. Był czas kiedy poczułam się trochę lepiej, ale wtedy dowiedziałam się, że mój partner spotyka się z inną kobietą. Wtedy dostałam szału. Smutek przechodził w złość i tak w kółko. To był też moment, kiedy zbliżał się nasz planowany wyjazd do Polski, więc musieliśmy dużo spraw ogarnąć.

Sylwia: wyjazd czy powrót?

Anna: zbliżał nam się koniec terminu wynajmu mieszkania i tak naprawdę nie wiedziałam, czy chce wracać do Polski na stałe, czy wiązać swoją przyszłość z Anglią. Nasze rzeczy zostawiliśmy w garażu u znajomych i przyjechaliśmy do Polski, gdzie miałam swoje mieszkanie. Przyjechaliśmy we wrześniu, a ja do stycznia nie wiedziałam jeszcze jaką decyzję mam podjąć. Zostać czy wracać. Mój partner wracał do pracy, do Anglii, później przyjeżdżał do Polski. Nie miałam wsparcia ani z jego strony, ani ze strony rodziny. Moja mama jest pracoholiczką, a moje siostry mają swoje dzieci. W końcu z partnerem zdecydowaliśmy się pójść na terapię dla par i było trochę lepiej. Oboje mieliśmy stany depresyjne. Widziałam, że ze mną dzieje się coś złego, bo np. miałam trudności, żeby zrobić zakupy, utrzymać wokół siebie porządek, a nawet problem sprawiało mi wybranie ubrania dla dziecka, bo nie wiedziałam, czy go przegrzeję, czy może wyziębię. Teraz wydaje mi się to śmieszne, ale wtedy nie dawało mi spokoju. Było to dla mnie strasznie męczące. Byłam rozdrażniona i płaczliwa. Szukałam pomocy. Byłam nawet na spotkaniu czy dwóch z taką młodą psycholog, ale czułam, że to nie jest to, więc zaniechałam tych wizyt. Później zgłosiłam się do ośrodka dla osób współuzależnionych i tam rozpoczęłam terapię. Moje problemy wynikały z trudnego związku, ale i z tego, że pochodzę z rodziny, gdzie ojciec młodo umarł. W takiej sytuacji moja mama musiała utrzymywać rodzinę, była bardzo skupiona na zarabianiu pieniędzy i przestała zwracać uwagę, na emocjonalne potrzeby swoich dzieci.

Sylwia: podczas rozmów z kobietami obserwuję, że relacje z rodzicami, a w szczególności z mamą, mają ogromne odzwierciedlenie w tym, co później dzieje się w naszym życiu i to, jakie emocje towarzyszą nam, gdy same zostajemy mamami. Budzą się w nas nasze braki z dzieciństwa. Sytuacja staje się podwójnie trudna, bo mierzysz się ze swoją przeszłością, podczas gdy pod opieką masz małego człowieka, z którym nie do końca wiesz, co robić.

Anna: tak, właśnie takie odczucia miałam. Dodatkowo spotkania z moją rodziną były dla mnie bardzo trudne. Moje siostry też mają swoje problemy, z którymi coś próbują robić. Ja jestem najmłodsza, dlatego one mi matkowały, od kiedy miałam kilka lat, więc taki schemat się zrobił. Jak przyjechałam z nowo narodzonym dzieckiem, to siostry dawały mi mnóstwo rad, które nie były dla mnie wspierające. Starały się jak mogły, ale dla mnie wtedy to nie do końca była pomoc.

Sylwia: siostry widziały, że jesteś w kiepskiej formie czy mówiłaś im o tym wprost?

Anna: wtedy byłam już w procesie terapii i jednym z jej punktów była kwestia mojej asertywności, wyrażanie swojego zdania czy niezgadzanie się na różne rzeczy. Był też temat mojego partnera, bo wtedy już postanowiłam, że chcę się z nim rozstać, ale nie umiałam tego zrobić.

Sylwia: nie miałaś w sobie odwagi, aby to zrobić?

Anna: odwagę miałam, tylko byłam w takim stanie, że nie umiałam tego zorganizować. Nie wiedziałam jak sobie z tym poradzić. Na terapii też przewijało się dużo tematów dotyczących mojej rodziny i tego, w jaki sposób mogę sobie ułożyć relacje z siostrami i mamą. Początki były trudne, ale finalnie bardzo mi to pomogło.

Sylwia: w związku z tym, że Twoje siostry spotykały się z wieloma trudnościami, potrafiły Cię lepiej zrozumieć, czy były raczej chłodne w tych relacjach?

Anna: często to były chłodne relacje, ale moim zdaniem one nie potrafiły radzić sobie ze swoimi emocjami, więc ciężko było oczekiwać, żeby radziły sobie z moimi rozterkami.

Sylwia: po jakim czasie od narodzin dziecka sięgnęłaś tak naprawdę po pomoc?

Anna: po roku sięgnęłam po indywidualną pomoc, a kilka miesięcy wcześniej byłam na terapii par.

Sylwia: rozumiem. A wracając do tego okresu tuż po narodzinach dziecka, jakie jeszcze uczucia wtedy Ci towarzyszyły?

Anna: brak decyzyjności w nawet, wydawałoby się, błahych sprawach. Nieumiejętność dźwigania tych wszystkich obowiązków. Żal, smutek.

Sylwia: płakałaś?

Anna: tak, dużo płakałam. Trudno mi było przebywać z ludźmi, a jednocześnie potrzebowałam towarzystwa. Byłam bardzo wybiórcza jeżeli chodzi o spotykanie się z ludźmi.

Sylwia: a jakie emocje towarzyszyły Ci względem dziecka? Kobiety często opowiadają mi, że patrzyły na swoje dziecko, jak na zupełnie obcą osobę. I próbowały nazwać uczucia, jakie mają względem niego.

Anna: na początku nie umiałam okazywać mu miłości, ale później chętnie zajmowałam się swoim dzieckiem, i to z ogromną czułością. Mój syn miał kolki, więc starałam się szukać na nie sposobu i bardzo pomagało, jak trzymałam go na rękach, siedząc i podskakując na piłce do ćwiczeń. To właściwie stało się taką moją ucieczką i bujałam się, nawet jak nie miał kolki. Często tak lulałam dziecko, głośno przy tym śpiewając.

Sylwia: czyli chciałaś być blisko dziecka?

Anna: tak. Miałam w sobie też duża nieufność wobec innych, co do opieki nad moim dzieckiem.

Sylwia: czy dobrze interpretuję to, że jak wróciliście do Polski, to i Twoje samopoczucie i relacje z partnerem uległy jeszcze większemu pogorszeniu?

Anna: tak, wiedziałam, że muszę podjąć jakąś decyzję i myśleć przy tym o sobie i o dziecku. O naszym bezpieczeństwie i przyszłości, więc stwierdziłam, że w Anglii będzie nam jeszcze gorzej, bo nie mam poczucia bezpieczeństwa przy swoim partnerze. W Polsce mam swoje mieszkanie, co wiele ułatwiało. W końcu to ja podjęłam decyzję o pozostaniu w Polsce i o rozstaniu, ale trwało to długo. Chciałam tego, ale nie wiedziałam, jak to sobie wszystko poukładać i dopiero jak dziecko miało 3 lata, to rozstaliśmy się definitywnie.

Sylwia: trochę to potrwało, co tak długo trzymało Cię w tym związku?

Anna: prawdę mówiąc, chyba w największej mierze pragmatyzm, bo jednak kiedy ma się takie małe dziecko, a nie ma zasobów i psychicznych, i finansowych, no to trudno sobie poradzić z tą sytuacją i tyloma obowiązkami. Stwierdziłam, że to jest też jego dziecko i powinien pomóc mi w tym najbardziej wymagającym czasie. Nie mogę też powiedzieć, że go nie kochałam, bo taka sympatia zostaje mimo tego, że sprawił mi wiele bólu. Jemu też nie było łatwo żyć z kobietą w depresji poporodowej. Nasze rozstanie było długim procesem, ostatni rok mieszkania razem był dla mnie bardzo męczący. Jednak było to lepsze, niż takie szarpanie się. Z czasem oboje do tego dojrzeliśmy i rozstaliśmy się w zgodzie. Teraz ważne jest dla mnie to, że moje dziecko nie żyje w konflikcie między rodzicami, tylko widzi ich przyjaźń. Mogę powiedzieć, że mamy dobre relacje, bez żalu i złości za przeszłość.

Sylwia: terapia pomogła Ci w tym, aby przetrwać ten najgorszy okres?

Anna: tak, bardzo mi pomogła. Byłam w trakcie terapii przez prawie 3 lata. Chodziło o to, żebym wzięła odpowiedzialność za swoje życie i podejmowanie decyzji i sama się sobą zaopiekowała. Przeszłam proces, po którym jestem bardziej samodzielna psychicznie i umiem zadbać o siebie. Na początku terapii nie chciałam za wiele mówić, ale jak już zaczęłam, to wyszło ze mnie tyle wściekłości, że sama byłam zaskoczona, że mam w sobie tyle agresji. Z perspektywy czasu widzę, że po urodzeniu dziecka lęki, i inne emocjonalne problemy się nasiliły. Wyszło wiele nieprzepracowanych tematów. Wydaje mi się, że dla większości kobiet ciąża i poród, to taki bardzo newralgiczny czas w życiu gdzie wszystko się zmienia i one muszą się trochę zmienić, dostosować się do nowych okoliczności. Często ta zmiana przychodzi z ogromnym trudem.

Sylwia: widzę, że dla kobiet przyznanie się do swoich emocji stanowi duże wyzwanie. Zazwyczaj mija wiele czasu zanim decydują się na to, aby mówić o swoim złym samopoczuciu. Czy Ty myślałaś o tym, aby jeszcze w trakcie ciąży zgłosić się do terapeuty, tak aby łagodniej przejść przez czas porodu i połogu?

Anna: wtedy, po moich doświadczeniach z terapeutami, miałam obawy do kogo trafię. Czegoś już szukałam, bo chodziłam np. na zajęcia kół wsparcia kobiet w ciąży, ale tak naprawdę podjęłam konkretne działania już po powrocie do Polski, kiedy zrobiło się już naprawdę źle.

Sylwia: Twoja historia jest trudna, nawet teraz, kiedy o tym opowiadasz, towarzyszy Ci wiele emocji, ale czy widzisz, jak piękną i odważną pracę wykonałaś dla siebie i swojego dziecka?

Anna: no tak, teraz to już w ogóle jest super. Mój syn ma 6 lat i jest szczęśliwym dzieckiem, a ja stworzyłam nowy, zdrowy związek. Moje relacje z rodziną są bardziej poukładane. Może w mniejszym stopniu bliskie, ale zdrowe - mówię, co myślę. Poprawiły się moje relacje w pracy, jak byłam młodsza, to dość szybko rezygnowałam z różnych miejsc pracy, bo gromadziło się we mnie dużo emocji, z którymi nie umiałam sobie poradzić oraz niewypowiedzianego żalu i złości. Teraz mówię na bieżąco, jeśli mi coś nie odpowiada. Wyszłam z roli, jaką miałam w domu rodzinnym, zyskałam wolność. Także wiele rzeczy zmieniło się na lepsze.

Sylwia: dążę do tego, aby kobiety, z którymi pracuję, doszły do takiego etapu jak Ty, bo taka praca nad sobą bardzo oczyszcza. Nie zawsze jest to wygodne, ale daje świetne rezultaty.

Anna: tak, ale wydaje mi się, że trudno jest dotrzeć do osób, które są w takiej sytuacji jeśli one same nie chcą tej pomocy. Takie przełamanie się i rozmawianie o sobie w otwarty sposób, o trudnych emocjach, stanowi nadal bardzo duży problem. Wiele osób karci się za to w myślach. Ale jednocześnie ważne jest, aby podejmować te próby.

Sylwia: powiedz mi jeszcze kilka słów o tym, co się zmieniło w Twoim życiu po tym, jak podjęłaś próby uporządkowania emocji.

Anna: kiedy skończył się dla mnie proces rozstania z ojcem mojego dziecka, to doszłam do wniosku, że chciałabym założyć rodzinę z kimś innym, z odpowiednią osobą. Chciałam mieć normalny, bezpieczny związek, dom i właśnie taki udało mi się stworzyć. Ta relacja jest dla mnie bardzo ważna.

Sylwia: czyli Twoja trudna i burzliwa historia finalnie zakończyła się dobrze.

Anna: tak, bardzo dobrze się zakończyła. Jestem teraz szczęśliwa. Nie mam już depresji. Moje dziecko ma mamę obecną emocjonalnie, kochającą, odpowiadającą na jego potrzeby. Mam dobry związek, mam dobrą relację z byłym partnerem, rozmawiamy na trudne tematy. Potrafię postawić granicę w relacjach, jeżeli zachodzi taka potrzeba.

Sylwia: cudownie się tego słucha. Zawsze na koniec rozmowy pytam o to, co byś powiedziała kobiecie, która mierzy się z trudnymi emocjami po narodzinach dziecka?

Anna: niech szuka pomocy, gdzie się da. Niech szuka osób, które są w podobnej sytuacji. Myślę, że to bardzo pomaga, bo znosi takie poczucie odosobnienia. Można zobaczyć, że wiele kobiet boryka się z podobnymi problemami. Nie można traktować siebie jako kogoś dziwnego. Nie można myśleć o sobie, że jestem złą matką czy kimś słabym, kto sobie nie radzi. Warto przyznać się przed sobą do tego, w jakiej sytuacji jesteśmy i z jakimi emocjami się mierzymy, i coś z tym zrobić. Szukać pomocy, informacji. Warto komunikować swoje potrzeby. Czasem może się zdarzyć, że trafimy na osobę, która nas nie rozumie, wtedy trzeba po prostu zwrócić się do kogoś innego. Przecież nie zawsze z każdym jest nam po drodze i nie zawsze ktoś wie, jak nam pomóc.

Sylwia: no właśnie. Należy pamiętać, że nie zawsze sama chęć pomocy wystarcza. Często spotykamy się z radami, które nie są wspierające i wprowadzają nas w jeszcze gorsze samopoczucie.

Anna: niektóre rady są na zasadzie – boli Cię palec, ale czym się martwisz, skoro masz jeszcze dziewięć sprawnych. A przecież ból tego palca może być tak silny, że nie da się funkcjonować. Więc trzeba się tym palcem zająć, wyleczyć. Życzę wszystkim kobietom, które mają problemy, odwagi do szukania pomocy, aby skończyć to cierpienie, z którym się mierzą. Moje życie już nie jest pasmem cierpienia i dostrzegam wiele powodów do radości.

Sylwia: warto również uświadomić kobietom, że to jest proces, który wymaga od nas energii i czasu. To co zostało zaniedbane miesiącami czy nawet latami, nie da się naprawić tak od razu. Nie da się wziąć magicznej tabletki, po której wszystko się zmieni.

Anna: tak, terapia jest wymagająca czasowo i energetycznie. Ale warto. Kluczowe jest też szukanie wsparcia ze strony rodziny czy przyjaciół, dobrych dusz, które dadzą trochę wyrozumiałości i ciepła. Takie wsparcie nieświadomie dało mi mnóstwo osób, np. przyjaciele z Anglii, z którymi bardzo intensywnie się spotykałam i miło spędzałam czas.

Sylwia: zastanawiałaś się kiedyś nad tym, co by było, gdybyś nie szukała pomocy w tak wielu miejscach?

Anna: gdybym tego wszystkiego nie zrobiła, byłabym bardzo sfrustrowana. Byłoby nadal we mnie dużo złości i smutku. Moje dziecko zapewne by na tym ucierpiało. Na pewno nie byłabym też w stanie stworzyć zdrowej relacji. Mój partner jest po rozwodzie i również po terapii, i to jest fajne, bo bardzo otwarcie rozmawiamy o wielu rzeczach. Jak człowiek przepracuje swoje problemy i lęki, to potem widzi poprawę w różnych sferach życia. Jest więcej radości z życia, z seksu, z pracy, relacji rodzinnych i koleżeńskich.

Sylwia: poruszasz bardzo ważną kwestię. Kobietom ciężko jest mówić o trudnościach, jakie napotykają po narodzinach dziecka, o braku organizacji, chwilach smutku, z którymi się borykają, a widzę, że temat współżycia z partnerem wręcz paraliżuje, a o tym też trzeba rozmawiać. Do pewnego momentu jest naturalne, że relacje z partnerem ulegają zmianie. Brakuje przestrzeni na rozmowę, współżycie też zostaje przez jakiś czas zaburzone ze względu na samopoczucie kobiety i proces, jaki przeszła w związku z porodem. Opieka nad dzieckiem także jest bardzo wymagająca, ale jednak trzeba mieć świadomość, że to wszystko powinno wracać do normy, i to szybciej niż nam się wydaje.

Anna: tak, to zrozumiałe, jednak tak jak mówisz do pewnego czasu. Gdy między partnerami brakuje rozmowy i bliskości, a za to dochodzi dużo obowiązków, to relacja między nimi staje się coraz bardziej napięta.

Sylwia: bardzo dziękuję Ci za tę rozmowę. Pokazuje to nam, że warto znaleźć w sobie odwagę, by poznać siebie i swoje emocje i na nowo ułożyć sobie życie.

Asia, 31 lat
mama jednego dziecka, położna

Sylwia: jestem bardzo ciekawa rozmowy z Tobą, bo będziemy mogły poznać Twoją historię z dwóch perspektyw – mamy oraz położnej.

Asia: zgadza się, jestem mamą rocznego Ignasia oraz położną, która spędziła na oddziale 6 lat, zresztą za pół roku wracam i prawdę mówiąc – już nie mogę się tego doczekać.

Sylwia: opowiedz swoją historię okołoporodową.

Asia: przez całą ciążę byłam przekonana, że jestem świetnie przygotowana do samego porodu i do późniejszej opieki nad noworodkiem. Uczestniczyłam dosłownie w setkach porodów, codziennie, przez 6 lat miałam styczność z noworodkami i wykonywałam przy nich zabiegi pielęgnacyjne i medyczne, także do swojego macierzyństwa podchodziłam naprawdę z dużym spokojem i ekscytacją, nie mogłam się doczekać narodzin synka. I wreszcie nadszedł ten dzień. Gdy poczułam, że zbliża się poród, zadzwoniłam do męża, który był w pracy, że jadę do szpitala. Nie chciałam, żeby od razu przyjeżdżał, już wcześniej ustaliliśmy, że nie będzie go przy porodzie, bo po prostu się do tego nie nadaje, więc nie ma potrzeby go stresować i przymuszać, aby towarzyszył mi na sali porodowej.

Sylwia: fajnie, że o tym mówisz. Poród to duże przeżycie dla kobiety, ale i dla mężczyzny. Jeżeli nasz partner ma jakiekolwiek opory, by towarzyszyć nam podczas narodzin dziecka, powinnyśmy przemyśleć, czy nalegać na jego obecność.

Asia: dokładnie. Nic na siłę. Jeżeli partner chce być na sali porodowej, to z reguły ma taką możliwość, ale gdy ta sytuacja z jakiegokolwiek powodu wywołuje u niego dyskomfort, to nie powinnyśmy go do tego zmuszać.

Sylwia: no dobrze, więc skoro to już ustaliłyśmy, to teraz opowiedz, co było dalej. Przyjechałaś do szpitala i…

Asia: gdy weszłam na salę porodową, nagle poczułam się dziwnie… zaniepokojona. Rodziłam w szpitalu, w którym pracowałam. Na sali, na której spędziłam mnóstwo godzin przy innych kobietach. Otaczały mnie moje koleżanki z pracy, zaglądali lekarze, z którymi pracowałam, no sytuacja do pozazdroszczenia, a ja czułam się bardzo niekomfortowo, znajdując się po drugiej stronie, czyli po stronie pacjenta. Akcja porodowa rozwijała się dosyć powoli, a ja byłam zaskoczona bólem, który temu towarzyszy. Z minuty na minutę było to dla mnie coraz bardziej nie do zniesienia, a jednocześnie bardzo pilnowałam się, żeby nie okazywać swojego cierpienia przy koleżankach z pracy. Gdy doszło do samego momentu porodu, to głupio było mi krzyczeć, nagle naszło mnie poczucie wstydu. Teraz jest to dla mnie absurdalne, bo przecież wiem, że tak wygląda poród. Są łzy spowodowane bólem i szczęściem i okrzyki spowodowane bólem i szczęściem, i dla personelu medycznego jest to na tyle naturalne, że nikt nie zwraca na to uwagi, a tym bardziej nie komentuje – „O Boże, ta to się drze". Więc naprawdę nie wiem, dlaczego we mnie obudziło się tyle blokad.

Sylwia: Ale jakoś poszło…

Asia: tak, poszło, chociaż szybko uświadomiłam sobie, że o porodzie wiedziałam mniej, niż mi się wydawało. Co innego jest wspierać i motywować rodzącą kobietę, a co innego jest nią być. Dlatego na pewno wracam do pracy z większą pokorą.

Sylwia: zapewne to dla Ciebie ciekawe doświadczenie. A co było po powrocie do domu z noworodkiem?

Asia: w momencie kiedy przekroczyłam próg swojego domu, dosłownie popadłam w paranoję. Od tego czasu minął już rok, więc umiem bardziej obiektywnie spojrzeć na tę sytuację, dlatego tak to określam. Pamiętam, że weszłam do domu z noworodkiem i z lękiem, który narastał we mnie z każdym krokiem. Ogarnęła mnie straszna niemoc, dezorganizacja, wręcz takie ogłupienie. Nie wiedziałam, co mam ze sobą zrobić.

Sylwia: to były Twoje uczucia względem samej siebie? Byłaś przytłoczona nową sytuacją?

Asia: tak, mam tu na myśli uczucia względem mnie samej, ale wiesz, nie nazwałabym tego przytłoczeniem. W mojej interpretacji przytłoczenie jest wtedy, kiedy sytuacja mnie przerasta pod każdym względem, kiedy nakłada się na to wiele czynników. Tymczasem ja pod względem fizycznym, mimo ciężkiego porodu czułam się ok, organizacyjnie też było dobrze.
Mąż tak zaplanował sobie czas, że miał mieć wolny cały miesiąc, a później kolejny miesiąc pracy z domu. Dla obu babć Ignaś był pierwszym wnukiem, więc na nasze jedno słowo były gotowe rzucić wszystko i dosłownie wprowadzić się do nas. Byłam w bardzo komfortowej sytuacji. Wiem, że wiele kobiet czy małżeństw w pewnym sensie by tego pozazdrościło, ale we mnie po prostu obudził się lęk. Tak, nie nazwałabym tego przytłoczeniem, tylko lękiem, ogromnym lękiem, który wpędzał mnie w jeszcze większy niepokój, kiedy próbowałam to zrozumieć.

Sylwia: ten lęk dotyczył Ciebie? Bałaś się o swoje zdrowie czy bardziej o to, jak sobie poradzisz z dzieckiem?

Asia: do tej pory ciężko mi to określić. Po prostu czułam lęk. Nie wiedziałam dlaczego, ale czułam się tak, jakby zaraz miało wydarzyć się coś strasznego. Weszłam w taki tryb oczekiwania na jakąś tragedię, która się do mnie zbliża. Byłam bardzo zmęczona tym stanem.

Sylwia: długo to trwało? Mówiłaś, że zaczęło się po powrocie do domu, zazwyczaj jest to trzecia doba od porodu, zgadza się?

Asia: dokładnie, wyszliśmy ze szpitala w trzeciej dobie i wtedy „to" się zaczęło i trwało około tygodnia, potem ten lęk ulokowałam w synku i tu dopiero zaczęła się jazda. Popadłam wręcz w paranoję. Wyszło tak, że to co miało mi pomóc — to paradoksalnie mi zaszkodziło. Mam tu na myśli wykonywany przeze mnie zawód. Położna. Przecież to miała być dla mnie bułka z masłem. Na co dzień widziałam mnóstwo maluszków, wykonywałam przy nich zabiegi pielęgnacyjne i medyczne. Będąc w ciąży, często mówiłam, że nie czuję się tak, jakby to miało być moje pierwsze dziecko. Już z tyloma miałam kontakt, że czuję się w pewnym sensie „doświadczona". A wyszło tak, że to co miało mi pomóc — czyli wiedza, którą nabyłam przez ostatnie lata pracy i dzieci, które widziałam — wprowadziły mnie w stan, no nie wiem, powiedziałabym wzmożonej gotowości.

Sylwia: czyli właśnie to oczekiwanie na coś złego, co może się wydarzyć?

Asia: tak. Nagle zaczęłam sobie przypominać wszystkie sytuacje związane z chorobami dzieci. Umówmy się, większość porodów, powiedzmy że około 80% w szpitalu, w którym pracuję — przebiega prawidłowo i rodzą się zdrowe i silne dzieci. Jednak zdarza się, że dochodzi do pewnych komplikacji albo do chorób dzieci, które można zdiagnozować tuż po porodzie albo nawet do kilku miesięcy po nim. I będąc już w domu ze swoim dzieckiem, mimo tego, że nic nie wskazywało, że może mu coś dolegać, ja zaczęłam szukać chorób i porównywać do tego, co już widziałam.

Sylwia: możesz bardziej rozwinąć ten wątek? Jak się czułaś? Zachowywałaś? Jak długo to trwało?

Asia: no czułam się źle, zachowywałam się też źle. Teraz się z tego śmieję, ale wtedy to było już wręcz przerażające. Moim jedynym zajęciem stało się baczne obserwowanie dziecka, co chwilę w jego zachowaniu znajdowałam jakieś nieprawidłowości. Śpi za krótko, śpi za długo, je za mało, ma nierówny oddech, dziwnie płacze, później nie płacze, dlaczego nie płacze? Cały czas chodziłam z termometrem, jak pojawiło się 37,2, to wpadałam w panikę, chociaż niby wiedziałam, że u noworodka to nic dziwnego. Gdy raz zobaczyłam 38,2, byłam gotowa dzwonić na pogotowie. Powstrzymał mnie od tego mąż, który zaczął tłumaczyć, że może to nie najlepszy pomysł, żeby mierzyć temperaturę dziecku po tym, jak od 10 minut płacze i przez to jest rozgrzane. W nocy nie mogłam spać, nasłuchiwałam czy wszystko jest ok. Bywało tak, że w środku nocy potrafiłam wstać i rozebrać dziecko, żeby sprawdzić, czy ma prawidłowy kolor skóry, czy nie ma wysypki... Kiedyś podczas kąpieli kilka kropel wody ochlapało twarz Ignasia, gdy godzinę później zakaszlał — byłam pewna, że ma zachłystowe zapalenie płuc. Gdy zadrżała mu główka — że to atak padaczki. Naprawdę było mnóstwo takich sytuacji. Nakręcałam się strasznie.

Sylwia: czy wtedy zdawałaś sobie z tego sprawę?

Asia: nie, to było totalne zamroczenie, które trwało około miesiąca. Po tym czasie zaczęłam słyszeć, co do mnie mówi mój mąż. Na szczęście był bardzo wspierający i rozsądny w tym wszystkim. Rozwiewał moje wątpliwości, tłumaczył, odciągał uwagę. Wreszcie wpadł na fantastyczny pomysł, żeby iść do pediatry i podzielić się z nią moimi obawami.

Sylwia: dałaś się przekonać do tego pomysłu?

Asia: tak i okazało się to dla mnie zbawienne. Myślę, że mamy też ogromne szczęście, że trafiliśmy na cudowną pediatrę. Poświęciła na badanie dziecka i później na rozmowę ze mną dużo czasu. Zasugerowała również, że jeżeli ten lęk będzie się nadal we mnie utrzymywał, żebym zdecydowała się na rozmowę z psychologiem. I wiesz, mówię o tym wszystkim i dzisiaj sama sobie się dziwię, że tak oczywiste rzeczy musiał mi ktoś podsuwać. Przecież ja to wszystko wiedziałam. Rozmawiałam z kobietami o ich wątpliwościach, znam temat Baby Bluesa, znam psychologów, z którymi można przepracować swój smutek poporodowy, a nagle jak to wszystko było potrzebne mnie, to ta wiedza wyparowała.

Sylwia: czyli z perspektywy czasu jesteś w stanie stwierdzić, że miałaś Baby Bluesa?

Asia: miałam, chociaż przez dłuższy czas niż się o tym mówi. U mnie ten stan trwał około 2 miesiące.

Sylwia: no właśnie, to teraz pomówmy o tym, o czym się nie mówi albo mówi zdecydowanie za mało, czyli o Baby Bluesie. Czy podczas swojej pracy lub w otoczeniu Twoich znajomych, spotykałaś się z tym pojęciem albo konkretnymi przypadkami?

Asia: wiesz co, niekoniecznie. Oczywiście wiem, że takie coś istnieje, ale też wiem, że nadal o tym mówi się niewiele. Jeżeli chodzi o moją pracę, to z perspektywy położnej odbieram to tak, że kobiety po porodzie są w szpitalu jakieś 2-4 doby. Tuż po porodzie jest sporo euforii, trochę takiego oszołomienia, że jest już po wszystkim. Ten czas szybko leci. W szpitalu mama i dziecko są zaopiekowane i ogólnie nie myśli się za dużo. Odnoszę wrażenie, że każda kobieta nie może się doczekać powrotu do domu i tylko tym żyje. I właśnie dopiero w domu emocje opadają, wraca się do codzienności, która wygląda już inaczej, przychodzi zmęczenie, niekiedy wątpliwości oraz lęki i trochę takie osamotnienie w tym wszystkim.

Sylwia: no tak, dobrze, że o tym mówisz. W szpitalu jest opieka, pomoc, która szybko się pojawi, jak zajdzie taka potrzeba. Chociaż jeżeli chodzi o aspekty psychologiczne – niestety nie jest to na porządku dziennym. Rzadko zdarza się, że na oddziale ginekologiczno-położniczym jest psycholog dostępny od ręki.

Asia: niestety to prawda. Tak jak mówię, według moich obserwacji opieka psychologiczna najczęściej jest potrzebna dopiero po kilku dniach, kiedy emocje z nas opadają i wracamy do rzeczywistości, a wtedy najczęściej już jesteśmy w domu. Niemniej jednak uważam, że każda kobieta po porodzie powinna odbyć krótką rozmowę z psychologiem, w której opowiedziałby o emocjach i rozterkach, które mogą się pojawić. Powinno to być standardem w każdym szpitalu.

Sylwia: zgadzam się z Tobą w 100%, jednak podczas naszej rozmowy przyszło mi do głowy pytanie, czy nie byłoby to traktowane jako pewnego rodzaju straszenie albo takie podsuwanie problemu na podatny grunt. Wiesz, co mam na myśli? Może wtedy kobiety czekałyby na ten stan smutku i same go sobie w pewien sposób kreowały?

Asia: nie, absolutnie nie. Tu nie chodzi o straszenie, ale o edukację. Przecież w wielu aspektach zdrowia są badania profilaktyczne, akcje edukacyjne, więc dlaczego tak mało mówi się o emocjach? Niestety, ale znam również ginekologów, którzy twierdzą, że nie ma czegoś takiego jak Baby Blues czy smutek poporodowy, są tylko hormony. To straszne. Mało jest również literatury na ten temat. Są pojedyncze artykuły, ale nie spotkałam się z żadną książką poświęconą tylko temu tematowi, dlatego myślę, że książką, którą piszesz — wniesiesz ogromną wartość, tym bardziej, że są tu historie kobiet i głosy specjalistów.

Sylwia: dziękuję, też tak myślę. Rozmawiam z wieloma kobietami i wszystkie jednogłośnie mówią, że tak naprawdę nie zdawały sobie sprawy z tego, co może zadziać się z nimi po porodzie pod względem emocjonalnym. Często nie rozumiały stanu, w którym się znalazły i nie wiedziały, co ze sobą zrobić. Z kim o tym rozmawiać, a właściwie jak? Ciężko jest nam rozmawiać o emocjach, boimy się osądów, niezrozumienia…

Asia: tak, to nadal temat tabu i wielu stereotypów, tym bardziej trzeba o tym mówić i tym samym otwierać kolejne osoby na rozmowę.

Sylwia: co Ty byś teraz powiedziała kobiecie, którą dopadł Baby Blues?

Asia: że wszystko mija, ale trzeba się sobą zaopiekować. Połóg jest bardzo wymagającym czasem. Jesteś tak samo ważna, jak nowo narodzone dziecko i reszta Twojej rodziny. Nie wstydź się prosić o pomoc, czy to pod względem przegadania swojego samopoczucia, czy też pomoc dotyczącą codziennych obowiązków.

Sylwia: to jeszcze na koniec powiedz nam, proszę, co Ty robiłaś, aby poprawić swoją kondycję psychiczną?

Asia: wspominałam już o rozmowach z mężem, który był na pierwszej linii frontu, ale po jakimś czasie otworzyłam się też na kontakty z innymi ludźmi, umawiałam się na spacery z koleżankami, chociaż lubię też spacerować tylko w towarzystwie dziecka. Myślę, że tu istotne jest po prostu wyjście z domu. Czytałam, bo zawsze mnie to odprężało. Mamy z mężem zwyczaj, że raz w tygodniu, wieczorem oglądamy jakiś lekki film, to też potrafi fajnie zrelaksować. No i to, co sprawia mi dużo satysfakcji i bardzo poprawia samopoczucie, to ćwiczenia. Trenuję 3 razy w tygodniu, najczęściej w domu, ale zdarza mi się też wyrwać na siłownię. „Wyrywam" się również na zakupy do Biedronki albo na kawę do przyjaciółki.

Sylwia: Świetnie! I właściwie większość z tych rzeczy można mieć za darmo!

Asia: tak! A rzeczy, które mamy za darmo, są najbardziej cenne!

Sylwia: myślę, że to będzie idealne podsumowanie naszej rozmowy. Jeszcze raz dziękuję, że zechciałaś się z nami podzielić swoją historią.

Małgorzata, 28 lat
Mama dwojga dzieci, położna aktywna zawodowo

Sylwia: zacznijmy naszą rozmowę od tego, jaka jest Twoja definicja Baby Bluesa?

Małgorzata: najbardziej podoba mi się definicja nie moja, tylko zasłyszana na konferencji „Rodzić po ludzku", że jest to smutek poporodowy, i to określenie bardzo oddaje istotę problemu. Bo ten stan to jest właśnie smutek i obniżenie nastroju. I to się naprawdę dzieje, występuje częściej niż rzadziej. W pracy w szpitalu kojarzy mi się to z pacjentkami, które z jakiegoś powodu nie mogły wyjść do domu po tych przepisowych trzech dniach. Zazwyczaj 24 godziny to jest jeszcze ta doba zerowa, czyli mamy zerową, pierwszą i drugą dobę, i na drugą dobę kobieta wraz z dzieckiem może być normalnie wypisana do domu. Jeżeli okazuje się, że mama nie wychodzi z dzieckiem do domu, to mamy podwójnie trudną sytuację, bo jest to zazwyczaj akurat doba, gdzie zaczyna się ten klasyczny Baby Blues i emocje zaczynają dawać o sobie znać, a dodatkowo dochodzi to, że cały plan wziął w łeb. Mieli wracać do domu, mieli być razem, miał być święty spokój, a nagle okazuje się, że w tym super dziwnym szpitalnym środowisku – gdzie co chwilę ktoś wchodzi do sali, nie pukając przy tym do drzwi i prosi, żeby pokazać piersi, chce oglądać krocze, dotyka dziecka bez pytania – muszą jeszcze zostać. I nigdy tak naprawdę nie wiadomo na ile, bo decyzja zapada na bieżąco każdego dnia na dyżurze.

Sylwia: właśnie od tego zaczyna się sporo historii, z którymi się spotykam, przez co odnoszę wrażenie, że dla kobiet takie przeciągające się wyjście ze szpitala „odpala" mnóstwo negatywnych emocji.

Małgorzata: tak, zdecydowanie tak i widać te emocje gołym okiem.

Sylwia: z drugiej strony jednak, smutek poporodowy większość kobiet może dopadać dopiero po przyjściu do domu, bo właśnie wtedy wypada trzecia-czwarta doba. Więc w szpitalu może nie często się widzi te emocje?

Małgorzata: zależy czy chce się je zobaczyć. I moim zdaniem widać, i to bardzo widać, ale kobiety też nie chcą z nami rozmawiać. Weźmy pod uwagę chociażby to jak wygląda system pracy położnej w szpitalu. My pracujemy po 12 godzin, po nas przychodzi kolejna zmiana. I jeżeli pacjentka widzi mnie np. W poniedziałek w dzień, to ja przyjdę we wtorek na noc, a później przez dwa dni mnie zupełnie nie będzie. Także każde 12 godzin to jest inna zmiana, inni ludzie, którzy czasem mówią zupełnie co innego, patrzą na różne sprawy w inny sposób. Mają też różne własne doświadczenia i pomimo najlepszych chęci, nie ze wszystkimi nam jakoś zaskakuje. Nie ze wszystkimi zagra chemia. I kobiety też mówią o tym, że co chwilę przychodzi ktoś, kto mówi coś innego, i to też bardzo dokłada im tych trudności.

Sylwia: i to jeszcze bardziej blokuje przed rozmową?

Małgorzata: tak. Dla pacjentek jesteśmy jednolitym personelem i nie ma różnicy czy przyjdzie położna Kasia, Małgosia czy Ania. Zakładają, że nasza wiedza jest podobna, że mamy procedury i standardy, które nas obowiązują i tak jest, ale styl pracy i nawet sama osobowość jest jednak różna dla każdego człowieka. I jeżeli pacjentka się do kogoś zrazi, to już nie będzie chciała rozmawiać.

Sylwia: Zdarza się, że pacjentki same z siebie mówią, że coś jest nie tak? Nie chodzi mi tu o samopoczucie fizyczne tylko psychiczne.

Małgorzata: raczej starają się nie mówić o tym, że jest im smutno czy trudno, tylko widzimy je płaczące. Nie wiele Pań jest w stanie się do tego przyznać.

Sylwia: a zdarza się, że podczas obchodu lekarze pytają pacjentki o samopoczucie psychiczne?

Małgorzata: zdarza się, ale mimo wszystko częściej skupiają się na aspektach związanych typowo z porodem. Co do pacjentek, to odnoszę wrażenie, że podczas wizyt lekarskich towarzyszą im takie specyficzne emocje, bo to jest taki czas oczekiwania „a może akurat dzisiaj wyjdę, a może dzisiaj się dowiem czy jutro wyjdę do domu". I to jest taki czas, gdzie faktycznie widać takie napięcie pełne oczekiwania, i może nawet takiej skrywanej radości i nadziei. Także to nie jest taki typowy moment na oddziale, kiedy kobiety są w tym smutku pogrążone. Chociaż ja obserwuję takie „doświadczenie południa", gdy w szpitalu już nie ma pełnej obsady tylko zostają lekarze dyżurni i jest nas już mniej, wtedy zazwyczaj robi się taki spokój i cisza, a to jest moment, w którym różne emocje najbardziej dochodzą do głosu.

Sylwia: czyli ta chęć wyjścia do domu może blokować kobiety przed ujawnieniem się ze swoimi emocjami? Obawiają się tego, że gdy pokażą swoją słabość, powiedzą, że mają obniżony nastrój, to np. zostaną zatrzymane na obserwację?

Małgorzata: tak, wydaje mi się, że idą tym tokiem myślenia.

Sylwia: poruszmy jeszcze temat edukacji kobiet w trakcie ciąży. Czy według Twoich obserwacji, na szkołach rodzenia jest poruszana kwestia smutku poporodowego?

Małgorzata: jest wspomnienie na ten temat, ale myślę, że nie jest na to kładziony duży nacisk. Wydaje mi się, że to też nie jest coś, o czym myślą przyszłe mamy. One skupiają się jednak bardziej na porodzie, który jest takim wielkim i trudnym wydarzeniem. Ale patrząc wstecz na swoje doświadczenia jako położna i jako mama, myślę, że poród był łatwą częścią. Najwięcej trudności występuje chyba podczas pierwszego roku życia dziecka. To jest ten prawdziwy maraton, który trzeba jakoś przetrwać i przebiec.

Sylwia: tak. Ja też patrząc z perspektywy mamy trójki maluchów, widzę, że rodzic często jest dosyć mocno zagubiony podczas tego biegu.

Szczególnie na początku, kiedy tak wiele rzeczy ulega zmianie. Też odnosisz wrażenie, że kobieta po porodzie – jakby szła trochę w odstawkę? Rodzina i znajomi przychodzą „zobaczyć dziecko", to dziecku przynoszą jakieś prezenty i to wokół dziecka krążą wszystkie rozmowy. Rzadko ktoś pyta mamy jak ona się czuje.

Małgorzata: tak, to prawda.

Sylwia: czy według Twoich spostrzeżeń Baby Blues dotyka częściej pewną grupę kobiet? Chodzi mi o to, czy znaczenie ma wiek, liczba dzieci, status społeczny?

Małgorzata: wydaje mi się, że Baby Blues jest najbardziej widoczny po pierwszym porodzie. I też mam wrażenie, że to wiąże się z tym takim największym szokiem, że jednak pewna wizja, którą my wszystkie budujemy sobie w ciąży, po porodzie trochę upada. Bo dopóki nie mamy dzieci, nie jesteśmy sobie w stanie wyobrazić tego, jak faktycznie będzie wyglądało nasze życie. Tego jakie to jest obciążenie i psychiczne, i fizyczne, gdy stale jesteśmy odpowiedzialne za inną istotę. Dochodzi do tego obolałe, niedomagające ciało, które nagle przestało być tylko nasze, bo przy piersi pojawia się dziecko. A nawet jeśli nie jest karmione piersią, to ciągle chce być na rękach. I to jest pierwsze zderzenie, takie wręcz brutalne, z rzeczywistością moją, a tą, którą widzę u innych na Instagramie.

Sylwia: mamy wyidealizowany obraz przez to, co widzimy w mediach społecznościowych, a przecież widzimy tylko urywek czyjegoś życia...

Małgorzata: tak, a bardzo się porównujemy. Wydaje mi się, że panuje jeszcze przeświadczenie, że nie wypada o macierzyństwie mówić źle, że nie wypada przyznać się do zmęczenia, do tego, że nagle nie czuję się sobą, mam wrażenie, że nie domagam intelektualnie, bo brakuje mi słów, bo cały czas siedzę tylko z dzieckiem.

Sylwia: też mam takie odczucie. Widzę, że kobiety też często z dużym skrępowaniem mówią o tym, że zaraz po porodzie obleciał je strach, gdy wzięły na ręce dziecko i owszem była radość, ale nie było tego „efektu wow", miłości od pierwszego wejrzenia, o której tak dużo słyszały. Bardziej pojawiła się ulga, że już jest po porodzie. I to jest dużym zapalnikiem do tego, aby włączyły się myśli, że coś jest ze mną nie tak. Nie zakochałam się w swoim dziecku.

Małgorzata: tak, to jest coś, do czego większość kobiet nie chce się przyznawać. Ja nie zakochałam się w swoich dzieciach od razu. I patrząc na to z perspektywy czasu, wiem, że to nie jest złe i nie czuje się przez to gorszą matką. To nie oznacza, że ich nie kochałam. Po prostu to nie było nagłe uderzenie strzałą Amora, po którym cały świat znika. To tak nie działa.

Sylwia: co byś powiedziała kobietom, które teraz zmagają się z Baby Bluesem? Mają właśnie takie mieszane uczucia i się o to dodatkowo obwiniają?

Małgorzata: myślę, że ważne jest to, żeby jeszcze w ciąży zbudować swoją deskę wsparcia. To jest coś, co mnie personalnie uratowało w wielu trudnych sytuacjach. Bo jeżeli mama nie ma starszych sióstr albo zostaje mamą jako jedna z pierwszych w kręgu swoich znajomych, może nie ma rodziców albo mieszka od nich daleko, albo ma z nimi słabe relacje, to zostaje sama. Partner wychodzi do pracy, więc naprawdę ona zostaje z tym dzieckiem zupełnie sama. A to nie jest sytuacja zdrowa i normalna dla człowieka. To jest już taki ekstremalny zapalnik, dlatego warto nawet na etapie szkoły rodzenia poznawać inne kobiety i utrzymywać z nimi kontakt. Co do obowiązków domowych, to trzeba trzymać się minimum. Nie sprzątamy. Pranie może zrobić ktoś inny, obiad można kupić w garmażerce. Trzeba prosić o pomoc. Trzeba też pamiętać, że partner jest rodzicem, a nie współrodzicem. Zrobi wszystko wokół dziecka równie dobrze jak my, tylko musimy mu na to pozwolić. Żeby czuć się bezpieczniej, możemy stworzyć sobie listę kontaktową do swojego ginekologa i do położnej.

Zawczasu znaleźć też położną laktacyjną, bo problemy z karmieniem kładą się dużym cieniem na samopoczuciu mam, i na takim poczuciu bycia samowystarczalną. Dajmy sobie przeżyć ten trudny czas. Nie oczekujmy, że musimy wrócić do swojego życia sprzed narodzin dziecka, bo to życie już nigdy nie będzie takie samo. To jest nasz nowy etap, trochę cięższy, ale nie oznacza, że jest na zawsze. Tak jest teraz i nie zakładajmy co będzie za tydzień.

Sylwia: bardzo ważne jest to, aby dać sobie czas na odnalezienie siebie w tej nowej roli.

Małgorzata: tak, i to odnalezienie trochę takiej nowej siebie, bo wejście w rolę mamy jest wielką rzeczą, ale to nie oznacza, że to już nie jesteśmy my. Po prostu to jesteśmy my na innym etapie życia.

Sylwia: chciałabym, żeby mówić o tym głośno, że bycie mamą jest trudne. Szczególnie początek jest trudny. Kiedy wszystko jest nowe, a nasze wyobrażenia były zupełnie inne. Ale podkreślam to bardzo mocno, że to nie oznacza, że nie mogę czegoś robić dla siebie. I nie muszą to być od razu wielkie rzeczy, może to być np. samotne wyjście z domu na spacer albo na spotkanie z koleżanką. Myślę, że trzeba wyzbyć się przekonania, że dziecko musi być wszędzie ze mną. Naprawdę nic się nie stanie, jeśli wyjdziesz chociaż na 20-minutowy spacer, żeby złapać świeżego powietrza i uspokoić myśli. Z kolei będąc w domu z dzieckiem, np. w trakcie karmienia, co zajmuje dużo czasu, możesz włączyć sobie jakiś ciekawy podcast albo poczytać książkę. To naprawdę relaksuje, a niekiedy jesteśmy tak sfokusowane na dziecku, że zapominamy o takich rzeczach.

Małgorzata: taka chwila tylko dla samej siebie jest bardzo ważna.

Sylwia: myślę, że to dobry moment, aby przejść do historii związanej z tym, co się działo po Twoim porodzie.

Małgorzata: najpierw zostałam położną, potem zostałam mamą.

Moja pierwsza praca dotyczyła oddziału noworodkowego, to był krótki czas, bo później zmieniłam oddział i działy się różne rzeczy zawodowe i pozazawodowe, ale te 3 miesiące na noworodkach bardzo zapadły mi w pamięć. I jak teraz patrzę wstecz, to widzę, że one trochę mnie uwięziły w pewnej wizji dziecka, którą zbudowałam sobie, nie mając w otoczeniu małych dzieci. Jestem jedynaczką, nigdy tak naprawdę nie otaczały mnie małe dzieci. Ja pierwsza z koleżanek zostałam mamą i dopiero później poznałam inne matki. Więc moje wyobrażenia były w dużym stopniu ukształtowane przez studia i pracę. Na oddziale noworodkowym dzieci zazwyczaj spędzają około 3 dni i ja byłam totalnie zamrożona w tym dziecku, które ledwo co opuściło macicę. Miałam bardzo dużo wizji dotyczących tego, jak będzie przebiegać ciąża i poród. Stopniowo wprowadzałam w to męża i chwała mu za to, że zachował sporo zdrowego rozsądku, ale był przy tym też zawsze bardzo wspierający. Ciąża była taka bardzo nasza, wspólnie przeżyta i tak też miał wyglądać poród. U mnie był on doświadczeniem absolutnie niesamowitym, nieporównywalnym do niczego, zwalającym z nóg i trudnym, ale mimo wszystko patrząc wstecz, myślę, że miałam świetny poród. Jak większość młodych położnych, świeżo po studiach, miałam kładzione do głowy, że szpital na Żelaznej w Warszawie, to jest cudowne miejsce i właśnie tam chciałam rodzić. Chciałam rodzić beż żadnych środków znieczulających, farmakologii, ingerencji… i ku zgrozie wszystkich naszych najbliższych, gdy zaczął się poród, pojechaliśmy do Warszawy – wtedy podróż z Lublina trwała około 2,5 godziny. No i jak dojechaliśmy na miejsce, to zadziałała na mnie Izba Przyjęć. Akcja trochę zwolniła, zetknęłam się z tym, co nie pomaga rodzącej kobiecie, czyli ostre światło, nieprzyjemny lekarz, nagle ktoś coś ode mnie chce, wymaga, abym logicznie odpowiadała na pytania i zadaje ich bardzo dużo… Sam poród nie był tak fizjologiczny, jak się tego spodziewałam, pojawiły się jakieś nieprawidłowości w zapisie KTG, więc marzenie o domu narodzin odeszło i zostałam przyjęta na normalną porodówkę. Udało się urodzić siłami natury, ale intensywność skurczy, totalnie mnie pokonała i mimo tego, że zapierałam się, że nie chcę środków znieczulających, to w pewnym momencie poprosiłam o znieczulenie zewnątrzoponowe, a wręcz go zażądałam. Wpłynęło to na mnie później w takim sensie, że moja wizja się posypała.

Sylwia: co masz na myśli, mówiąc, że „wizja się posypała"?

Małgorzata: swój poród miałam zwizualizowany i w tych wizualizacjach nie wyglądał w taki sposób. Miałam bardzo silne przekonanie czego chcę a czego nie chcę. I zdecydowanie znieczulenie mieściło się w kategoriach, których nie chciałam. Później trzeba było odrobinę szybciej zakończyć ten poród, a ja nie potrafiłam współpracować ze swoim ciałem. Pamiętam, że było mi ekstremalnie nie wygodnie, nie potrafiłam się rozluźnić i czułam, że moje ciało mnie zawodzi. I bardzo siedziało mi to w głowie. Po wszystkim byłam bardzo słaba, bo doszło do krwotoku, ale koniec końców pobyt w szpitalu był krótki. Zazwyczaj przez pierwszą dobę noworodek jest bardziej łaskawy dla mamy, a później zaczyna jej przypominać o swoim istnieniu. I tak w drugiej dobie pojawiły się u nas problemy z karmieniem, których kompletnie się nie spodziewałam. Dorobiłam się dramatycznie poranionych brodawek. Trafiłam też na bardzo specyficzną sytuację na oddziale, z tego względu, że kiedy urodziłam był piątek, a weekend, to jest czas wiążący się ze zmniejszoną obsadą personelu na dyżurze. W niedzielę poprosiłam o wypis i bez problemu go dostałam, więc zaczęliśmy nasz powrót do domu, a ja już po drodze płakałam i byłam w obniżonym nastroju. Chciałam jak najszybciej dojechać do domu i tam opłakiwać swoją żałobę, że nie tak miało być. Miałam w zanadrzu doradczynię laktacyjną, z którą chciałam się jak najszybciej zobaczyć, bo bardzo zależało mi na tym karmieniu. To była dla mnie wręcz sprawa życia i śmierci. Poród nie udał się tak, jak tego chciałam, więc karmienie musiało wyjść. I ta presja była dla mnie bardzo obciążająca. Okazało się, że mała ma skrócone wędzidełko i była konieczna stymulacja laktacji, więc z pierwszych dwóch tygodni życia Tosi pamiętam głównie dźwięk laktatora i to, że byłam koszmarnie niewyspana. Ten obraz jest taki zamglony… Mój mąż był z nami bardzo dużo, bo wtedy jeszcze studiował i sporadycznie bywał na uczelni. Pamiętam też sytuację, jak dokarmiliśmy Tosię 20 ml mleka modyfikowanego, i potem biczowałam się za to dokładnie dwa lata i cztery miesiące. Teraz wiem, że to było bez sensu, ale wtedy to była jedna z tych rzeczy, która była gwoździem do trumny, bo lista spraw, które toczyły się nie tak – rosła – a mój nastrój pogarszał się coraz bardziej.

Sylwia: pamiętasz jak wyglądała Wasza codzienność?

Małgorzata: nie mam jakiegoś wyraźnego wspomnienia jak te dni mijały, ale pamiętam, że doszłam do takiego etapu, kiedy leżałam w łóżku i nie potrafiłam wstać. Wtedy byłam już bardzo zmęczona fizycznie i psychicznie tym odciąganiem mleka – co 2-2,5 godziny – żeby rozruszać laktację. To się w końcu udało, ale było bardzo pracochłonne i męczące. Pamiętam dzikie tańce pod okapem w kuchni między godziną 22 a 24, bo nasze dziecko po prostu nie spało, za to my bardzo chcieliśmy spać. Wypracowaliśmy sobie później taką metodę, że między 22 a 24 jest czas, kiedy ja śpię, a wtedy mój mąż i tak zazwyczaj się uczył, więc trzymał sobie Tosię na kolanach. Doszło do takiego dnia, kiedy mój mąż chciał wyjść na spacer z dzieckiem, a ja nie mogłam się podnieść. Leżałam i wyłam. Było kilka takich dni i one były też takim intensywnym alarmem dla nas, że coś jest mocno nie tak. Koniec końców przyszła moja mama i mimo tego, że bardzo się starała, to i tak była najgorszym wsparciem, jakie mogłam otrzymać. Bo pojawiły się te wszystkie durne teksty, że zobacz inni mają ciężej, a Ty urodziłaś piękne, zdrowe dziecko… także to jest chyba taka pomoc pokolenia urodzonego w latach 70. Wiem, że moja mama chciała dobrze i próbowała mnie podnieść na duchu, ale totalnie jej to nie szło. I w taki oto sposób wróciłam do psychiatry i do leków sprzed ciąży i w ciągu niecałego miesiąca było o wiele lepiej. I tu chciałam głośno powiedzieć, że większość leków z grupy inhibitorów zwrotnego wychwytu serotoniny jest bezpieczna przy karmieniu. Jednak zetknięcie z panią psychiatrą, do której chodziłam wcześniej, było trudne po porodzie, ponieważ okazało się, że przekonania pani doktor i moje na temat tego, jak będzie wyglądało moje życie jeśli chodzi o farmakologię i karmienie piersią, były skrajnie różne. Usłyszałam dużo dziwnych rzeczy dotyczących samoodstawienia, które nie były zgodne z moją wiedzą. Z wizyty wprawdzie wyszłam z receptą na leki, których potrzebowałam, ale także z postanowieniem, że do tej pani już nie wrócę. Udało mi się znaleźć psychiatrę, która bardzo szanowała moje wybory, a nawet jak nie była do nich przekonana, to potrafiła zostawić tę odpowiedzialność mnie, i dzięki temu to naprawdę fajnie się potoczyło. Kiedy Tosia miała rok, to trafiłam na terapię, żeby poradzić sobie z różnymi rzeczami w moim życiu, i to był czas takich intensywnych, regularnych, pierwszych wyjść bez dziecka. Moje poczucie winy z powodu samotnych wyjść było wtedy dosyć duże. Chociaż wtedy byłam już ustabilizowana lekami, potrafiłam czerpać radość z macierzyństwa i ogarniałam dziecko już coraz częściej sama. Także powoli ten pierwszy rok się przetoczył. Najgorszy był pierwszy miesiąc. Chciałam jeszcze wrócić do połogu, jako takiego trudnego czasu jeśli chodzi o ciało i psychikę. Wiedziałam, że jeśli chodzi o tą fizyczność, to będzie trudne, że będę obolała, że ciało będzie próbowało wrócić do stanu sprzed ciąży, że ten brzuch będzie inny i piersi będą inne – także to gdzieś w głowie miałam przerobione, ale emocje mnie położyły, bo to była totalna huśtawka od ekstremalnej radości do tego „O Boże, co ja zrobiłam, przecież zniszczyłam jej życie, stając się jej Matką. Przecież jestem najgorszą Matką na świecie". Myślałam, że jak skończy się połóg, to będzie to szło z tygodnia na tydzień płynniej. Otóż nie. Tak nie musi być. Piąty tydzień połogu położył mnie bardziej niż pierwszy. I to mi pokazało, że to nie przebiega liniowo, tylko przebiega jak przebiega. To jest świetny czas, ale też trudny czas. I zracjonalizowanie tego bardzo pomagało mi przez to przejść.

Sylwia: myślę, że dla kobiet czytających Twoją historię może być budujące to, że tak naprawdę nie ma znaczenia czym się zajmujesz i jakie doświadczenia masz za sobą, bo Baby Blues może dopaść każdego i każdemu może być ciężko sobie z nim poradzić.

Małgorzata: tak, Baby Blues jest demokratyczny. Ja swoje macierzyństwo startowałam z inną wiedzą dotyczącą położnictwa, ale i tego, co mnie może spotkać i gdzie mogę szukać pomocy. Taka wiedza może być Błogosławieństwem, ale może też być utrudnieniem.

Sylwia: no tak, dlatego że ułożyłaś sobie plan, którego nie byłaś w stanie zrealizować, bo to nie zależało tylko od Ciebie.

Małgorzata: tak, teraz to wiem.

Sylwia: a jeśli chodzi o takie typowe objawy Baby Bluesa, to co byś wymieniła? Co zaobserwowałaś u siebie?

Małgorzata: skrajne zmęczenie, i mam wrażenie, że z tego skrajnego zmęczenia rodziło się wszystko. Pojawiała się płaczliwość i ona była taka bardzo absurdalna, bo nie czułam smutku, a sekundę później zaczynałam płakać. Także towarzyszyła mi bardzo duża huśtawka nastroju. Kwestia braku snu była dla mnie bardzo trudna. Czułam też, że moje życie już nie należy do mnie. Wszystko się zmieniło i wszystko kręci się wokół córki. Nie mogę w spokoju zrobić siku, wykąpać się, wyjść z domu gdzie chcę. Towarzyszyło mi również poczucie, że nie daje rady jako mama i że wszyscy są ode mnie lepsi w opiece nad dzieckiem. Ale chciałam zwrócić uwagę na to, że nie tylko kobiety przeżywają trudności po porodzie, ale także mężczyźni, dla których ta sytuacja też jest zupełnie nowa. I właśnie po jakimś czasie porozmawialiśmy z mężem o tym, że on też ma takie poczucie, że wszyscy coś robią lepiej od niego. Więc jako para zawsze powinniśmy siebie słuchać.

Sylwia: rozmawialiście wtedy o tym? Komunikowałaś jasno, że jest Ci źle?

Małgorzata: tak. Wtedy dużo mówiłam o tym, że jest mi źle. Mój mąż bardzo dużo wziął na siebie i wtedy się trochę w sobie zamknął. Wszedł w taki tryb przetrwania. Później mówił, że czuł, że musi ogarnąć, bo ja mam teraz trudności. Także dla niego to też była duża presja, z którą świetnie sobie poradził i jestem mu za to bardzo wdzięczna.

Sylwia: miałaś jakieś somatyczne objawy?

Małgorzata: nie czułam głodu, byłam zmęczona, ale nie mogłam spać i było we mnie dużo niepokoju, który właśnie był bardzo odczuwalny w ciele. Miałam przyspieszone tętno, szczególnie jak nadchodziły jakieś rzeczy do zrobienia typu: muszę dziecko przewinąć, przebrać, muszę z nią wyjść na spacer i wtedy zawsze ten niepokój się potęgował. To było bardzo trudne, chociaż zazwyczaj okazywało się, że udaje się to zrobić, i nawet poszło bardzo gładko, to jednak takie małe codzienne rzeczy wydawały mi się krokami nie do zrobienia.

Sylwia: ile Twoim zdaniem powinno trwać takie bezpieczne przeżywanie Baby Bluesa?

Małgorzata: literatura podaje, że do miesiąca, a jeżeli trwa dłużej, to już nosi znamiona depresji. Bazując na swoich doświadczeniach, rozciągnęłabym to na cały połóg. Dajmy sobie 6 tygodni i na ciało, i na głowę, i na duszę, pamiętając, że to wszystko jest ze sobą bardzo mocno powiązane. To nie jest etap tylko ciała. To jest etap naprawdę dużego przeorganizowania wszystkiego w życiu. Hormony działają zarówno jeśli chodzi o fizjologię – obkurczanie macicy, ale też jeśli chodzi o nasz sen i naszą zdolność do przeżywania radości. Dochodzi też zmęczenie, stres związany z opieką nad dzieckiem…

Sylwia: i w pewnym momencie może dojść do ogromnej frustracji spowodowanej zmęczeniem, ale i nieprzepracowanymi emocjami. Niepokój powoduje nasze niezrozumienie samej siebie i paradoksalnie zaczynamy napędzać się jeszcze bardziej, wszystko zaczyna „być nie tak", aż nagle nasze emocje nie krzywdzą tylko nas, ale zaczynają się przelewać na dziecko czy partnera.

Małgorzata: tak, i dlatego często pojawia się kryzys w związku po pojawieniu się dziecka. Sytuacja jest trudna dla Wszystkich. Każdy radzi sobie jak umie, a zazwyczaj nie umiemy zbyt dobrze.

Sylwia: dlatego warto zasięgnąć pomocy. Jak wyłapać ten moment, kiedy jest już to konieczne?

Małgorzata: myślę, że jeszcze przed porodem warto świadomie wybrać położną środowiskową, to okazuje się bardzo ważne po porodzie nie tylko dla dziecka, ale i dla kobiety. Jeżeli położna jest odpowiednio zaangażowana, powinna zauważyć stan w jakim znajduje się kobieta. Ale wracając do Twojego pytania – jeżeli mamy jakieś skłonności do obniżeń nastroju, czy epizody depresji u siebie lub w najbliższej rodzinie, to warto poprosić o wzmożoną czujność osób najbliższych. Bo tak naprawdę granica jest bardzo cienka, a odzyskanie komfortu życia, jeżeli faktycznie wpadniemy w depresję, trwa dłużej. Im głębiej zapadamy się w ten smutek i ciemność, tym ciężej nam z niego wyjść.

Sylwia: czyli im szybciej poszukamy pomocy, tym lepiej. Czasami wystarczy rozmowa z kimś bliskim, a czasami rozmowa ze specjalistą.

Małgorzata: tak, sytuacje są różne.

Sylwia: wiesz, ale odnoszę wrażenie, że kobiety o tych trudnych emocjach rozmawiają dopiero po czasie. Wtedy, kiedy tak naprawdę kryzys został już zażegnany.

Małgorzata: kobiety się wstydzą, są porównywane. Często słyszymy, że nasze babcie nie miały pralek automatycznych, nie miały pampersów i wielu różnych rzeczy, które teraz są w zasięgu naszej dłoni, ale to nie oznacza, że nam nie może być ciężko. One miały ciężko pod jednymi względami, a my mamy trudniej pod innymi względami. Otacza nas bardzo duża presja, zewsząd wylewa się taki lukrowany obraz macierzyństwa. Kiedyś tego nie było. Nasze życie jest coraz bardziej widoczne w mediach społecznościowych i to, czym się otaczamy i z czego czerpiemy, ma na nas bardzo duży wpływ. A musimy zdać sobie sprawę z tego, że to idealne zdjęcie na Instagramie jest często okupione godzinami ciężkiej pracy.

Sylwia: tak i przede wszystkim to jest ułamek życia tej osoby, którą widzimy.

Małgorzata: zdecydowanie tak, a taki obraz i jego błędna interpretacja mogą nam zrobić krzywdę. Ważne jest, aby umieć się zdystansować od tego, co nas otacza.

Sylwia: porozmawiajmy jeszcze chwilę o tym, jak wyglądała u Ciebie sytuacja po drugim porodzie.

Małgorzata: po drugim porodzie wszystko miało być inaczej, a potoczyło się dokładnie tak samo. Po pierwsze, też miałam krwotok poporodowy, ale podczas porodu już miałam inną świadomość ciała, inne doświadczenia za sobą i łatwiej było mi się pogodzić z tym, że nie wszystko jest tak jakbym chciała. Ogólnie drugi poród wspominam lepiej niż pierwszy. Żeby zacząć myśleć dobrze o pierwszym porodzie, zajęło mi to trochę czasu, a po drugim porodzie czułam się od razu dobrze. Mimo tego, że fizycznie było tragicznie, bo mdlałam i miałam przetaczaną krew, ale miałam większą świadomość tego, co może mnie spotkać jeżeli chodzi o Baby Blues i o moje skłonności do depresji. Byłam na to już przygotowana i po prostu zaczęłam brać leki, gdy tylko byłam w stanie je sobie wygrzebać z walizki.

Sylwia: czyli od razu po porodzie?

Małgorzata: tak. To była druga doba, ale Baby Blues też się pojawił, mimo wkroczenia z farmakoterapią dosyć szybko, bo pamiętajmy o tym, że potrzeba trochę czasu, żeby leki zaczęły działać. Myślę, że spadek mojej formy psychicznej był spowodowany trudnościami z karmieniem. Ale już nie wyrzucałam sobie tego, że muszę dokarmić dziecko 20 ml mleka, bo będąc w szpitalu, nie byłam w stanie nakarmić mojego dziecka piersią już po 12 godzinach po porodzie. Ale byłam zaopatrzona w laktator i wiedziałam, że pewnie będzie konieczna stymulacja, a najbardziej pomogła mi możliwość czerpania z tych poprzednich doświadczeń. I też moja świadomość, że to nie jest na zawsze. Gdy urodziłam pierwsze dziecko, cały czas gdzieś z tyłu głowy miałam te noworodki, z którymi pracowałam i które zazwyczaj po tych trzech dniach wychodziły, a przychodziły kolejne. Ja dzień w dzień widziałam dzieci tylko na jednym etapie życia. Nie widziałam żadnej zmienności. I w pewnym momencie byłam przerażona tym, że tak będzie zawsze, że to się nigdy nie zmieni, nigdy nie minie. W takim znaczeniu, że to dziecko zawsze będzie mnie potrzebować tak bardzo. Okazało się, że to mija. Dzieci się bardzo zmieniają i my się bardzo zmieniamy. I już przy drugim porodzie byłam tego świadoma, że to, co się dzieje tu i teraz, to jest tu i teraz. Wyjdę do domu, będziemy znowu walczyć, ale też inaczej zorganizujemy sobie czas dzięki genialnemu wsparciu, bo starsza córka była u dziadków, z którymi relacje udało się ładnie poukładać, więc też już z taką czystą głową zostawialiśmy ją z nimi. I mimo tego, że nie była to idealna relacja i dziadkowie zrobili wiele rzeczy inaczej, niż my byśmy tego chcieli, ale my nauczyliśmy się tego odpuszczać i pozwalać na budowanie własnej relacji córki z dziadkami. Także kiedy my walczyliśmy w domu o laktację Poli, to Tosia miała wspaniały czas z dziadkami. Było to dla mnie trudne, miałam wyrzuty sumienia i płakałam po kątach, że moja córeczka wybiera dziadka, ale wiedziałam, że na tę chwilę jest to najlepsze rozwiązanie. Ogólnie pierwsze pół roku z dwójką dzieci to był czas, kiedy my się tym dziećmi wymienialiśmy. Mój mąż wtedy pracował, Tosia chodziła do żłobka, więc wtedy Pola miała mnie na wyłączność. Ale przez cały ten czas, który spędzaliśmy rodzinnie, każde dziecko musiało mieć jednego rodzica na wyłączność, nie wiem dlaczego to sobie tak ubzdurałam. Teraz wydaje mi się to skrajnie nienaturalne, ale wtedy miałam takie wielkie poczucie, że jeżeli każda z nich nie będzie dostawać po 100% uwagi jednego rodzica, to jakaś straszna krzywda psychiczna im się wydarzy. I zanim nauczyłam się być mamą dwójki dzieci, to minął jakiś czas.

Sylwia: jak patrzysz na swoją historię z perspektywy czasu?

Małgorzata: na pewno inaczej. Z większym spokojem. Teraz wiem, że wszystko mija, ale żeby to działo się szybciej, to trzeba rozmawiać. Trzeba prosić o pomoc i dać sobie pomóc. Nie porównywać się z innymi, tylko skupić się na swoim życiu.

Sylwia: bardzo Ci dziękuję za rozmowę. Podzieliłaś się z nami wieloma bardzo ważnymi i dojrzałymi przemyśleniami.

Kamila, 40 lat
Mama dwojga dzieci

Sylwia: jak wspominasz czas swojej ciąży, porodu i tego, co się działo tuż po narodzinach dziecka?

Kamila: był to czasu wielu oczekiwań i wyobrażeń, w którym czytałam dużo poradników o ciąży i porodzie. W moim otoczeniu wszystkie możliwe koleżanki miały już dzieci, a moja ciąża była dosyć późna. Długo staraliśmy się o dziecko, mieliśmy za sobą już jedną utratę ciąży, ale wreszcie się udało. Do ciąży i macierzyństwa podeszłam z dużym entuzjazmem. Chciałam się jak najlepiej przygotować do tego czasu i poza mnóstwem książek, które przeczytałam, dołączyłam do wielu grup online zrzeszających mamy, ale także chodziłam na spotkania stacjonarne, żeby poczuć więź z tymi matkami. Nie pochodzę z tego miasta, więc Lublin w pewnym sensie był dla mnie nowym miejscem, w którym chciałam nawiązać jakieś relacje z ludźmi będącymi na podobnym etapie życia. I to okazało się dla mnie ratunkiem, bo w całym okresie okołoporodowym towarzyszyła mi duża samotność. Byłam w nowym mieście i mimo tego, że nie mam problemu z nawiązywaniem relacji, to momentami ciężko było mi się odnaleźć. Co do dzieci, to często miałam z nimi styczność, bo znajomi zostawiali mi pod opieką swoje maluchy. Przez kilka lat byłam fotografem, więc też często robiłam sesje rodzinne i nigdy nie miałam problemu, żeby złapać kontakt z dziećmi. Więc wszystko wskazywało na to, że jak będę miała swoje dzieci, to nie napotkam żadnych trudności. Myślałam też, że jak zaczęłam się regularnie badać, zdrowo odżywiać i jestem aktywna fizycznie, to jak postanowię, że zachodzę w ciążę, to też tak będzie. Potem nagle te wszystkie moje plany i oczekiwania zaczęły się walić. Gdy zaczęłam robić szczegółowe badania, okazało się, że mam niedoczynność tarczycy, Hashimoto i hiperprolaktynemię. W międzyczasie miałam wycinany guzek z piersi i wyszło na to, że właściwie przez dwa miesiące cały czas byłam chora, myślę, że to była reakcja mojego organizmu na te diagnozy. Te problemy rozbiły mnie emocjonalnie.

Sylwia: mimo tego chciałaś zajść w ciążę?

Kamila: tak, co do samej ciąży to bardzo chciałam w nią zajść, ale też czułam ciśnienie z każdej strony, że już jest na to czas i zaczęło mnie to stresować. Ze względu na moją historię rodzinną kiedyś wydawało mi się, że posiadanie dziecka jest najgorszą rzeczą, jaka może się przydarzyć kobiecie i myślę, że to również wpłynęło na moje późne macierzyństwo. Musiałam to sobie trochę odczarować i tak też się stało. Finalnie moje macierzyństwo było przemyślane i dojrzałe.

Sylwia: miałaś w sobie lęki związane z poronieniem? Swoimi chorobami czy presją otoczenia?

Kamila: chyba wszystko po trochu. Siedziało mi to gdzieś z tyłu głowy i ten niepokój towarzyszył mi również po porodzie. Związany był z obawami o zdrowie moje i dziecka. Po urodzeniu synka i powrocie z nim do domu okazało się, że cała wiedza z książek czy też ze szkoły rodzenia nie ma odzwierciedlenia w tym, jak to wygląda naprawdę. W tym wszystkim zabrakło mojej intuicji, którą sobie sama zagłuszyłam. I tak naprawdę dopiero po drugiej ciąży moje podejście było bardziej moje.

Sylwia: w pierwszym połogu dopuszczałaś do siebie jakieś emocje?

Kamila: no właśnie nie. Uważałam, że to wszystko, co się dzieje, to tak ma być i nawet sama siebie strofowałam za to, że próbuję narzekać, a nie mam do tego powodów. Z perspektywy czasu wiem, że mój poród był bardzo trudny, wręcz traumatyczny, ale myślałam, że to też tak ma być, poza tym wyparłam większość zdarzeń i emocji, bo tak było mi łatwiej. Teraz wiem, że miało to wpływ na moje późniejsze samopoczucie i tak naprawdę różnicę poczułam dopiero po drugim porodzie, który był zupełnie inny. Podczas pierwszego porodu może cała otoczka była fajna, bo byłam sama z mężem, były świeczki, muzyka i tańce, a personel szpitala widząc, że sobie radzimy, zajmował się innymi rodzącymi. To był mój pierwszy poród i wtedy nie wiedziałam, co jest normą, a co nie. Nie zdawałam sobie sprawy z tego, że można odczuwać taki ból, można tak krwawić i wręcz strzelać nieczystościami. Reakcja mojego ciała była dla mnie szokująca i zawstydzająca. Po pewnym czasie zdecydowałam się w końcu na oksytocynę, jednak została mi ona źle podana. Potem tętno dziecka zaczęło gwałtownie spadać, synek był wyciskany przez dwóch lekarzy, a ja miałam potworne nacięcie krocza. W tym czasie było dużo porodów, a lekarz przy mnie mówił, że nie ma warunków do pracy, więc jak on ma to zszyć i co ma wyczarować. Wtedy poczułam lęk, jak to się skończy. Takie słowa nie powinny paść w obecności kobiety, która przed chwilą urodziła dziecko.

Sylwia: wtedy myślałaś, że przy porodzie zawsze jest tak ciężko?

Kamila: tak. Było dużo sytuacji kiedy uciszałam swój głos i intuicję, mówiąc sobie „Nie narzekaj. Nie masz co narzekać, inni mają gorzej". Podobnie z połogiem – słyszałam o tym, że połóg jest trudny, ale wtedy założyłam, że chodzi o kwestię fizjologiczną kiedy dochodzi do siebie ciało. Nie sądziłam, że może być ciężko pod względem psychicznym i emocjonalnym. Była we mnie niepewność i zagubienie i chyba też złość, że tak jest. Jednocześnie nie dopuszczałam do siebie myśli, że mogę czuć się źle zarówno pod względem fizycznym, jak i psychicznym. Zawsze wyciągałam plusy z danej sytuacji, co jest fajne, ale z drugiej strony takie oszukiwanie samej siebie prowadzi do większych trudności. Później odbiło mi się to czkawką.

Sylwia: no właśnie. Co było po powrocie z dzieckiem do domu?

Kamila: na pewno było inaczej, niż się tego spodziewałam. Na szkole rodzenia mówiono nam, żeby po powrocie do domu dać sobie czas na odpoczynek i nie zgadzać się od razu na odwiedziny rodziny. Żeby pobyć ze sobą we troje i nacieszyć się swoim towarzystwem. Z racji tego, że nie mamy zbyt ciepłych relacji z rodziną, to nawet było mi to na rękę i wzięłam to do siebie bardzo dosłownie. Z tym że ja jestem bardzo towarzyską osobą i lubię ludzi, więc niepotrzebnie przyjęłam za pewnik to, że nie będę potrzebowała kontaktu z drugim człowiekiem.

Sylwia: brakowało Ci towarzystwa? Nie czułaś potrzeby, żeby jednak odezwać się do siostry albo rodziców?

Kamila: z moją siostrą mam dobre relacje, ale wiedziałam, że ona ma małe dziecko i nie chciałam jej obciążać swoimi problemami. Nie chciałam też narzekać. Wychowałam się w takim środowisku, gdzie było dużo narzekania, sama też tak kiedyś robiłam i chciałam to zmienić. Jednak wpadłam ze skrajności w skrajność. Na takie ograniczone relacje z moimi rodzicami miało wpływ też to, że mój związek nie do końca był przez nich akceptowany. To sprawiło, że trochę zamknęliśmy się z mężem w swoim świecie. Także to nie byli ludzie, o których myślałam kiedy potrzebowałam pomocy. Z kolei rodzina męża jest bardzo toksyczna i on zdecydował, żeby się od nich odciąć i żyć własnym życiem.

Sylwia: czułaś się samotna?

Kamila: tak. Prawie 6 tygodni spędziłam z dzieckiem w łóżku, bo mały cały czas chciał być przy piersi w pozycji leżącej. Mój mąż w tym czasie stawał na rzęsach, żeby w domu było wszystko ogarnięte. Skupił się na sprzątaniu, robieniu zakupów i wyprowadzaniu psa na spacer, a ja w tym czasie czułam się bardzo samotna i smutna. Jednocześnie widziałam to, jak bardzo się stara, łącząc pracę z obowiązkami domowymi, nie miałam sumienia, aby zgłaszać jakieś niezadowolenie czy dodatkowe prośby.

Sylwia: wiele kobiet opowiada o takim zadaniowym trybie, w który wpada mężczyzna, tymczasem kobiety bardziej liczą na jego obecność i rozmowę niż sprzątanie.

Kamila: tak, ja czułam, chciałam, żeby on był przy nas. Z drugiej strony znowu sama siebie strofowałam – nie narzekaj, inni mają gorzej, przecież on bardzo się stara. Chciało mi się płakać i niekiedy sobie na to pozwalałam, ale też nie na tyle często jak tego potrzebowałam. Zabrakło z mojej strony odpowiedniej komunikacji, bo mąż tak naprawdę nie wiedział, czego ja potrzebuję, co myślę i czuję. Zagłuszałam swoje potrzeby. Był moment kiedy chciałam, żeby moi rodzice nas odwiedzili i poznali wnuka, ale trzymałam się tego co usłyszałam w szkole rodzenia – żeby w początkowym etapie życia dziecka nie planować żadnych odwiedzin. Jak mąż był w pracy, to całymi dniami byłam sama z dzieckiem i to było straszne. Tak naprawdę dużo emocji wtedy spychałam i ciężko mi nawet wrócić myślami do tego czasu. To był stan kiedy czułam się uwięziona i to uczucie pozostało ze mną na dłużej. Czułam się ograniczona. Zawsze robiłam dużo rzeczy, byłam aktywna, spotykałam się ze znajomymi, a nie oszukujmy się, wszystkiego nie zrobi się z tak małym dzieckiem. Ale jak już mąż wrócił do pracy, to musiałam stanąć na nogi. Poczułam się lepiej kiedy z czasem zaczęłam używać chusty, w której nosiłam dziecko i to sprawiło, że byłam bardziej niezależna i zaczęłam wychodzić na spacery. Na pewno pomocne było w tym również to, że w końcu moje krocze miało się lepiej – niestety przy jednym szwie miałam stan zapalny i przez te 6 tygodni samo podejście do toalety było dla mnie trudne. To niefortunne zszycie krocza przy pierwszym porodzie ciągnęło się za mną przez rok, a de facto do kolejnego porodu, gdzie w końcu prawidłowo mnie zszyli i nie czułam dyskomfortu w tym miejscu.

Sylwia: pozwoliłaś sobie w końcu na upust emocji i trochę narzekania?

Kamila: tak naprawdę dopiero po drugiej ciąży przepracowałam pierwszą. Ale też nie od razu, to było około 1,5 roku po drugiej ciąży, kiedy w końcu dobitnie dotarło do mnie, jak mocno siedzi we mnie trauma z pierwszego porodu. To był czas kiedy bardzo dużo płakałam. Dotarło do mnie, ile trudnych emocji mam w sobie. I prawdę mówiąc, dopiero teraz uczę się tych emocji i przestałam wszystko tak spychać. Do tej pory cały czas mówiłam sobie – „nie przesadzaj, nie płacz, inni mają gorzej, ogarnij się". W pewnym momencie uświadomiłam sobie jak wiele rzeczy mi ciąży.

Sylwia: co Cię skłoniło do tego, żeby rozgrzebać to po takim czasie?

Kamila: czułam, że coś we mnie siedzi. Jestem w trakcie psychoterapii, na której wyciągam kolejne trupy z szafy i tak było z tym. Od słowa do słowa wyszło, że mam dużą traumę po pierwszym porodzie. Mam żal do personelu szpitala. To był dla mnie bardzo trudny czas, a nie chciałam tego do siebie dopuścić.

Sylwia: teraz już pozwalasz sobie na smutek i narzekanie?

Kamila: tak, teraz już umiem się sobą zaopiekować. Jestem bardzo wrażliwą osobą i wiem, że powinnam dawać upust swoimi emocjom kiedy jest taka potrzeba. Jednak przez wiele lat z każdej strony dochodziło do mnie to, że przesadzam. Nie mam co płakać i że moja reakcja jest niewłaściwa, żebym mnie szantażowała płaczem… Przez lata blokowałam swoje emocje, czego konsekwencją był taki fizyczny objaw typu ból szyi i gardła. Miałam też w sobie silną potrzebę odczarowania macierzyństwa. Przez większość życia myślałam, że dzieci to jest zło i byłam w szoku, kiedy spotykałam kobiety, które dobrze radziły sobie z macierzyństwem, były zadowolone z życia i nie musiały rezygnować z czegoś z jego powodu. Bardzo chciałam być taka sama. Pokazać sobie i wszystkim dookoła, że dziecko może zbudować kobietę. Zakopałam przy tym wiele trudnych emocji związanych z macierzyństwem. Bardzo ich nie chciałam, myślałam, że są nieodpowiednie.

Sylwia: kiedy czułaś się najgorzej? Zaraz po porodach czy dopiero po kilku latach bycia mamą dopuściłaś do siebie cierpienie?

Kamila: okres po pierwszym porodzie był dla mnie trudny, bo źle się czułam. Doskwierała mi samotność i takie poniekąd rozczarowanie tym, jak wygląda moja relacja z mężem. Czułam się ograniczona i w większości sama sobie sprawiałam wiele trudności. Robiłam dobrą minę do złej gry, nie odzywałam się. Dopiero całkiem niedawno, przy okazji psychoterapii przepracowałam ten trudny czas macierzyństwa i wiele niespełnionych oczekiwań z nim związanych. Był to dla mnie czas bólu i wielu łez, ale to bardzo uwalniające uczucie. W pewnym momencie byłam aż spuchnięta od codziennego płaczu, lecz właśnie w taki sposób dawałam upust emocjom zgromadzonym przez wiele lat.

Sylwia: czy przy złym samopoczuciu towarzyszyły Ci jakieś objawy somatyczne?

Kamila: tak. Ciało bardzo mi pokazywało, że coś jest nie tak. Po porodzie synka miałam problemy z nadgarstkami. To był niesamowity ból i pamiętam, jak 3 miesiące po porodzie poszłam na rehabilitację, która była dla mnie wielkim wydarzeniem, bo to były moje samotne wyjścia na 1,5 godziny. Jednak przekonałam się wtedy, że to nie jest mile widziane. Że to moja fanaberia. Ktoś musi z tym dzieckiem zostać i to sprawia trudności. To powodowało, że jeszcze bardziej zamknęłam się na pomoc. Poczułam się piętnowana za to, że chcę coś dla siebie zrobić. Z czasem, jak syn był coraz starszy, doszło do tego, że byłam w tym wszystkim sama, bardzo obciążona i zdrowie zaczęło mi się sypać. Robiłam wszystko dla dziecka. Spędzałam z nim cały czas, ale w pewnym momencie zauważyłam, że boję się wyjść z synkiem na spacer i przejść przez ulicę, bo jestem tak bardzo zamroczona. Miałam zaniki pamięci. Na różnych poziomach byłam zaniedbana. Właściwie nie pamiętam dobrze tego okresu, bo zmęczenie było na tyle duże, że ciężko było mi normalnie funkcjonować. Z czasem pojawiły się też lęki związane z naszą sytuacją finansową. Kończył mi się macierzyński i wiedziałam, że mój mąż nie będzie w stanie w 100% sam nas utrzymać. Nie powiodły się nasze plany zaangażowania rodziny męża w pomoc nam. Myślałam, że będziemy mieli z ich strony wsparcie, żebym mogła chociaż w małym stopniu zająć się na nowo fotografią, tak aby podratować nasz budżet rodzinny, jednak okazało się, że nie mam co na to liczyć. Wiele rzeczy szło lawinowo i było coraz więcej trudności.

Sylwia: komunikacja z partnerem również sprawiała trudności?

Kamila: tak. O ile czas pierwszej ciąży był dla nas takim wyczekanym i radosnym okresem, w którym spędzaliśmy ze sobą dużo czasu, tak po narodzinach dziecka nasz związek zaczął się sypać. Myślę, że w tym wszystkim nie pomogły oczekiwania, bo każdy miał swoje względem tej nowej dla nas sytuacji. Dodatkowo zaczęły wychodzić jakieś kwestie związane z naszym dzieciństwem, a że oboje mieliśmy je trudne, to wtedy nam to nie pomagało, a wręcz sprawiało, że tak lawinowo staczaliśmy się. Pojawiła się u mnie perspektywa dorobienia do domowego budżetu, ale w pewnym momencie złapałam się na myśleniu, że muszę zarabiać na siebie i na synka, bo możemy zostać sami. Miało być pięknie, a wszystko szło nie tak.

Sylwia: próbowaliście o tym rozmawiać?

Kamila: bardzo oddaliliśmy się od siebie. Każda rozmowa kończyła się kłótnią i wypominaniem sobie nawzajem różnych rzeczy. Było dużo przepychanek i chęci udowodnienia sobie czegokolwiek. Kumulacja tego najgorszego przyszła po drugim porodzie. Doszło nam więcej obowiązków, a wraz z nimi więcej nieporozumień. Wiadomo, że i dla mnie druga ciąża była inna, bo miałam więcej obowiązków. Mąż w tym czasie wypadł trochę z tego, co się działo. On żył swoim życiem, a ja z synkiem – swoim. Wiązało się to z tym, że miałam coraz więcej obowiązków, bo dziecko, ciąża i praca. I o ile w pierwszej ciąży bardzo dbałam i uważałam na siebie, to w drugiej nie miałam na nic czasu. Jednak w pewnym momencie powiedziałam stop. Zadecydowałam, że musimy coś zmienić, bo tak dalej nie da się żyć. Też nie może być tak, że ja w ciąży się totalnie nie wysypiam. Cały czas wstaję do dziecka i muszę wszystko ogarniać sama. Poczułam, że muszę się sobą zaopiekować. Przy okazji mojej pracy zaczęłam również pracować nad sobą. Swoim samorozwojem i świadomością i bardzo dużo mi to dało. Były to szkolenia między innymi z budowania pewności siebie i stawiania granic, więc bardzo mi się to przydało na prywatnym polu. Uświadomiłam sobie, że w większości pozwalam przekraczać swoje granice, że od długiego czasu schodzę z drogi i nie wyrażam swojej opinii.

Sylwia: to był dla Ciebie przełom?

Kamila: tak. Poczułam, że muszę wreszcie wziąć sprawy w swoje ręce. Nagle zobaczyłam jak wiele mam możliwości i to dało mi taką moc do działania. Zobaczyłam, że mogę robić wiele rzeczy związanych z pracą przy dziecku, a jeżeli przychodzą momenty, że sprawia mi to trudność, to mogę poprosić o pomoc i nie ma w tym nic złego. Dzięki temu, że o to zadbałam, mogłam korzystać z pomocy niani czy innych ułatwień, np. catering lub sprzątanie.

Sylwia: po tym jak wzmocniłaś siebie, Twoja komunikacja z mężem się poprawiła?

Kamila: tak. Poczułam, że wyznaczanie granic jest dobre nie tylko dla mnie, ale też jest bardzo w porządku dla drugiej strony. Pokazując jasno, gdzie są moje granice, mój mąż wie, na co może sobie pozwolić. Teraz wiem, że często pozwalałam przekraczać moje granice i poszło to w złym i destrukcyjnym kierunku, który doprowadził do wielu nadużyć psychicznych i ekonomicznych. Na szczęście uświadomiłam sobie, w jak fatalnej sytuacji jestem i nie chciałam już być taką ofiarą. I nie to, że inni mają gorzej. Inni mają inaczej, a ja muszę się skupić na sobie. To był dla mnie punkt zwrotny, po którym zaczęłam komunikować, co mi się nie podoba, a czego potrzebuję. Nie dawałam się już uciszać i krytykować. Przez wiele lat naszego związku chciałam, żeby między nami była jednomyślność. Pamiętam, jak podczas jakiejś kłótni powiedziałam do męża „wszedłeś mi na głowę", a on mi odpowiedział „bo mi pozwoliłaś" i po tym zadecydowałam, że na więcej już nie pozwolę.

Sylwia: fantastycznie, że znalazłaś w sobie siłę do tego, żeby dopuścić do siebie negatywne emocje, i jeszcze zawalczyć o siebie i poprawę relacji w Waszym związku. Zastanawia mnie, jak Twój mąż zareagował na tę zmianę?

Kamila: wiadomo, że to był proces, bo nie da się wszystkiego zmienić z dnia na dzień. Przyznam szczerze, że na początku było trudno. Ja, będąc coraz bardziej świadoma, wiedziałam, że tak może być i czeka mnie niełatwa droga do zmiany naszych relacji, ale byłam w tym konsekwentna. Rozmawiałam, nie raz powtarzając wkoło te same rzeczy. Były też momenty dużej frustracji z mojej strony, że chcę tej zmiany, żeby było lepiej, a spotykam się z oporem ze strony męża. Jednak przestałam na wszystko potulnie przytakiwać. Było przy tym również trochę walki – mąż nie chciał dopuścić do takiej sytuacji, żebym ja też miała wpływ na jakieś decyzje, spędzała czas sama i była bardziej niezależna. Jednak z czasem zaczął zauważać plusy tej sytuacji. Zauważył, że moja aktywność i zmiany, które we mnie zaszły, zwalniają go z tak dużej odpowiedzialności i nie musi mieć nad wszystkim kontroli, bo to jest najzwyczajniej bardzo obciążające. Był to też czas kiedy ja wręcz wpychałam mu dziecko. Widziałam wtedy u niego zmianę, zauważył, że to dziecko jest fajne i mogą razem robić bardzo satysfakcjonujące rzeczy. Ja też spuściłam z tonu, bo zdaję sobie sprawę, że odkąd pojawiło się dziecko, to dawałam mu do zrozumienia, że ja potrafię przy nim wszystko zrobić lepiej. Myślę, że to nie pomogło, a wręcz szybko ukróciło jego zapał do jakiejkolwiek pomocy mi przy dziecku.

Sylwia: masz takie poczucie, że mąż nie był zaangażowany w opiekę nad dzieckiem, bo bał się i był przekonany, że nie umie tego robić, czy bardziej wychodziłaś z takiego założenia, że Ty zrobisz to lepiej?

Kamila: bardzo często go poprawiałam. Jak ubierał dziecko, to stałam nad nim i mówiłam, że to zrób tak, a tamto tak. Może za często o tym mówiłam, a on z kolei za bardzo brał to do siebie i wszystko odbierał jako krytykę. Teraz jesteśmy na takim etapie, że oboje zmieniliśmy podejście do takich sytuacji i pojawiło się między nami więcej luzu. Zaczęłam też doceniać jego wkład w rodzicielstwo. Pielęgnuję dobre elementy naszego życia, mówiąc o tym, że fajnie spędza czas z dzieckiem i to sprawiło, że mąż zaczął wręcz czuć potrzebę kontaktu z synkiem. Być może musiał do tego dojrzeć, może też było mu ciężko odnaleźć się w życiu we troje, a ta ciągła chęć dominacji i jego złość wobec mnie wynikała właśnie z tego, że inaczej nie umiał się komunikować. Gdy na świecie pojawiła się nasza córka, wyglądało to już zupełnie inaczej, bo mąż od początku był zaangażowany w opiekę nad nią. Drugi połóg był dla mnie zupełnie inny, słuchałam swoich potrzeb, dopuszczałam do siebie emocje, chciałam rozmawiać i umiałam prosić o pomoc. Pozwoliłam sobie na to, że w domu nie musi być zawsze posprzątane, a ja mogę kupić obiad w garmażerce. Zainwestowałam w odpowiednie wsparcie suplementacyjne i myślę, że to w jakimś stopniu też miało wpływ na to, że praktycznie od razu czułam się bardzo dobrze – fizycznie i psychicznie. Już mniej rzeczy musiałam, a więcej mogłam. Nie słuchałam głosów wokoło, tylko słuchałam siebie.

Sylwia: fajnie, że pokazujesz, że można zmienić związek, w którym dominuje jedna osoba, która sprawia nam przy tym wiele przykrości. Można małymi krokami dążyć do tego, aby oboje partnerzy byli w tym wszystkim równie ważni. To jest bardzo budujące, bo myślę, że wiele jest takich sytuacji, w których brakuje zrozumienia i szacunku, a można to wypracować – tylko trzeba w sobie znaleźć odwagę i siłę.

Kamila: tak. Bardzo długo mi tego brakowało, ale opłaciło się zawalczyć o siebie i swoją rodzinę.

Sylwia: wszystkie rozmowy kończę pytaniem co byś powiedziała kobiecie, która teraz jest po porodzie i zmaga się z trudnymi emocjami?

Kamila: przede wszystkim, żeby zaufała sobie, bo kobiety mają bardzo silną intuicję, której powinny słuchać. Kobieta ma prawo czuć różne emocje. Ma prawo płakać i cieszyć się naprzemiennie. Ma prawo do tego, żeby prosić o pomoc. To jest dla komfortu psychicznego i jej, i dziecka. Najważniejsze jest to czego potrzebuje, ale jej otoczenie nie musi o tym wiedzieć, więc powinna jasno komunikować swój strach, niezadowolenie i potrzeby. Nie musi wszystkiego dźwigać sama.

Sylwia: bardzo Ci dziękuję za rozmowę i gratuluję odmiany, jaką przeszłaś!

Magda Fijołek, 37 lat
mama dwojga dzieci

Sylwia: rozmowa z Tobą będzie wyglądała trochę inaczej, bo nie będzie dotykała typowego Baby Bluesa, tylko innych emocji, które pojawiły się wraz z macierzyństwem, ale też dotyczą spraw okołoporodowych. Zacznijmy od początku, masz dwoje dzieci?

Magda: tak. Starszy syn ma 13 lat, a młodszy w tym roku skończy 7 lat.

Sylwia: jak wyglądał czas po porodzie starszego syna?

Magda: jak urodziłam Kubę, to miałam 24 lata. Wtedy miałam zupełnie inne podejście do życia. Nie sądziłam, że coś może pójść nie tak. To było trochę na zasadzie – chcemy dziecko i mamy dziecko i wszystko jest ok. Kuba urodził się bez żadnych dodatkowych obciążeń i nie był zbytnio absorbującym dzieckiem. Pamiętam czas połogu kiedy próbowałam w miarę normalnie funkcjonować, a byłam jeszcze taka obolała. Z jednej strony czułam w sobie taką siłę i werwę, bo rozpierało mnie szczęście, że to dziecko się pojawiło, ale też towarzyszyło mi trochę takiego gorszego samopoczucia związanego z porodem. Na pewno też zmęczenie, które wynikało z opieki nad dzieckiem, ale wszystko było w granicach normy. I dobrze powiedziałaś, bo ja nie miałam przy żadnym dziecku takiego typowego Baby Bluesa, który byłby nadmiernym obciążeniem psychicznym, ale za to miałam inne przeboje…

Sylwia: myślisz, że Twoje podejście i dobre samopoczucie wynikało z młodego wieku podczas pierwszej ciąży? Bo prawdę mówiąc, podczas rozmów z kobietami obserwuję, że im później kobieta zostaje po raz pierwszy mamą, tym gorzej znosi czas połogu. Wiadomo, że wraz z upływem czasu mamy chociażby inny zasób sił i możliwości. Kobiety mają okazję dłużej być niezależne i w pełni dysponować swoim czasem. Myślę, że może to mieć wpływ na późniejsze trudności.

Magda: być może. Faktycznie teraz widać, że kobiety później decydują się na dziecko, co może generować różne trudności. Ja miałam poczucie, że u mnie wszystko potoczyło się tak, jak miało być, bo bardzo chcieliśmy zostać rodzicami i tak się stało.

Sylwia: myślę, że nasza osobowość również odgrywa znaczącą rolę w sposobie odbierania tego, co się wokół nas dzieje i pokonywania trudności, z jakimi się mierzymy.

Magda: tak. Ja, gdy kończyłam pierwszy trymestr ciąży z Kubą, zmierzyłam się z bardzo trudną sytuacją, ponieważ zmarła moja mama. Sytuacja dosyć szybko się potoczyła, więc nie miałam czasu, żeby się na to przygotować, zresztą i tak nie da się na to przygotować. Moja mama jest do tej pory moją ogromną miłością. Zawsze czułam od niej pełną akceptację tego, jaka jestem, byłyśmy ze sobą bardzo zżyte i wiedziałam, że nie może się doczekać wnuka i chciałaby go przytulić, no ale tak się życie potoczyło, że nie doczekała tych chwil. Więc czas mojej ciąży był takim dziwnym czasem, bo z jednej strony, bardzo się cieszyłam, że to dzieciątko we mnie rośnie i za niedługo się urodzi, a z drugiej strony, bardzo mi brakowało mojej mamy i dużo płakałam z tego powodu. Było mi bardzo trudno, ale jednocześnie czułam, że mam w sobie siłę, dlatego że sama zaraz zostanę mamą. Po narodzinach Kuby brakowało mi mamy jeszcze bardziej, ale wiadomo, że pojawienie się dziecka to ogromna zmiana dla kobiety i dla całej rodziny, więc moje myśli trochę zaczęły lokować się już gdzie indziej.

Sylwia: słuchając Ciebie, towarzyszy mi jednocześnie smutek i radość, ale ta historia dobitnie pokazuje nam, jak życie przeplata się ze śmiercią. Jak koniec czegoś może być początkiem czegoś innego.

Magda: to prawda. I to jak życie jest przewrotne, pokazała mi druga ciąża, a właściwie trzecia – bo drugą straciłam w 9 tygodniu – co też było dla mnie bardzo trudnym doświadczeniem. Kiedy zaszłam w ciążę z Dawidem, to gdzieś z tyłu głowy była we mnie obawa, że coś może pójść nie tak. Do tej pory zdawałam sobie sprawę, że mogą wystąpić różne problemy i komplikacje, ale mnie to nie dotyczy. Jestem w jakiś sposób od tego wolna i nic złego mi się nie przydarzy. Teraz tak to widzę. Ta strata mamy, a potem dziecka, wyrwała mnie z tego przekonania i później w trzeciej ciąży już trochę inaczej na to patrzyłam.

Sylwia: czas tej ciąży był takim czasem kiedy mieliście już poukładane życie rodzinne?

Magda: tak. Starszy syn przez prawie 7 lat był jedynakiem, więc to życie mieliśmy na tamten czas, takie powiedzmy poukładane. Kuba był już dosyć samodzielny. Mąż miał swoją pracę, a ja miałam swoją. Kolejne dziecko miało być takim dopełnieniem naszej rodziny i już w trakcie ciąży widziałam nas z dwójką dzieci. W tym czasie dbałam o siebie jak nigdy wcześniej i ciąża przebiegała zupełnie prawidłowo.

Sylwia: (śmiech) to potwierdza moją teorię, że kobiety po trzydziestce inaczej podchodzą do ciąży, niż kobiety, które mają dwadzieścia kilka lat.

Magda: tak, tak, miałam zupełnie inne podejście niż do pierwszej ciąży. Myślę, że z wiekiem wszystko bardziej się analizuje i tak ogólnie rzecz biorąc, ma się większą świadomość.

Sylwia: ciąża minęła szybko?

Magda: tak, minęła szybko i bezproblemowo. Zdaniem lekarza prowadzącego wszystko było w porządku. Ja absolutnie nie bałam się porodu. Mam takie poczucie, że ten ból, który jest przy porodzie, jest zwiastunem czegoś pięknego. To nie jest tak, jak jakiś tępy ból głowy, który jest nie wiadomo po co i nic do życia nam nie wnosi. Według mnie ból porodowy łatwiej jest wytrwać, bo wiesz, do czego on prowadzi. Zresztą będąc już po jednym porodzie, wiedziałam, co mnie czeka i co jest mi potrzebne do tego, aby ten przebiegł sprawnie. Przy pierwszym porodzie był ze mną mąż i to było fajne, ale teraz nie czułam takiej potrzeby.

Sylwia: no i wreszcie nadszedł dzień porodu...

Magda: tak, nadszedł dzień porodu i czułam to już od rana. To był równo termin wynikający z USG i jednocześnie to był dzień naszej rocznicy ślubu. Czułam, że rozpoczęła się akcja porodowa, ale moje wyjście z domu było bardzo spokojne. Przyszykowałam coś do zjedzenia starszemu synowi, sama zjadłam, podkręciłam włos i wyruszyłam do szpitala. I od momentu, kiedy pojawiłam się na porodówce do momentu, kiedy Dawid się urodził, minęły dwie godziny, także każdemu życzę takiego porodu, bo sam poród był piękny. Położną Panią Anię, z którą rodziłam, zapamiętam do końca życia, zresztą do tej pory mam z nią kontakt. To kobieta Anioł, która stanęła na mojej drodze, zwłaszcza biorąc pod uwagę to, co się później wydarzyło... Wszystko szło pięknie. Dawidek opuścił moje ciało, usłyszałam jego płacz i dla mnie to była ulga i pierwszą myślą było szczęście, że żyje. Myślę, że mama, która straciła dziecko, doskonale mnie zrozumie. Jednak szybko wyczułam, że coś jest nie tak, bo jakby w ciągu sekundy zmieniła się atmosfera na sali porodowej. Przez cały poród żartowaliśmy, było dużo rozmów i ogólnie było bardzo pozytywnie, a kiedy pani położna przyjęła Dawidka, to zobaczyłam na jej twarzy taki cień smutku połączonego z przerażeniem. To był dosłownie ułamek sekundy, ale ja to wyłapałam. Widziałam po niej, że na nowo chce wrócić do tego co było, ale z trudem jej to przychodziło. I już niby było ok, ta cisza została przerwana, ale mi to nadal nie dawało spokoju. Pamiętam te myśli – no przecież dziecko płacze, więc chyba wszystko jest ok, ale mimo wszystko coś mi się nie zgadzało. Pokazali mi Dawidka tak nóżkami do mnie i tak go jakoś odwracali, że nie mogłam go dokładnie zobaczyć i nagle gdzieś z nim pobiegli. To wzbudziło u mnie jeszcze większy niepokój, bo z porodu z Kubą pamiętałam, że od razu położyli mi go na piersi, a tutaj gdzieś mi go zabrali. No ale lekarz mi powiedział, że dokończy tu porodowe czynności, a położna zaraz wróci z dzieckiem. Mimo tego ja cały czas czułam, że coś jest nie tak, bo zrobiło się też ogromne poruszenie na oddziale. Zaczęły dzwonić telefony, zrobił się ruch na korytarzu. Miałam wrażenie, że jestem w jakimś filmie i tylko ja jako jedyna nie wiem, o co w tym wszystkim chodzi. Po dłuższej chwili wróciła ta moja pani położna z całym zastępem lekarzy i przekazali mi informację, że mój synek urodził się bez rączek. To była dla mnie taka abstrakcja, że nie wiedziałam, co mam powiedzieć. Nawet nie umiem powiedzieć, co wtedy poczułam. Nie wiedziałam, czy to jakiś żart, no ale kto by tak żartował… Byłam w takim szoku, że nawet nie wiem co do mnie mówiono, ale wyrwało mnie z takiego osłupienia pytanie, czy życzę sobie, żeby zobaczyć syna. I to pytanie mnie rozwścieczyło i powiedziałam „co to za pytanie, oczywiście, że tak. Proszę go natychmiast przynieść, bo ja chcę go przytulić". I po chwili wrócili z dzieckiem. Pamiętam to pierwsze przytulenie, bo pod względem fizycznym było już trochę inne niż z Kubusiem. Pamiętam też tę radość i taką falę miłości, jaka mnie zalała, ale nijak to się miało z tą informacją, którą przed chwilą usłyszałam. Nigdy wcześniej i nigdy później pod kątem mojego organizmu nie przeżyłam czegoś podobnego, takiego pomieszania. Różne trudne sytuacje w życiu przeszłam, zapewne jak każda z nas, ale to, co się działo wtedy, było jakieś takie odrealnione. Widzę już to odwinięte dziecko, widzę, że nie ma rączek, a dalej w to nie wierzę. Mówią coś Ci, a Ty nadal w to nie wierzysz. Patrzę na to dziecko i myślę kurde, o co tu chodzi, może zaraz ktoś przyjdzie i powie, a nie, przepraszam, to pomyłka, jednak wszystko jest w porządku. Za chwilę wracam do rzeczywistości i wiem, że tak jest i nikt nie przyjdzie mi powiedzieć, że to pomyłka. To było straszne. W międzyczasie przyjechał mój mąż i dla niego też to był szok. Oboje chyba mieliśmy taką pustkę w głowie… Co zrobić? Jak zrobić? Jak będzie wyglądało nasze życie? Ale jedno czułam dobitnie – że już nic nie będzie takie samo. Miłość i akceptacja do dziecka była od początku, i jest do teraz i myślę, że to bardzo pomaga nam w tym, żeby dobrze żyć. Bo moim celem w życiu jest, żeby właśnie dobrze żyć i jak to mówię, to jestem w pełni świadoma tych słów i wiem, co to dla mnie oznacza. Jaki stan wewnętrzny i okoliczności. To wszystko, co się wydarzyło po narodzinach Dawidka, było zupełnie popaprane i właściwie nikt nie wiedział, o co tu chodzi. Personel szpitala też był zszokowany.

Sylwia: zapewne dla nich nie jest to codzienna sytuacja i nie wiedzieli do końca jak się zachować.

Magda: tak i tak naprawdę mieli sekundę na podjęcie decyzji, w jaki sposób mi to powiedzieć i co mają dalej robić. Także to dla Wszystkich nie był łatwy temat.

Sylwia: jak wyglądało Wasze życie po wyjściu ze szpitala?

Magda: zaczęła się cała przygoda z wizytami lekarskimi i z rehabilitacją, która trwa do dziś. Ale na tamten moment to był taki cios prosto w serce, że nie mogłam się na nowo odnaleźć. Nie wiedziałam, na czym stoję i co mnie czeka. Moje emocje to było pomieszanie z poplątaniem. To była inna sytuacja, ale można trochę porównać do siebie – bo jak zmarła moja mama, to był cios prosto w serce, a z drugiej strony urodził się wymarzony syn i towarzyszyło mi niepojęte szczęście. Tutaj było podobnie. Z jednej strony cios w serce, że Dawidek nie ma rączek i co to w ogóle dla nas oznacza, a z drugiej strony on jest. Urodził się ten drugi wymarzony syn i jest niepojęte szczęście. Te emocje się przeplatały we mnie cały czas. Moja psychika wybrała taki mechanizm obronny, że mimo tego, że były łzy i przeżywanie tej sytuacji, to bardzo szybko wpadłam w taki tryb zadaniowy. Założyliśmy z mężem Fundację i do tej pory wspominam, że te pierwsze miesiące życia Dawidka nie spałam po nocach, ale nie dlatego, że on mi nie dawał, tylko siedziałam po nocach i czytałam rozporządzenia oraz pisałam pisma dotyczące Fundacji. Teraz sobie myślę, że nie wiem, jak to jest możliwe, żeby mieć na to tyle sił, ale prawdopodobnie uchroniło mnie to od czegoś gorszego. Działałam na pełnych obrotach i nie potrafiłam się sama zatrzymać, więc w pewnym momencie zatrzymało mnie życie i musiałam odpocząć, bo ścięło mnie z nóg tak bardzo, że nie miałam na nic siły. Dopiero po kilku latach dopadło mnie tak kiepskie samopoczucie. Wiedziałam, że nie opłakałam tego co się stało. Nie pozwoliłam na to, żeby emocje tak porządnie przeze mnie przeszły, tylko od razu stawiałam się do pionu. Po pierwszym porodzie doskonale pamiętam swój połóg, dolegliwości cielesne i to jak dorastało dziecko, a z Dawidem nie pamiętam nic. Kompletnie nie pamiętam siebie z tego czasu. Wszystko było przyćmione sprawami o wiele cięższego kalibru. Wszystko jakby działo się obok mnie i jednocześnie każdy dzień był dla mnie jazdą bez trzymanki. Lekarze, rehabilitacja, szukanie jakichś nowych konsultacji i rozwiązań.

Sylwia: wszystko wymagało od Ciebie pełnej dyspozycyjności… Dla mnie jest ciekawe to o czym mówisz, bo robiłaś wiele nowych i trudnych rzeczy typu założenie Fundacji. Przecież to wielka i nie łatwa rzecz, a dałaś sobie z tym radę. Za to czułaś się nieporadna jeśli chodzi o taką codzienność i zorganizowanie Waszego życia na nowo…

Magda: tak, ale jeżeli chodzi o Fundację i wszystkie formalności z nią związane, to okazało się, że wokół nas zgromadzili się fantastyczni ludzie. Nasza rodzina, znajomi, przyjaciele, ale i wiele nieznajomych osób, które usłyszały o naszej historii. Ci ludzie pomagali nam nie tylko mentalnie, ale również i swoimi kompetencjami. Także to, że założyliśmy z mężem tę Fundację, w dużym stopniu zawdzięczamy im. A jeżeli chodzi o życie rodzinne, to był inny temat. Byłam przede wszystkim matką, którą targały różne emocje. Ciążyła na mnie duża odpowiedzialność, podejmowałam decyzje co do wizyt lekarskich, terapii i rehabilitacji Dawidka. Te decyzje mnie wykańczały, bo niektóre z nich były nieodwracalne.

Sylwia: poza licznymi obowiązkami związanymi z Dawidkiem, w domu był również starszy syn…

Magda: tak i dwa tygodnie po narodzinach Dawida, Kuba rozpoczynał edukację w pierwszej klasie szkoły podstawowej, i to był dla nas bardzo ważny etap. To akurat pamiętam doskonale, że działałam wtedy jak w automacie, żeby nikomu niczego nie zabrakło. Jak sobie przypomnę ten czas, to w ogóle nie wiem, jak ja to wszystko ogarniałam. Przecież Kuba poszedł do szkoły 2 tygodnie po narodzinach brata. I to nie był zwykły poród, tylko taki, po którym nas wszystkich jakby ktoś uderzył patelnią w głowę. Nie wiedziałam, co czuję, nie wiedziałam, na jakim świecie żyję, a tu trzeba zająć się tym maleństwem, ale i starszakiem, przed którym stoją nowe wyzwania. Pamiętam, że chodziłam na wszystkie początkowe zebrania mimo tego, że mój mąż proponował, że się tym zajmie. Jednak we mnie było takie poczucie, że to muszę być ja. Codziennie rano robiłam śniadanie, szykowałam lunchboxa i z małym Dawidkiem zaprowadzałam Kubę, potem jakaś wizyta lekarska albo rehabilitacja, odbieranie Kuby ze szkoły i masa innych rzeczy, które na co dzień trzeba było robić w domu. W tym wszystkim zapominałam o sobie. Na przykład kiedy codziennie rano robiłam śniadanie starszemu synowi, żeby zjadł w domu przed szkołą i jeszcze co innego do lunchboxa, to nie miałam takiego odruchu, żebym przy okazji sama coś zjadła, a przecież mogłam. Przez kilka miesięcy było tak, że około godziny 15 odcinało mi energię i pojawiał się ból głowy i wtedy uświadamiałam sobie, że jeszcze nic nie jadłam.

Sylwia: widzę, że mamy, które rodzą kolejne dziecko, często mają wyrzuty sumienia wobec tego starszaka, który jest już w domu. Zdają sobie sprawę, że już nie są w stanie poświęcić mu tyle czasu co wcześniej i to generuje też sporo smutku. U Was sytuacja była podwójnie trudna, bo dziecko z niepełnosprawnością potrzebuje jeszcze większego zaangażowania.

Magda: tak. Pamiętam, jak każdego dnia towarzyszyła mi myśl, że zrobię dla Dawida wszystko co się da, ale też jest Kuba, dla którego też chcę jak najlepiej i co zrobić, żeby on nie czuł się pominięty. Wiadomo, że Dawid był siłą rzeczy w centrum uwagi rodziny, ale i ogólnie całego otoczenia, bo to nie była codzienna sytuacja. Ale miałam taką świadomość, że muszę coś zrobić, żeby Kuba nadal czuł się przez nas widziany i zaopiekowany, nie tylko pod względem fizycznym, ale i emocjonalnym. Widziałam, że jemu też jest ciężko, bo bardzo kocha swojego brata i jest mu przykro, że on nie ma rączek, chciałam z niego zdjąć trochę tego obciążenia i cierpienia. Jednak szybko się zorientowałam, że nie mam takiej mocy, więc jedyne co mogę, to kochać ich z całych sił i okazywać tę miłość. Pokazywać, że wszyscy jesteśmy wspaniali i wartościowi tacy, jacy jesteśmy. To są dla matki bardzo trudne doświadczenia, bo wiadomo, że każda z nas chce jak najlepiej dla swojego dziecka. I miałam świadomość tego, że jest wiele wyzwań przede mną, ale sama świadomość nie zawsze wystarcza, bo jest wiele trudności, które też stawia nam codzienność.

Sylwia: kiedy zaczęłaś doceniać swoją rolę w tym wszystkim?

Magda: moment docenienia samej siebie przyszedł późno. Zostawiłam za sobą całe swoje dotychczasowe życie. Nie wróciłam do pracy w hotelarstwie, bo to było zbyt wymagające zajęcie. Tak naprawdę zostawiłam siebie na kilka lat, a w tym czasie robiłam wszystko dla rodziny.

Sylwia: myślę, że bardzo trafnie nazwałaś wszystkie uczucia, z którymi się mierzyłaś zaraz po porodzie. Dużo mówiłaś o tym jak bardzo starałaś się, żeby nikomu z Twoich najbliższych niczego nie zabrakło. Ale co z Tobą? Czy ten tryb zadaniowy, w który wpadłaś, pozwolił Ci na okazywanie Twoich emocji?

Magda: w tamtym momencie w ogóle się nad tym nie zastanawiałam. Było we mnie dużo różnych emocji i towarzyszył mi silny stres, ale raczej to jakoś w sobie blokowałam. I nawet położne po porodzie mówiły mi, że wszyscy się o mnie martwili, że nie płakałam. Nie uroniłam ani jednej łzy. A ja nie wiedziałam, czy to co się stało, to jest powód do płaczu. Nie mogłam uwierzyć, że moje dziecko urodziło się bez rączek, miałam milion myśli na minutę. To wszystko procesowało się we mnie dosłownie z godziny na godzinę i te łzy odblokowały mi się dzień po porodzie. Wtedy byłam cała opuchnięta od płaczu. W domu też płakałam, ale mniej, bo pochłonęły mnie obowiązki. Ale mimo tego, że ten płacz był, to tłumiłam swoje emocje. Nie dopuszczałam ich do głosu, czego nie polecam, bo później bardzo to się na mnie odbiło i wszystko uderzyło we mnie po długim czasie.

Sylwia: kiedy?

Magda: po kilku latach.

Sylwia: ilu latach?

Magda: po 5 latach. Było mi wtedy bardzo trudno. Jak do tej pory to był największy kryzys w moim życiu. Mam zawsze bardzo pozytywne nastawienie do życia. Nie jestem typem, który na wszystko narzeka, tylko szuka rozwiązań, ale wtedy doszłam do takiego momentu, że czułam się tak źle, że nie widziałam w niczym sensu i nie wierzyłam, że to się zmieni. Zastanawiałam się, jak ja mam dalej z tym wszystkim żyć. Przyszły do mnie bardzo silne emocje. Pojawiły się różnego rodzaju dolegliwości somatyczne tak, że nie miałam siły na nic. To oczywiście nie stało się z dnia na dzień, bo długo ze sobą walczyłam, długo byłam silna i udawałam, że nic się nie dzieje. Ale potem dopadła mnie ogromna niemoc. Nie wiedziałam co mam robić, a nawet gdybym wiedziała, to nie miałam siły, żeby cokolwiek robić.

Sylwia: to taki spory paradoks, bo w tym czasie sytuacja była u Was już ustabilizowana. Wiem, że Dawidek świetnie sobie radzi. Jest fantastycznym chłopcem, który skrada serce każdemu, kto pojawi się na jego drodze…

Magda: Dawid jest niesamowitym młodym człowiekiem. Ma w sobie fantastyczną energię. Jest bardzo świadomy swoich emocji i potrafi je nazywać. Świetnie sobie radzi w codziennym funkcjonowaniu. I faktycznie, dobrze zwróciłaś uwagę na to, bo nie pomyślałam o tym, że Dawid był już taki odchowany. Mieliśmy już w pewnym sensie ustabilizowaną sytuację, chociaż z jego niepełnosprawnością jest tak, że przychodzą kolejne etapy, które wymagają różnych zmian, też pod względem mentalnym. Ale tak, jak miał 5 lat to można powiedzieć, że nasze życie było bardzo ok. I to właśnie wtedy nadszedł czas, kiedy kompletnie się rozsypałam. Nie widziałam w niczym sensu. Nie chciałam się z nikim spotykać. Najgorsze było to, że nie widziałam tego w taki sposób, że teraz jest źle, muszę to odchorować, wszystko sobie poukładać i będzie lepiej. Byłam wtedy przekonana, że nie wyjdę z tego złego stanu i już nic nie będzie dobrze. Zmiana zaczęła się wtedy, kiedy przestałam z tym walczyć. Przestałam walczyć ze sobą i zaczęłam się doceniać. Popatrzyłam na siebie inaczej. Zobaczyłam, ile przeszłam i jak sobie dałam radę z tym wszystkim. Zawsze na pierwszym miejscu były dzieci a później ja. Wiadomo, że dzieci do tej pory są dla mnie najważniejsze, ale jestem również ja. Więc jak sobie nie pomogę i nie zaopiekuję się sobą, to też nie będę mogła tyle z siebie dawać dzieciom i nie pociągnę dalej tego wszystkiego. To jest niesamowite jak te trudne, bardzo trudne emocje zaczęły ze mnie wychodzić, to było we mnie dużo płaczu i złości, i to nie były tylko emocje związane z tym, że Dawidek urodził się bez rączek, a ja nie byłam na to przygotowana. Od początku go akceptowałam takiego, jakim jest, tylko bolało mnie to, że ja o tym nie wiedziałam. Jak to się stało, że moje dziecko musi się z tym mierzyć. To nie chodziło tylko o te emocje, ale zaczęło wychodzić całe moje życie. Relacje z mężem, rodziną i ze znajomymi. Rozgrzebałam wszystko. Wszystkie traumy. To, że w moim życiu nie było ojca, że zmarła moja mama... nagle to wszystko bardzo zaczęło mieć znaczenie. Miałam poczucie, że się z tego nie wygrzebię. Jak ja mam to wszystko poukładać. To był długi proces – zaczęłam bardziej stawiać na siebie. Nie wiedziałam co zastanę po tej bitwie, ale wiedziałam, że to jest jedyna droga i moje potrzeby są teraz najważniejsze, i nie ma zmiłuj. Kosztowało mnie to bardzo dużo pracy, jednak po pewnym czasie zauważyłam, że rzeczy na zewnątrz zaczęły się jakby same układać. Wtedy popatrzyłam na siebie inaczej, w taki sposób „no dziewczyno, jaka Ty jesteś wartościowa". Mam teraz takie poczucie, że to co miało odejść, zmienić się, przeobrazić się – to się tak stało. A to co miało zostać, czy przyjść do mnie – to też tak się stało. To jest przepiękne. Jakby jeszcze rok temu ktoś powiedział mi, że tak będzie dzisiaj, to bym w to nie uwierzyła. Mam świadomość tego jak wygląda życie i że nie wiadomo co nam jeszcze przyniesie, ale ważne jest, żeby siebie tak nie forsować i się nie obwiniać. To nas prowadzi donikąd. Ja przez długi czas byłam taka zapiekła w sobie, że nie widziałam tego wszystkiego.

Sylwia: tutaj widzę pewien schemat między kobietami, z którymi rozmawiam, że u wszystkich jest podobnie. Kiedy jest nam źle, nie akceptujemy swojego smutku, wręcz uciekamy od niego. Nie akceptujemy też swojej niedyspozycji, tylko wpadamy właśnie w tryb zadaniowy i bierzemy swój stan na przeczekanie. Nie dajemy sobie prawa do tego, żeby źle się czuć.

Magda: tak, byleby to nie wylazło.

Sylwia: no właśnie! A wylezie po miesiącach, a nawet latach! I zapewne wyjdzie z jeszcze większym impetem, dużo większym zmęczeniem i frustracją, która narastała przez ten czas.

Magda: prowadzi to do dużego spustoszenia w organizmie i następstwem tego mogą też być różne choroby.

Sylwia: zgadza się. Dla każdego inny stopień trudności wywołuje inne emocje, bo każdy z nas mierzy się z różnymi rzeczami,więc nie nam to oceniać i porównywać, ale ważna w tym jest akceptacja i zaopiekowanie się sobą. W piękny sposób opowiadasz, jak Ty do tego doszłaś, ten głos jest bardzo ważny, bo pokazuje zarówno czego nie należy sobie robić, jak i to co robić, żeby po prostu dobrze żyć. Chciałabym jeszcze z Tobą porozmawiać o tym jak jest teraz. Jak jest u Dawidka, u Ciebie, jakie są działania Fundacji.

Magda: Dawid teraz chodzi do zerówki, do swojego ukochanego przedszkola. Jest bardzo rezolutnym chłopcem z dużym poczuciem humoru. Rozczula mnie to, w jaki sposób nazywa swoje emocje. Na przykład potrafi mnie spytać, czy kocham siebie i robi mi wykład z tego, że trzeba też kochać siebie.

Sylwia: ale wiesz, że to Twoja zasługa? Myślę, że nie wziął tego tak sam z siebie…

Magda: po narodzinach Dawida zachodziłam w głowę co zrobić, żeby on mentalnie był silny. Wiedziałam, że bardzo będzie potrzebował tej siły, bo spotka się z wieloma trudnościami i pewnie prędzej czy później z brakiem akceptacji. Nie martwiłam się codziennym funkcjonowaniem, bo mamy XXI wiek i na pewno coś się wymyśli, tylko chodziło mi o to, żeby był silny psychicznie. I jak Dawidek był malutki, to ja tak intuicyjnie podczas snu szeptałam mu do ucha, że jesteś dobry, jesteś mądry, jesteś ważny i wartościowy taki, jaki jesteś. Bardzo w to wierzyłam i wierzę do tej pory.

Sylwia: piękne! Także mam rację, że to dzięki Tobie jest tak silny i zaradny. Opowiedz nam jeszcze, jak jest teraz jeżeli chodzi o funkcjonowanie Dawidka, co się dzieje u Ciebie i w Fundacji?

Magda: Dawid potrzebuje pomocy w niektórych czynnościach życia codziennego, ale w wielu kwestiach sobie świetnie radzi, bo sam znajduje sposoby na różne rzeczy. Dla niego to jest naturalne, że on nie ma tych rączek i sobie jakoś po swojemu radzi. Jest wesołym i bardzo towarzyskim chłopcem. Na co dzień mamy sporo zajęć, bo poza przedszkolem chodzimy na różnego rodzaju terapie i rehabilitację. To już stało się stałym elementem naszego życia. Jeżeli chodzi o mnie, to teraz robię takie rzeczy, o których w życiu bym nie pomyślała, że są do osiągnięcia, a z drugiej strony od zawsze o nich marzyłam. Przez wiele lat pracowałam w hotelarstwie i uwielbiałam tę pracę, to coś, co płynie w moich żyłach, dlatego że jestem bardzo relacyjna. Jednak kiedy urodził się Dawidek, to moja kariera tam odeszła w niepamięć, bo miałam nowe wyzwania. Od zawsze ciągnęło mnie do inicjatyw kobiecych, ale nie do końca wiedziałam, jak się za to zabrać. Brakowało mi w tym też trochę takiej pewności, ale wreszcie zaczęłam to robić. Jestem blisko z kobietami. Często Panie zgłaszają się do mnie same, bo jestem aktywna w mediach społecznościowych. Chciałam, aby powstało miejsce, w którym mogłyby się spotkać kobiety, które potrzebują oderwać się od codzienności, poznać inne Panie i miło spędzić czas. I tak z potrzeby serca stworzyłam „Wieczór Kobiet". Miałam za cel stworzyć takie spotkanie, na które sama chciałabym pójść gdyby ktoś je zorganizował. Mamy za sobą już trzy edycje tego wydarzenia. Te kolacje są przepięknym czasem. Moim założeniem jest, żeby każda kobieta, która zechce tam przyjść, wyszła z obowiązków dnia codziennego, oderwała się od rzeczywistości, ubrała się tak jak lubi i tak jak chce, usiadła i została dobrze zaopiekowana. Ważne są też dla mnie takie elementy jak pyszne jedzenie i pięknie nakryty stół. Jest to też dobra okazja do nawiązania nowych relacji. Dodatkowo podczas spotkań na scenie zawsze jest jakaś inspiracja. Komunikacja z serca do serca. Dlatego jako prelegentki zapraszam kobiety, z którymi czuję chemię i wiem, że o taki przekaz mi chodzi. Każda edycja ma swój temat przewodni. Pierwsze spotkanie to była taka inauguracja, rozmawiałyśmy tam o sile kobiet i wtedy opowiedziałam fragment swojej historii. Druga edycja to były „Emocje w macierzyństwie" i na tym spotkaniu Ty byłaś prelegentką, za co bardzo Ci dziękuję, bo poruszyłaś nas – kobiety. Uczestniczki jeszcze długo opowiadały o swoich emocjach po tym wydarzeniu. Natomiast trzecia edycja to były „Kobiece Biznesy – szczere historie" i tam z kolei były piękne historie kobiet, które spełniają swoje marzenia, prowadząc własne przedsiębiorstwa. Ważnym elementem tych wieczorów jest również rozrywka, dlatego jest dużo śmiechu, wzruszeń, ale jest i merytoryka. Na pierwszej edycji było 17 kobiet, na drugiej 29, a na trzeciej 59 kobiet i to mi pokazuje, jak ważne są te spotkania. Było dużo takich przypadków, że dziewczyny poprzychodziły same, nie znając nikogo i to jest bardzo ważne, żeby nie odbierać sobie szansy na coś, bo np. nie mam z kim iść, to i ja nie pójdę.

Sylwia: potwierdzam, że to niezwykła inicjatywa, w której chętnie uczestniczę i zachęcam do tego każdą kobietę. Powiedz jeszcze, gdzie można znaleźć informacje dotyczące Wieczoru Kobiet.

Magda: na moim prywatnym profilu na FB i Instagramie. Jest też grupa na FB „Wieczór Kobiet" wszystkie edycje. Natomiast na stronie Hotelu Luxor w Lublinie jest zakładka „Wieczór Kobiet", gdzie jest opis wydarzenia i tam też można kupić bilet wstępu.

Sylwia: a co się dzieje w Fundacji?

Magda: Fundacja „W Dobrych Rękach" działa od 6 lat. Wpis do KRS dostaliśmy, jak Dawid miał 2 miesiące. Przez ten czas zrobiliśmy dużo dobrego. Wokół nas też gromadzi się dużo dobrych ludzi i organizacji. Wspólnymi siłami zrobiliśmy szereg konferencji edukacyjnych oraz wydarzeń kulturalnych i charytatywnych. W tamtym roku odbyło się Ogólnopolskie Spotkanie Rodziców Dzieci z Wadami Rąk. Do Lublina przyjechały rodziny z całej Polski. To mi też pokazuje, jak duża jest potrzeba tworzenia takich inicjatyw. Widzę jak wiele jest do zrobienia w temacie niepełnosprawności, jeśli chodzi o świadomość i oswajanie z takimi osobami, które są wśród nas. To jest jedna z moich misji. Raz, że pomoc Dawidowi i osobom z podobnymi problemami jak on, a dwa edukacja społeczeństwa w temacie niepełnosprawności. To jest dla mnie aż dziwne, że trzeba tłumaczyć, że to są tacy sami ludzie jak my. Zdaję sobie z tego sprawę, że całego świata nie zbawię, ale mogę pokazać inne życie.

Sylwia: i pokazujesz to inne życie właściwie każdego dnia, bo zapewne gdzie byście się nie pojawili, to Dawidek zwraca na siebie uwagę. Czy towarzyszy Ci niekiedy uczucie skrępowania albo zawstydzenia tym, że Dawidek nie ma rączek?

Magda: Dawidek bardzo zwraca na siebie uwagę, ale mówię zupełnie szczerze i z głębi serca, że ani razu nie czułam z tego powodu wstydu. Dlatego, że wiem, że każdy z nas bardzo się od siebie różni i może nie wszystkie różnice widzimy, ale one są. Jak Dawidek się urodził, to na pewno cierpiałam z tego powodu, że moje kochane dziecko nie ma rączek, co będzie sprawiało mu wiele trudności, ale mimo mojego cierpienia była pełna akceptacja i miłość do mojego dziecka. Wiedziałam, że muszę wypracować w sobie taką postawę, którą on we mnie zobaczy i też się tego nauczy. I myślę, że to się udało. Co do spojrzeń i komentarzy, to są takie sytuacje właściwie codziennie, czasami nie robi to na mnie wrażenia, ale jak mam gorszy dzień, to czasem mnie to denerwuje. Widzę, że Dawid ma podobnie. Nie to, że całkiem to po nim spływa, bo bywa tym zmęczony.

Sylwia: każdej kobiecie, z którą rozmawiam na potrzeby napisania tej książki, na koniec rozmowy zadaję pytanie co by powiedziała osobie, która teraz jest w kryzysie i być może nie ma siły, aby z niego wyjść.

Magda: wiesz, trudno mi jest radzić komuś tak ogólnie. Mam poczucie, że trzeba być przy tym ostrożnym, bo każdy z nas jest inny, a osoba, która teraz jest w kryzysie, ma zupełnie inne postrzeganie tego co się wokół niej dzieje. Taka osoba na pewno potrzebuje delikatności i zrozumienia. Nie chodzi o takie udzielanie złotych rad, tylko o obecność i wsparcie. Na pewno chciałabym taką osobę wirtualnie przytulić i powiedzieć, że pewnie teraz to się wydaje niemożliwe, ale wszystko może się zmienić i odwrócić w taki sposób, jakiego się teraz nie spodziewamy. Często trudno jest nam sobie wyobrazić jak dobrze może być tym bardziej, że teraz nie wiemy, jak się wygrzebać ze swojego stanu. Ważne jest, aby się nie biczować, za to jak jest. Docenić to co jest. Być dla siebie łagodną. Dla mnie bardzo mocnym ćwiczeniem jest połączenie się ze sobą jako małą dziewczynką, spojrzenie w te oczka i pytanie, czy powiedziałabyś jej, że ona jest beznadziejna i że ona nie daje rady? To bardzo wzruszające doświadczenie. Nie powiedziałabyś nic złego temu dziecku, bo tak nie myślisz, ale też chciałabyś, żeby była piękną, wartościową kobietą. To pozwoliło mi inaczej spojrzeć na samą siebie. Może to nie na każdego zdziała albo może to nie Twój czas na to, ale to naprawdę jest piękne. Jeżeli ktoś jest teraz w trudnym momencie, w którym nie widzi widoków na polepszenie się i takie dobre życie, to żeby nie wierzył wszystkim swoim myślom i nie brał tego za prawdę ostateczną. Póki żyjemy, to wszystko jest płynne. Zmienia się nasze samopoczucie, nasza energia i wiadomo, że jak jesteś siebie świadoma i dbasz o swoje potrzeby, to rzadziej przytrafia Ci się kryzys albo będzie on dla Ciebie mniej dotkliwy pod różnymi względami. Smutniejsze chwile też są nam potrzebne, bo inaczej nie zauważalibyśmy pewnych rzeczy. Rok temu, o tej porze płakałam pod kocem, nie wiedząc, jak poskładać swoje życie i mimo tego, że to był bardzo trudny czas, to wiem, że był mi do czegoś potrzebny.

Sylwia: często mówię, że gdyby nie smutek, to nie wiedzielibyśmy, czym jest radość… Bardzo Ci dziękuję za naszą rozmowę. Jesteś niesamowita. Ogromnie się cieszę, że Cię poznałam i mam poczucie, że Twoją historię powinna poznać absolutnie każda kobieta. Dlatego już nie mogę się doczekać kiedy będę ją mogła pokazać światu!

Agata, 35 lat
Mama czworga dzieci

Sylwia: masz za sobą cztery porody, czy za każdym razem odczuwałaś Baby Bluesa?

Agata: najbardziej po pierwszym porodzie, ale zapewne dlatego, że nie wiedziałam co to jest. Wszystko było pierwsze, nowe, świeże, nie wiadomo było co z tym dzieckiem zrobić. Byliśmy też dłużej w szpitalu, bo Karol miał zapalenie płuc. Jego leczenie trwało 10 dni. Ja miałam spore problemy z karmieniem, nie potrafiłam tego robic. Brodawki mam nieprzystosowane do karmienia, bo są małe, wklęsłe, przez co karmienie naprawdę wymagało ode mnie dużo determinacji i bólu. Doszło do kumulacji tylu złych emocji, że bardzo się zdołowałam i myślałam że mam depresję. Odnoszę wrażenie, że o depresji poporodowej każdy słyszał, dlatego również moje skojarzenia związane z samopoczuciem, które mi wtedy towarzyszyło, poszły w tym kierunku. Zaczęłam szukać w internecie informacji na temat depresji poporodowej i trafiłam na artykuł dotyczący Baby Bluesa i tak pomyślałam, że może to jednak jest to. Męczyłam się ze stanem takiej huśtawki nastroju na pewno ponad miesiąc. Niby było wszystko ok, a zaraz potem chciało mi się płakać. Kiedy jeszcze byłam w szpitalu, to nawet mąż mi mówił, że „o co chodzi, że rano rozmawiamy i jest wszystko w porządku, a popołudniu czy wieczorem dzwonisz do mnie i mi ryczysz w słuchawkę. Co się z tobą dzieje?". No, a ja nie wiedziałam co się ze mną dzieje i to wprowadzało mnie w coraz większy niepokój, ale potem zaczęłam sobie racjonalizowac ten stan.

Sylwia: czyli takim najsilniejszym objawem była u Ciebie płaczliwość? Czy coś jeszcze?

Agata: były też obawy związane ze mną i z dzieckiem. Czy wszystko jest ok, czy będzie ok. Jak wróciliśmy do domu, to przyszedł taki moment kiedy pomyślałam, że co ja własciwie mam teraz z tym dzieckiem zrobić? W szpitalu były położne, które pomagały, a teraz muszę wszystko robić sama i jak to zrobić? To było dla mnie przerażające, jak ja mam sobie z tym wszystkim poradzić. Na szczęście przychodziła moja mama, szczególnie do tych pierwszych kąpieli, i jakoś to wszystko szło. No, ale mąż był w pracy, a ja zostawałam na całe dnie z synem sama. Była zima, także nie mogłam wychodzić z domu, tak jak bym chciała. Przez to, że było bardzo dużo śniegu, to nie za bardzo radziłam sobie z wózkiem. Synek nie był jakoś bardzo wymagającym dzieckiem, ale mimo wszystko ja nie czułam się dobrze. Najbardziej dokuczała mi taka huśtawka nastroju i przy tym płaczliwość. Czułam, że jestem sama ze wszystkim, że nie ogarniam, nie wiem co mam robić.

Sylwia: mówiłaś komuś o swoich rozterkach?

Agata: mąż widział, że coś się dzieje, widział, że coś jest nie tak. Z czasem opowiedziałam mu o moim samopoczuciu i o tym, czego się dowiedziałam o Baby Bluesie. Przez to, że sobie to racjonalizowałam, to było mi łatwiej. Potem po każdym kolejnym porodzie też było trochę łatwiej, bo bardziej racjonalnie do tego podchodziłam. Za każdym razem chciało mi się płakać, ale dwa kolejne porody miałam latem, więc dużo czasu spędzaliśmy na dworze, i to odciągało moje myśli. No i sam fakt, że były starsze dzieci i było co przy nich robić. Chociaż też było dużo lęku i takiego przerażenia, że „ojej kolejne dziecko", jak ja sobie z tym wszystkim poradzę. No ale z pomocą przyszli rodzice, więc było łatwiej. Zdecydowanie najgorzej było po pierwszym porodzie. Wtedy mój stan to był jakiś dramat. Z miesiąc to trwało, zanim wszystko wróciło do normy.

Sylwia: co Ci najbardziej w tym pomogło?

Agata: myślę, że to, że sobie o tym poczytałam i dzięki temu mogłam sobie wytłumaczyć, że duży wpływ na moje samopoczucie mają hormony i że to minie w pewnym momencie. Właśnie ta wizja, że to minie, pomagała przetrwać ten stan i pewnie też dzięki temu było mi łatwiej po kolejnych porodach. Później już wiedziałam, że trzeba to przeczekać i wszystko wróci do normy.

Sylwia: a jak się czujesz teraz? Bo jesteś świeżo upieczoną mamą.

Agata: jak wróciłam do domu, to znowu było na takiej zasadzie „ojej, co to się teraz będzie działo". W szpitalu było jeszcze ok, bo miałam przy sobie tylko córkę, ale po powrocie do domu byliśmy wszyscy razem i na początku trudne były dla mnie wieczory, kiedy trzeba wszystkich położyć spać. Młodsza córka ma 2,5 roku i jest taka bardzo mamusiowa i chce ze mną spać, więc efekt jest taki, że śpimy we trzy. Na pewno liczba obowiązków w domu związana z opieką nad wszystkimi dziećmi generuje zmęczenie. Po ostatnim porodzie miałam kilka wieczorów takiej bezsilności kiedy siadałam i łzy same mi leciały.

Sylwia: czy jeszcze jakoś komunikujesz swoje emocje? Są to tylko łzy czy np. zdarza Ci się krzyczeć, bardziej się denerwować?

Agata: nie, u mnie to są bardziej takie emocje wewnętrzne. Mam to w pewnym sensie ułożone, zracjonalizowane. Jestem opanowana, wyjaśniłam sama sobie, dlaczego tak się czuję. Na szczęscie nie towarzyszyły mi jakieś objawy somatyczne tylko najbardziej taki ciągnący się smutek i przygnębienie. Kłębiło mi się w głowie dużo myśli.

Sylwia: Twoja historia jest bardzo ciekawa z tego względu, że pokazuje, że nie ważne który raz zostajesz mamą, smutek poporodowy i tak może Cię dotknąć.

Agata: tak, dotykał mnie za każdym razem, ale z różnym natężeniem. Zdaję sobie sprawę że mam to szczęscie, że mam rodziców, z którymi mam dobre relacje, i oni są w dobrym zdrowiu, więc bardzo dużo mi pomagają. Na pewno jest mi dzięki temu dużo łatwiej.

Sylwia: dzieliłaś się ze swoimi bliskimi trudnymi emocjami od razu?

Agata: na początku to było trudne, bo sama nie wiedziałam co się ze mną dzieje. Mąż się o to pytał, a ja nie potrafiłam powiedzieć o co chodzi. Ale gdy już poczytałam o Baby Bluesie i zrozumiałam co się dzieje, to było o wiele łatwiej. On też szybko to zrozumiał.

Sylwia: wspominałaś o tym, że czytałaś o Baby Bluesie i to bardzo Ci pomogło. W szpitalu nie spotkałaś się z edukacją na ten temat?

Agata: nie. Dobrze wspominam położne i opiekę w szpitalu, ale nie było rozmów na temat emocji.

Sylwia: co byś powiedziała kobietom, które dopada Baby Blues?

Agata: przede wszystkim, żeby mówiły o tym i z nadzieją patrzyły na koniec. Mnie wizja tego, że jest to etap przejsciowy, bardzo pomagała, zwłaszcza po każdym kolejnym porodzie. Wiedziałam, że to się kiedyś skończy. Fajnie jest to sobie właśnie w taki sposób zracjonalizować, że w dużej mierze to hormony, które miną i będzie pięknie. Warto też prosic o pomoc przy codziennych czynnosciach, tak aby trochę siebie odciążyć.

Sylwia: bardzo Ci dziękuję za rozmowę. Twoja historia pokazuje nam, że smutek poporodowy może występować niezależnie od liczby porodów, ale świadomość naszych uczuć zdecydowanie wpływa na jego przebieg.

„Doświadczenie ojcostwa – że mężczyzna staje się ojcem – nie można porównać do doświadczenia macierzyństwa. Matką staje się stopniowo, w wielomiesięcznym procesie, kobieta dorasta do tej myśli i roli, w miarę jak dziecko w niej rośnie. Ojciec zaś staje się ojcem nagle, z dnia na dzień, z godziny na godzinę, w jednej chwili spada to na niego jak ostrze gilotyny oddzielające czas nie ojcostwa od czasu ojcostwa. Gdy po raz pierwszy weźmie dziecko na ręce, wtedy uwierzy w jego realność. Nie istnieje u mężczyzn stan błogosławiony. Nie noszą ciąży. Nie doświadczają ojcostwa we własnym ciele. Nie można się przygotować.”

Jacek Dukaj, Lód

EMOCJE OJCA

Gorsze samopoczucie po narodzinach dziecka jest głównie przypisywane kobietom, tymczasem Baby Blues dotyka około 10% ojców. Aż 26% mężczyzn cierpi na depresję okołoporodową, a 11% doświadcza lęków. Statystyki te pokazują, że ojcostwo często okazuje się ogromnym wyzwaniem, na które wielu mężczyzn nie jest przygotowanych zarówno psychicznie jak i fizycznie. Narodziny dziecka zmieniają relacje między partnerami i często przewracają życie do góry nogami. Potrzeba czasu, aby na nowo poukładać życie rodzinne, poświęcając przy tym sporo energii, a często nawet, stosując pewne wyrzeczenie wobec własnej osoby na rzecz dziecka, które właśnie przyszło na świat. Nagle cała uwaga jest skupiana na noworodku i młodej mamie, przez co uczucia ojca są najczęściej niezauważalne. Tymczasem mężczyzna zaczyna zdawać sobie sprawę z tego, że ojcostwo to ogromna odpowiedzialność, która przynosi wiele zmian w dotychczasowym życiu. Młody tata może mieć obawy, czy sprosta nowym wyzwaniom i czy będzie dobrym ojcem. U obojga rodziców pojawia się zmęczenie, co powoduje zauważalną zmianę w relacji między partnerami, którzy nie mają dla siebie już tak dużo czasu jak przed narodzinami dziecka. Związek poddawany jest większym próbom stresu i braku komunikacji, nie wspominając o intymności. Młoda mama poświęca mnóstwo czasu dziecku, przez co mężczyzna może czuć się osamotniony i zepchnięty na drugi plan. Sprawy nie ułatwia też zmęczenie i sen inny niż dotychczas. Na ojcu spoczywa odpowiedzialność za rodzinę, zaspokojenie potrzeb materialnych oraz opieka nad partnerką i dzieckiem. Czasem te naciski są zbyt silne i mężczyźnie ciężko jest pogodzić życie rodzinne z zawodowym, a kiedy stara się to robić – w znacznej mierze zaniedbuje swoje potrzeby. Przyjęło się, że młoda mama może być zmęczona, rozdrażniona i smutna. W przypadku mężczyzn, w szczególności młodego ojca, przyzwolenie na gorsze samopoczucie i problemy ze zdrowiem psychicznym jest już mniejsze. Zgodnie z panującymi stereotypami, mężczyzna musi być zdrowy, silny i odważny, a płacz jest zarezerwowany tylko dla kobiet i dzieci. Takie myślenie jest bardzo krzywdzące i w jego efekcie mężczyźni cierpią w samotności lub wypierają swoje niedyspozycje. Natłok obowiązków, które nagle spadają na młodych rodziców, adaptacja do nowych warunków, zmęczenie i stres, które towarzyszą im po narodzinach dziecka często powodują, że partnerzy zaczynają się od siebie oddalać i każdy z nich na swój sposób radzi sobie z emocjami. Nie ma już tyle czasu na rozmowę, przez co dochodzi do wielu konfliktów i nieporozumień. Każdy z rodziców traktuje swoje uczucia i obowiązki bardzo personalnie, a często zapomina o tym, że druga strona też może czuć się źle i nie radzić sobie z wieloma rzeczami. Wywołuje to poczucie niezrozumienia i osamotnienia, a to z kolei wpływa na jeszcze gorsze samopoczucie. Dlatego tak ważna jest rozmowa i komunikowanie swoich potrzeb i obaw. Rozmowy, które przeprowadziłam z mężczyznami pokazują mi, że nie zależnie od własnego samopoczucia martwią się o swoje partnerki, ale bardzo często nie mówią im tego wprost i najzwyczajniej nie wiedzą, jak się zachować. Podjęcie poważnej rozmowy bywa trudne, szczególnie jeżeli ma to być rozmowa o emocjach. Mężczyzna często widzi zmęczenie i bezradność swojej żony, jednak nie wie, jak może jej pomóc. Często też brak jasnej komunikacji i ukrywanie emocji ze strony świeżo upieczonej mamy powoduje, że nie widać, że zmaga się z jakimiś trudnościami, w których należałoby jej pomóc i przez to również nie zdaje sobie sprawy z tego, że jej partner znalazł się w podobnej sytuacji. Czekanie na to aż ktoś się domyśli, że potrzebuję pomocy, nie jest dobrym rozwiązaniem. Dlatego powinniśmy dbać o siebie samych i o siebie nawzajem. Po narodzinach dziecka należy unikać kategoryzacji, kto jest ważniejszy – dziecko czy rodzic. Jeśli chcemy zdrowych relacji w naszej rodzinie, to wszyscy powinniśmy być w odpowiedni sposób zaopiekowani. Takiej opieki potrzebuje zarówno dziecko, mama jak i tato. Dlatego zarówno kobieta, jak i mężczyzna powinni zdawać sobie sprawę z tego, że ojciec też może czuć się zagubiony w nowej rzeczywistości i nie powinien mieć sobie tego za złe, a już napewno nie traktować tego jako swojej słabości. Więc Drogi Tato, wiedz, że Ty również możesz czuć się źle i również możesz, a nawet powinieneś poprosić o pomoc. Jeśli będziesz miał możliwość rozmowy z jakimś mężczyzną, który już jest ojcem, zapewne zauważysz, że nie tylko Tobie bywa ciężko odnaleźć się w roli rodzica. Dlatego daj sobie trochę czasu i wyrozumiałości. Tymczasem zapraszam

Was do rozmowy z Tomkiem, który pokazuje męski punkt widzenia podczas tej nowej drogi w życiu, jaką jest rodzicielstwo.

Tomasz, 37 lat
Ojciec dwojga dzieci

Sylwia: zacznijmy od tego, czy zdawaliście sobie z żoną sprawę, jak wiele trudności niesie za sobą bycie rodzicem?

Tomek: nie. Skala trudności, która pojawiła się po narodzinach dziecka kompletnie nas przerosła. Tego chyba nie da się wytłumaczyć komuś, kto nie ma dzieci, bo raczej nie uwierzy. Chodziliśmy do szkoły rodzenia, ale sporo rzeczy, które tam usłyszeliśmy, okazały się jedną wielką fikcją. To jest trochę tak jak rodzice lub osoby starsze z Twojego otoczenia dają Ci rady, a Ty nie słuchasz i musisz się na czymś sparzyć, żeby dojść do wniosku – a trzeba było posłuchać. Więc nawet jakby ktoś mi tłumaczył, jak może wyglądać ten czas po narodzinach dziecka – wielkość tego wszystkiego, skala trudności i złożoność problemów – to bym powiedział, że to nie możliwe, bo jak ludzie mogą świadomie decydować się na posiadanie dzieci, skoro to Wszystko się z tym wiąże. Myślę, że gdyby nie mądrość matki natury i miłość do dziecka, to rodzice by nie wytrzymywali i się poddawali. Uważam, że przed zajściem w ciążę najważniejsze jest uświadomienie, z czym mentalnie będą się mierzyć rodzice. To jest naprawdę najważniejsze. Tutaj nie ma co liczyć na racjonalną rozmowę z żoną, która ma rozregulowane hormony. Nie ma co liczyć na jakieś logiczne wyciąganie wniosków, bo tam wchodzą w grę tylko emocje, a to nie ma nic wspólnego z racjonalnym myśleniem. Oboje nie spodziewaliśmy się, że po narodzinach córki będzie tak ciężko. Gdybyśmy chociaż trochę byli na to przygotowani i zaznajomieni z tymi wszystkimi emocjami, które mogą nas spotkać, to byłoby na pewno trochę łatwiej. Może zapobiegłoby to takiemu uczuciu, jakbyśmy nagle znaleźli się na zupełnie innej planecie. Patrzyłem na żonę, a widziałem przed sobą jakąś obcą osobę, która siedzi przede mną na kanapie, płacze i domaga się uwagi. Dlatego teraz uważam, że najważniejsze jest to, aby uświadomić rodziców, że będzie ciężko.

Sylwia: do tej pory obserwuję, że w szkołach rodzenia jest bardzo duże skupienie na przygotowaniu do porodu i samym porodzie.

Tomek: tak, pewnie jest to potrzebne, chociaż widziałem np. po swojej żonie, że ostatnie, o czym pamiętała podczas porodu, to jak ma oddychać.

Sylwia: cała ciąża i poród przebiegały w sposób prawidłowy?

Tomek: raczej tak. Tylko ostatni tydzień przed porodem moja żona spędziła na oddziale patologii ciąży ze względu na małą wagę dziecka. Ale dało mi to dużo spokoju, bo wiedziałem, że jest pod opieką specjalistów. Nie miałem w sobie presji, takiego wyczekiwania, że jak poród się zacznie to co mam zrobić, żeby dojechać na czas do szpitala. Później sam poród przebiegł dosyć szybko.

Sylwia: i zapewne też szybko wróciliście do domu... Jak wyglądał ten czas pierwszych, wspólnych chwil?

Tomek: dosyć intensywnie. Wszystko kręciło się wokół dziecka.

Sylwia: czy od razu zauważyłeś, że z żoną dzieje się coś niedobrego po porodzie?

Tomek: nie. Na początku nic nie widziałem. Generalnie jak próbuję wrócić pamięcią do tych pierwszych dni, to prawie nic nie pamiętam. To jest na zasadzie przebłysków. Należę do tych mężczyzn, którzy przy dzieciach robią wszystko. Gdy tylko byłem w domu, to przed niczym się nie uchylałem. No wiadomo, jak przez pierwsze miesiące dziecko było karmione piersią, to tego nie mogłem zastąpić, ale jak już przeszliśmy na butelkę, to demokratycznie z żoną w nocy wstawaliśmy na zmianę. Także nie unikałem odpowiedzialności związanej z opieką nad dzieckiem, a mimo wszystko ten czas po porodzie moja żona przeszła ciężko.

Sylwia: kiedy zacząłeś zauważać, że żona ma spadek formy?

Tomek: jak było już grubo. Nie widziałem tego wcześniej. Nie wiem czy nie chciałem zauważyć, czy sam byłem tak zestresowany, że nie dostrzegałem tej bezradności u żony. Myślę, że wszystko po trochu.

Sylwia: no i zapewne musiałeś wrócić do pracy.

Tomek: tak. Ogólnie powrót do pracy nagle stał się dla mnie wielkim priorytetem. Podobnie jak pozostałe rzeczy typu zrobienie zakupów czy skoszenie trawy na działce. Taki wysiłek, który wkładasz w opiekę nad dzieckiem, nie jest łatwy i czasem inna praca staje się odskocznią.

Sylwia: a w relacjach z żoną czułeś się w pewien sposób odtrącony albo zazdrosny po tym jak pojawiło się dziecko?

Tomek: wydaje mi się, że trochę się tego spodziewałem i jakoś nie odczułem tego mocno. Rozumiałem, że jesteśmy na takim etapie życia, gdzie wszystko kręci się wokół dziecka i to nie było jakieś trudne dla mnie. Przybrałem postawę takiej nienachalnej pomocy. Nie narzucałem się, ale jak tylko żona o coś poprosiła, to jej pomagałem. Zdarzały się sytuacje kiedy byłem bardzo zmęczony i pytałem, czy to musi być już, i wtedy leciała wiązanka, że tak – to ma być teraz. W każdym bądź razie to, w jak słabej kondycji psychicznej jest moja żona, zobaczyłem po fakcie. Któregoś razu wróciłem z pracy i wszedłem do salonu, a tam na kanapie siedziała moja żona w stanie najgorszym z możliwych. Zaryczana, zasmarkana, z dzieckiem na rękach i powiedziała tylko „ja nie daję rady". I wtedy dostałem strasznego strzała. Wziąłem szybko dziecko, żeby ona mogła wstać, ogarnąć się i odpocząć.

Sylwia: to był dla Ciebie taki moment przełomowy?

Tomek: tak.

Sylwia: jednocześnie zobaczyłeś i usłyszałeś, że coś jest nie tak.

Tomek: tak. Nie widziałem narastania tego. Zacząłem się zastanawiać, dlaczego mi to umknęło. Jak to się dzieje, że to tak powoli narasta niezauważone. Nie było jakiejś eskalacji, żebym wcześniej mógł to zauważyć. Spędzałem coraz więcej czasu poza domem, bo uznałem, że wszystko jest ogarnięte – a jak wracałem – to pomagałem, ile mogłem. Pozwalałem sobie na coraz więcej, bo mając tę świadomość, albo chcąc w to wierzyć, i chyba bardziej to drugie, że w domu jest wszystko ok. Aż nagle taka sytuacja się zadziała, czego kompletnie się nie spodziewałem. I taka refleksja mi przyszła do głowy, taki apel do młodych mam, żeby waliły prosto, dużymi literami i nie zastanawiały się, czy to zostanie odebrane dobrze czy źle. Moja żona powiedziała wprost „jak mi nie pomożesz, to ja sobie nie poradzę". To dla mnie sprawa stała się jasna. Aż teraz na to wspomnienie przechodzą mnie ciarki, ale wtedy to postawiło mnie w stan takiej mobilizacji. Także trzeba jasno komunikować swoje potrzeby. A jeszcze zanim dojdzie do wszystkiego to upewnić się, że ten drugi człowiek rozumie, czego się od niego oczekuje.

Sylwia: myślę, że to bardzo ważny apel. Obserwuję, że albo kobietom jest ciężko przyznać się do tego, że sobie nie radzą, albo wychodzą z założenia, że partner powinien o tym wiedzieć.

Tomek: nie, nie idźcie tą drogą. To nie jest czas na domysły. Taką postawą kobiety same robią sobie krzywdę.

Sylwia: wspomniałeś o tym, że wydawało Ci się, że wszystko jest ok. To co widziałeś na to wskazywało i jak nastąpił ten moment przełomowy, to otworzyło to trochę Twoją żonę do rozmów? Mówiła, z jakimi trudnościami się boryka?

Tomek: wiem, że ten bezsilny krzyk kiedy mi wyrzuciła, że nie daje sobie rady, był dla niej trudny. A dla mnie to było takie poproszenie o pomoc, którą ona powinna mieć z automatu. Nie powinno dojść do sytuacji kiedy żona prosi o pomoc. Odnoszę wrażenie, że dla niej to było rozczarowanie, że ona o tę pomoc musi poprosić. I potem, o ile dobrze pamiętam, było kilka dni takiej ciszy i mojego pokutowania, zanim ona otrząsnęła się z tych emocji. Dostała wsparcie, którego potrzebowała i mogła się trochę ogarnąć. Ale dopiero po kilku dniach powiedziała mi, o co dokładnie chodzi.

Sylwia: pamiętasz, po jakim czasie od porodu to było?

Tomek: nie pamiętam dokładnie. Wydaje mi się, że około miesiąca.

Sylwia: porozmawiajmy teraz chwilę o objawach, jakie wskazywały na Baby Bluesa u Twojej żony.

Tomek: widziałem ciągłe poddenerwowanie, może smutek, ale wtedy interpretowałem to jako zmęczenie. Do momentu kiedy nie znalazłem jej zapłakanej, to nazwałbym to takim zniecierpliwieniem i irytacją. Były sytuacje, które odbierałem jako takie: „a daj mi święty spokój, ja sama sobie poradzę". I wtedy zamiast się zreflektować – to odpuściłem. To trochę na takiej zasadzie, że jak ktoś jest na Ciebie najeżony, a Ty wystawiasz rękę, i raz się ukłujesz, drugi raz się ukłujesz, to myślisz – no dobra, to daje spokój. I wtedy następuje taki rozjazd, a jakbym usłyszał „weź się chłopie ogarnij i pomóż mi", to na pewno zaoszczędziłoby to nam wielu cierpień. Szczególnie żonie.

Sylwia: oddaliliście się trochę od siebie?

Tomek: tak. Wtedy każdy, jakby wyspecjalizował się w czymś, ona to, a ja to. Tego styku nie było za wiele. Emocjonalnie był rozjazd, zero rozmowy. Niby ze sobą, ale obok siebie.

Sylwia: patrząc na to wszystko z perspektywy czasu, to czego brakowało Wam wtedy? Byliście w stanie zrobić coś inaczej?

Tomek: wtedy zrobiłem to, co potrafiłem zrobić. Zresztą chyba każdy tak postępuje. Moja żona też robiła tak, jak umiała robić. To, co bym teraz powiedział tamtemu sobie, to żeby mieć świadomość, że nie będzie łatwo. Ale nie chodzi o przygotowanie na te wszystkie techniczne rzeczy, ale to, że będziesz miał pod dachem potencjalnie największego wroga, z którym nie możesz walczyć i ten poziom frustracji i beznadziejności jest przytłaczający. Chcesz pomóc, ale ktoś się na Ciebie jeży, więc w pewnym momencie myślisz, a walić to, ale znowu wiesz, że musisz pomóc i próbujesz znowu i znowu dostajesz strzała, to już nie wiesz o co chodzi. Gdyby mi ktoś wtedy powiedział – słuchaj, Twoja żona po porodzie może nie być sobą, będą targały nią różne emocje, nad którymi nie będzie panowała i może być Wam z tym ciężko – to byłoby inaczej. Natomiast kobieta przy wyjściu ze szpitala powinna dostawać plakat z napisem „mów co czujesz i nie każ się domyślać".

Sylwia: świetne spostrzeżenie! Widzę, że naprawdę jest duży problem w tym, że kobiety nie mówią o swoim złym samopoczuciu. Nie chcą okazać słabości i nie chcą być osądzane.

Tomek: zupełnie niepotrzebnie. Nie widzę sensu w tym, dlaczego mają męczyć się ze swoim smutkiem i tyloma trudnymi emocjami – same.

Sylwia: pamiętasz kiedy wszystko zaczęło wracać do normy?

Tomek: ogólnie zauważyliśmy, że zaczęło być łatwiej wtedy, kiedy dziecko miało tak rok, półtora roku. Wtedy było już bardziej komunikatywne i my jako rodzice umieliśmy szybciej odczytywać i reagować na jego potrzeby. Wtedy zaczęliśmy czerpać taką prawdziwą radość. Bo wcześniej powiedziałbym, że to była w dużej mierze ekscytacja w takiej grubej otulinie stresu, który tłumił tę radość.

Sylwia: jesteś w stanie sobie przypomnieć, po jakim czasie Twoja żona zaczęła wracać do formy? Miała mniej kryzysów, a okazywała właśnie taką spontaniczną radość? To też okolice roku czy wcześniej?

Tomek: wydaje mi się, że wcześniej. Widziałem taki postęp, jak dostawaliśmy więcej pomocy i kiedy żona zaczynała wychodzić gdzieś sama. Mogła się pomalować i wyskoczyć z dresów. Robienie takich rzeczy, których do tej pory jej brakowało, powrót do bycia kobietą, a nie tylko matką.

Sylwia: a po narodzinach drugiego dziecka było inaczej?

Tomek: zupełnie inaczej. Wiedzieliśmy już, czego możemy się spodziewać i było w nas więcej spokoju.

Sylwia: a wydawać by się mogło, że będzie ciężej, bo pojawia się noworodek, a w domu jest już trzyletnie dziecko, które wymaga przecież jeszcze dużo uwagi.

Tomek: tak, ale nie było tylu nowych rzeczy i tylu stresów tym generowanych. To było zupełnie co innego.

Sylwia: a żonie towarzyszyły jakieś trudne emocje, był problem z organizacją życia na nowo?

Tomek: wiele rzeczy było intuicyjnych i u mnie, i u żony. Na pewno było więcej rozmów między nami. Było nieco rozchwiań, ale bez porównania mniejszych niż po pierwszym porodzie. Ja też odrobiłem pracę domową i wiedziałem jakich błędów nie popełniać. I przede wszystkim oboje byliśmy mentalnie gotowi na to, co może nas spotkać, a tego najbardziej zabrakło nam przy pierwszym dziecku.

Sylwia: a gdy był taki patowy moment w złym samopoczuciu żony po pierwszym porodzie, to potrzebowaliście pomocy z zewnątrz czy pomogło jej już samo wypowiedzenie przez nią tego, z czym się mierzy?

Tomek: wiesz co, nie przyszło mi do głowy, żeby poszukać pomocy u specjalisty. Moja świadomość była na tyle niska, że nie wpadłem na to. Słyszałem o terminie Baby Blues, że jest to ciężki temat, ale dla mnie było to odległe. Nie sądziłem, że przyjdzie się z tym mierzyć mojej żonie. Myślę, że w takich momentach często też wchodzą w grę takie sytuacje pokoleniowe, kiedy mamy świadomość albo słyszymy wprost, że nasi rodzice czy dziadkowie mieli po kilkoro dzieci i dawali sobie radę. To sobie myślisz – kurde no jestem jakiś wybrakowany czy wybrakowana, że mnie to przerasta. Młodzi rodzice są trochę zakneblowani takimi stereotypami. Uważam, że takie wsparcie mentalne powinno być jeszcze na etapie ciąży. Żeby tłumaczyć nie tylko fizjologiczne kwestie, ale także te natury psychicznej. Teraz nawet bym się nie zawahał, żeby poprosić o pomoc. Nawet wolałbym, żeby żona porozmawiała z kimś obcym i w ten sposób ode mnie odpoczęła. Nie wiem czy się o tym mówi, czy nie mówi, ale taka 24-godzinna wzajemna obecność jest bardzo irytująca i dochodzi do wielu przepychanek. Więc ta higiena psychiczna jest ultra ważna. To jest zrzucenie wielkiego ciężaru.

Sylwia: tak. Poruszyłeś ważny temat, który dotyczy stereotypów. Od matki wręcz wymaga się, że ma sobie radzić w każdej sytuacji i być jeszcze przy tym szczęśliwa, a to bardzo blokuje przed tym, żeby się przyznać, że coś jest nie tak. I ważne jest takie uświadomienie, że to jest tylko etap przejściowy w naszym życiu i im szybciej poradzimy sobie z tymi trudnymi emocjami, tym szybciej zaczniemy się cieszyć naszym rodzicielstwem.

Tomek: osoba, która nie przeżyła tylu trudnych emocji, nie wie, z czym się będzie mierzyć. Ja, wiedząc już, głośno o tym mówię, bo uważam, że ta rozmowa jest niezbędna, a jeżeli nie potrafimy sobie poradzić, powinniśmy o te pomoc poprosić specjalistę. Można sobie zaoszczędzić niepotrzebnego cierpienia. A to cierpienie często potęguje brak zrozumienia tego, co się ze mną dzieje i robi się błędne koło. Ciężko oczekiwać logicznego działania od kobiety, która ma rozjechane hormony albo od mężczyzny, który jest owładnięty stresem. Potrzeba dużego zrozumienia samego siebie, siebie nawzajem i tematu Baby Bluesa. To nie jest tak, że tylko Ty sobie nie radzisz, a w takich sytuacjach najczęściej tak to odbieramy.

Sylwia: dziękuję Ci za rozmowę. Wśród naszych historii okołoporodowych męski punkt widzenia jest niezwykle ważny. Kobieta najczęściej jest bardzo skupiona na opiece nad dzieckiem i swoich emocjach, które nie do końca rozumie, przez co odsuwa się od swojego partnera. Tymczasem powinniśmy pamiętać, że on też mierzy się z wieloma trudnościami, a do tego jeszcze powinien być wsparciem dla swojej żony i dziecka. To duża odpowiedzialność i presja, która może prowadzić do wielu frustracji.

BABY BLUES
CO O NIM WIEMY?

Baby Blues jest określeniem na smutek poporodowy, który pojawia się po narodzinach dziecka. Szacuje się, że mierzy się z nim nawet do 80% kobiet. Literatura podaje, że zły stan emocjonalny występuje zazwyczaj w ciągu 10 dni po porodzie, a szczytowe nasilenie objawów następuje w 4-5 dobie. Jednak z moich obserwacji podczas pracy z młodymi mamami wynika, że u wielu kobiet złe samopoczucie utrzymuje się znacznie dłużej, niż mówią o tym statystyki — nawet do 3 miesięcy po porodzie. Należy przy tym pamiętać, że każda kobieta ten czas może przeżywać inaczej, zmagając się przy tym z różnymi emocjami, które odczuwana swój własny sposób oraz z różną częstotliwością i nasileniem. Niekiedy objawy rozbicia emocjonalnego mogą przejść dość szybko i łagodnie — wręcz niezauważalnie, co powoduje, że kobieta od razu odnajduje się w roli mamy. Jednak o wiele częściej kobiety czują się zagubione i rozbite emocjonalnie, co znacznie wpływa na jakość ich życia.

PRZYCZYNY BABY BLUES

Jako przyczynę pojawienia się Baby Blues dużą rolę przypisuje się zmianom hormonalnym, które zachodzą u kobiety tuż po porodzie. Chodzi przede wszystkim o spadek stężenia progesteronu i kortykotropiny oraz nagły wzrost oksytocyny i prolaktyny. Taka zmiana poziomu hormonów może spowodować przejściowe zaburzenia w funkcjonowaniu organizmu, a zwłaszcza układu nerwowego.

Za ważną przyczynę Baby Blues uważa się również stres związany z ciążą i porodem, a następnie pojawienie się nowego członka rodziny i nadmiar obowiązków, który temu towarzyszy. Kobieta, szczególnie gdy po raz pierwszy zostaje mamą, może odczuwać niepewność, czy w prawidłowy sposób opiekuje się dzieckiem oraz czy sprawdzi się w nowej roli. Dodatkowo u młodych mam często pojawiają się problemy z laktacją oraz przykre dolegliwości połogowe. Wszystko to powoduje skrajne uczucie przemęczenia, które potęguje złe samopoczucie. Przy czym objawy Baby Blues mogą dotyczyć nie tylko sfery psychicznej, ale również fizycznej, powodując różnego rodzaju dolegliwości somatyczne.

Do najczęstszych OBJAWÓW BABY BLUES zalicza się
- zmienność nastroju
- płaczliwość
- uczucie ciągłego smutku
- uczucie rozbicia
- uczucie lęku
- bezradność
- obwinianie się
- strach o zdrowie/życie swoje lub dziecka
- ciągłe zmęczenie
- problemy z koncentracją
- gonitwa negatywnych myśli
- błędna ocena sytuacji
- brak cierpliwości
- poczucie przytłoczenia
- niechęć do rozmowy
- unikanie towarzystwa
- zaburzenia snu
- brak apetytu

Do najczęstszych OBJAWÓW SOMATYCZNYCH zalicza się
- bóle i/lub zawroty głowy
- bóle brzucha
- bóle w klatce piersiowej
- bóle mięśniowe
- mdłości
- uczucie duszności
- nadmierna reakcja układu autonomicznego — pocenie się, zimne ręce, biegunka, suchość w ustach, tachykardia, bradykardia, kołatanie serca

Kobiety często nie zdają sobie sprawy z tego, że czas ciąży, porodu i połogu jest bardzo obciążającym czasem dla ich organizmu zarówno pod względem fizycznym, jak i emocjonalnym. To etap naszego życia kiedy nie powinnyśmy oczekiwać od siebie zbyt wiele. Za to wtedy niezmiernie ważne jest, aby zaakceptować swoje uczucia i dać sobie czas na odpoczynek tak często, jak tylko jest to możliwe. Przyszłe mamy w dużej mierze nie są przygotowane na to co je czeka po porodzie. Nie rozumieją swoich uczuć i emocji, co wprowadza je w jeszcze większy niepokój.

- Dlaczego jestem smutna? Przecież wszystko jest ok.

A jednak smutek jest dominującym uczuciem w połogu. Młoda mama nie potrafi dokładnie sprecyzować, z czego on wynika, ale jest na tyle silny, że wywołuje płacz. I płacz jest zupełnie normalny w połogu! Powiem więcej — jest nawet wskazany, dlatego że daje ujście wszystkim negatywnym emocjom i spięciom.

Kolejną rzeczą jest już wspominany niepokój i podobnie jak smutek jest bliżej nieokreślony. Nie potrafimy określić, z czego wynikają nasze lęki i czego tak naprawdę się boimy, ale wywołuje to w nas duże spięcie i wprowadza w czas oczekiwania na to, że stanie się coś złego. Może to być związane ze strachem o życie lub zdrowie swoje lub nowo narodzonego dziecka, ale nie koniecznie. Zazwyczaj jest to bliżej nieokreślony lęk.

Huśtawka nastroju dotyka niemal wszystkie kobiety po porodzie. Mamy niemal z łatwością przechodzą od stanu rozdrażnienia, smutku i niepokoju do uczucia szczęścia, które wywołuje wybuchy radości. Może wydawać się to dziwne, ale ten stan również jest naturalną koleją rzeczy, za którą odpowiadają buzujące w nas hormony.

Wszystkie wymienione emocje przyczyniają się do problemów z koncentracją i pamięcią. No ale powiedz mi, jak Ty chcesz błyszczeć intelektem po tym, jak i w Tobie, i wokół Ciebie zaszło tyle zmian? Organizm odzyskuje równowagę po porodzie, adaptujesz się do nowych warunków, organizując Wasze życie rodzinne na nowo, doświadczasz mnóstwa emocji, których nie rozumiesz, uczysz się rozpoznawać potrzeby nowo narodzonego dziecka i jesteś przy tym wszystkim zmęczona i niewyspana. Moja rada? Zacznij od akceptacji tego, że wszystko, o czym tu napisałam, jest normą po porodzie. Masz prawo do tego, żeby czuć się źle. Masz prawo do tego, żeby zaopiekować się nie tylko nowo narodzonym dzieckiem, ale również i sobą. Masz prawo do tego, żeby ponarzekać i podzielić się z kimś swoimi obawami.

DEPRESJA POPORODOWA

Stan depresji poporodowej jest stanem znacznie poważniejszym i przede wszystkim trwającym dłużej niż Baby Blues. Szacuje się, że dotyka około 20% kobiet po porodzie. Jednak warto zaznaczyć, że dokładna liczba jest trudna do określenia ze względu na to, że nie wszystkie mamy zjawiają się z tym problemem u specjalisty. Ryzyko wystąpienia depresji jest największe w ciągu pierwszych 4-8 tygodni po porodzie, ale swoje szczytowe nasilenie zazwyczaj osiąga od 3 do 6 miesięcy później. Złe samopoczucie może utrzymywać się przez kilka miesięcy, a nawet dłużej niż rok po narodzinach dziecka.

Źródłem stresu po porodzie mogą być zmiany w wielu aspektach życia kobiety. Każda matka inaczej przechodzi przez proces adaptacyjny związany z narodzinami dziecka i nie każda jest w stanie sama poradzić sobie z emocjami, z którymi przychodzi jej się mierzyć. Z pewnością wiele trudności niesie za sobą sytuacja kiedy kobietom brakuje wsparcia ze strony męża, partnera bądź najbliższej rodziny. Często też kobiety generują w sobie niepotrzebne napięcie przez to, że pragną zrealizować scenariusz „idealnej matki". Kobiety, szczególnie te, które rodziły po raz pierwszy, mogą nie zdawać sobie sprawy, że to czego doświadczają, wykracza poza normę stanu psychicznego i fizycznego kobiety po porodzie. Zwłaszcza, że matki cierpiące na depresję najczęściej opiekują się swoimi dziećmi bez zarzutu, jednak ich działania w dużej mierze są mechaniczne i nie przynoszą im radości. Czasem trudno zarówno osobie z zewnątrz, jak i samej matce ocenić, czy chodzi o zmęczenie wynikające z depresji, czy depresję wynikającą ze zmęczenia. Sama depresja jest uwarunkowana wieloczynnikowo i poza naszym usposobieniem oraz środowiskiem, w którym funkcjonujemy.

Do najważniejszych czynników ryzyka depresji poporodowej zalicza się
- wcześniej przebytą depresję
- przedłużający się i nasilający smutek poporodowy — potocznie zwany Baby Blues
- występowanie w rodzinie poporodowych zaburzeń nastroju

- wysoki poziom lęku w ciąży
- stresujące wydarzenia życiowe w trakcie ciąży i w okresie poporodowym
- samotne macierzyństwo
- brak wsparcia ze strony partnera i rodziny
- złe relacje z matką
- niechciana czy nieplanowana ciąża
- ciężki poród
- złe wspomnienia z sali porodowej związane z zachowaniem personelu lub brakiem komunikacji
- poważne problemy zdrowotne u nowo narodzonego dziecka
- wcześniejsze poronienia lub narodziny martwych dzieci

Odbieranie świata, w przypadku kobiety cierpiącej na depresję poporodową, jest kwestią bardzo indywidualną.

Do najczęstszych objawów klinicznych zalicza się
- głębokie przygnębienie i płaczliwość
- drażliwość
- problemy z koncentracją
- ciągłe uczucie zmęczenia i osłabienia
- izolacja, unikanie kontaktu
- trudności w podejmowaniu decyzji
- przeraźliwy lęk o zdrowie lub życie swoje albo dziecka
- negatywne myśli związane z własną osobą
- przekonanie o braku predyspozycji do bycia matką
- poczucie winy
- zaburzenia snu
- trudności w wykonywaniu najprostszych czynności
- utratę zainteresowania życiem oraz trudności w odczuwaniu radości
- zaburzenia apetytu
- myśli samobójcze
- myśli o wyrządzeniu krzywdy dziecku
- różnorakie objawy somatyczne

Nasilenie depresji poporodowej bywa różne. Jej oznaką może być na przykład: zmęczenie, rozkojarzenie, poczucie winy, pobudzenie lub spowolnienie reakcji. Matka może być przestraszona i nieszczęśliwa. Mogą pojawić się stany lękowe i ataki paniki. Złe samopoczucie, które występuje przy depresji, znacznie utrudnia codzienne funkcjonowanie. Wywołuje również ogromne cierpienie i odbiera nadzieję na lepsze dni. Dlatego niezwykle ważne jest to, aby osoba dotknięta depresją nie zwlekała z szukaniem pomocy. U kobiety po porodzie temat jest jeszcze bardziej złożony, gdyż ta powinna zadbać nie tylko o siebie, ale i o swoje nowo narodzone dziecko, a opieka nad nim wymaga dużo energii i zaangażowania. Jak ma to robić, gdy jej przygnębienie jest na tyle duże, że brakuje jej chęci do życia? Jeśli więc czujesz, że nie dajesz sobie rady sama ze wszystkim, co na Ciebie spadło, to nie zwlekaj z tym, aby udać się na wizytę do psychiatry. Rozmowa ze specjalistą i odpowiednio dobrane leki sprawią, że poczujesz się lepiej. O możliwościach, jakie niesie za sobą taka wizyta, dowiesz się z rozdziału, w którym jest rozmowa z lekarzem psychiatrą dr. Adamem Domagałą. Rozwiewa w niej wiele wątpliwości i stereotypów związanych z wizytą u psychiatry i ewentualnym leczeniem, jeśli jest ono konieczne.

Młoda mama powinna zdać sobie sprawę z tego, że nie ma w tym jej winy, że czuje się źle i boryka się z depresją poporodową. Nie oznacza to, że jest złą matką czy nie kocha wystarczająco swojego dziecka. Swój stan powinna traktować jako chwilową niedyspozycję, przy której wymaga wsparcia ze strony specjalistów oraz najbliższego otoczenia. Leczenie depresji jest niezwykle ważne dla samej kobiety, ale również jej nowo narodzonego dziecka oraz partnera. Kobieta dotknięta chorobą ma trudności w nawiązywaniu więzi emocjonalnej z maluchem, a wzajemne oddziaływanie między matką a dzieckiem odgrywa kluczową rolę w budowaniu bezpiecznej więzi i zdrowego rozwoju dziecka. Dlatego istotne jest, aby kobiety cierpiące na depresję poporodową otrzymały odpowiednie wsparcie i leczenie, tak aby móc szybko wrócić do dobrego samopoczucia i zacząć się cieszyć z macierzyństwa. Takim wsparciem może być pomoc specjalisty, ale również utrzymywanie bliskich relacji z rodziną i przyjaciółmi. Otoczenie, które wspiera, pomaga i zachęca do leczenia, zmniejsza poczucie osamotnienia u kobiety, co daje jej więcej motywacji i podnosi poczucie własnej wartości. Jednak kobieta, która obserwuje u siebie objawy depresji poporodowej, powinna wziąć pod uwagę to, że nie zawsze może to być widoczne dla jej bliskich, dlatego tak bardzo ważne jest, aby jasno komunikowała swoje złe samopoczucie i obawy z nim związane.

Do rozpoznania depresji poporodowej służą specjalne narzędzia diagnostyczne. Jednym z najpopularniejszych i ogólnodostępnych jest Edynburska Skala Depresji Poporodowej.
Pozwala ona zdiagnozować i ocenić nasilenie objawów depresji oraz wspomaga monitorowanie stanu psychicznego kobiety po porodzie.
Każda z młodych mam może sama wypełnić taki kwestionariusz, jednak niezależnie od wyniku należy pamiętać, że jest on narzędziem pomocniczym i nie zastępuje badania lekarskiego.
Wynik testu wskazujący na możliwość występowania depresji poporodowej należy skonsultować z lekarzem, który podejmie decyzję co do dalszej diagnostyki bądź wdrożenia leczenia.

EDYNBURSKA SKALA DEPRESJI POPORODOWEJ

1. Byłam zdolna do radości i dostrzegania radosnych stron życia
    - tak często jak zazwyczaj (0 punktów)
    - trochę rzadziej niż zwykle (1 punkt)
    - zdecydowanie rzadziej niż zwykle (2 punkty)
    - zupełnie nie byłam zdolna do radości (3 punkty)
2. Patrzyłam w przyszłość z nadzieją
    - tak jak zawsze (0 punktów)
    - rzadziej niż zawsze (1 punkt)
    - zdecydowanie rzadziej niż zwykle (2 punkty)
    - nie potrafiłam patrzeć w przyszłość z nadzieją (3 punkty)
3. Obwiniałam się niepotrzebnie, gdy coś mi się nie udawało
    - tak, w większości przypadków (3 punkty)
    - tak, czasami (2 punkty)
    - rzadko (1 punkt)
    - wcale (0 punktów)
4. Bez istotnej przyczyny odczuwałam lęk i niepokoiłam się
    - zupełnie nie (0 punktów)
    - raczej nie (1 punkt)
    - czasami (2 punkty)
    - tak, bardzo często (3 punkty)
5. Czułam się przestraszona i wpadałam w panikę bez większych powodów
    - tak, często (3 punkty)
    - czasami (2 punkty)
    - nie, raczej nie (1 punkt)
    - nie, nigdy (0 punktów)
6. Wydarzenia przerastały mnie
    - tak, prawie wcale nie dawałam sobie rady (3 punkty)
    - czasami nie radziłam sobie tak dobrze jak zwykle (2 punkty)
    - przez większość czasu radziłam sobie dobrze (1 punkt)
    - radziłam sobie tak dobrze jak zwykle (0 punktów)
7. Czułam się tak nieszczęśliwa, że nie mogłam spać w nocy

- tak, przez większość czasu (3 punkty)
- tak, czasami (2 punkty)
- rzadko (1 punkt)
- nie, wcale nie (0 punktów)

8. Czułam się samotna i nieszczęśliwa
- tak, przez większość czasu (3 punkty)
- tak, dość często (2 punkty)
- niezbyt często (1 punkt)
- nie, wcale nie (0 punktów)

9. Czułam się tak nieszczęśliwa, że płakałam
- tak, przez większość czasu (3 punkty)
- tak, dość często (2 punkty)
- tylko sporadycznie (1 punkt)
- nie, wcale nie (0 punktów)

10. Zdarzało się, że myślałam o zrobieniu sobie krzywdy
- tak, dość często (3 punkty)
- czasami (2 punkty)
- bardzo rzadko (1 punkt)
- nigdy (0 punktów)

Kobieta, która uzyska wynik 12 lub więcej punktów, powinna skorzystać z konsultacji psychologa lub psychiatry, gdyż istnieje duże prawdopodobieństwo, że cierpi na depresję poporodową.

Jednak uzyskany wynik nie jest równoznaczny z diagnozą depresji – takie rozpoznanie może postawić dopiero psychiatra po osobistym zbadaniu pacjentki.

Czy Matce wolno powiedzieć, że jest zmęczona swoim dzieckiem? Czy Matka może być niepewna swojej miłości do dziecka? Odpowiedź na oba pytania brzmi: TAK! Mimo to o tych kwestiach tak naprawdę nigdy się nie mówi...

WYOBRAŻENIA A RZECZYWISTOŚĆ

Narodziny dziecka są zawsze niezwykle ważnym wydarzeniem w życiu rodziny. Nie ma tu znaczenia czy to Twoje pierwsze, czy kolejne dziecko, bo to, co się dzieje potem, jest kwestią bardzo indywidualną. Dlatego w tym czasie największe znaczenie mają Twoje emocje i uczucia, które tuż po porodzie mogą Cię bardzo zaskakiwać. Z reguły po narodzinach dziecka kobiety przeżywają stan euforii, kiedy to są jednocześnie bardzo zmęczone, ale i pobudzone. Ciało jest wyczerpane po wielkim wysiłku, a umysł przepełnia energia. Nie możesz zasnąć, bo mózg działa na podwyższonych obrotach. Przyglądasz się nowo narodzonemu dziecku i możesz odczuwać wrażenie nierealności wszystkiego, co się dzieje wokół.

Nasze otoczenie i kultura narzucają świeżo upieczonej mamie obowiązek odczuwania obezwładniającego szczęścia i miłości. Tymczasem młoda Matka często zastanawia się nad tym co jest nie tak, że dziecko wydaje jej się obce, a ona nie czuje fali zalewającego jej uczucia względem dziecka. Warto zwrócić uwagę na to, że serce Matki nie zawsze przepełnia miłość od pierwszego krzyku noworodka na sali porodowej. Zwłaszcza gdy poród był trudny bądź szczególnie bolesny, to pierwszym uczuciem może być po prostu ulga, że mamy to już za sobą.

Dla mnie jest to zupełnie normalne. Za Tobą jest ogromny wysiłek, a teraz — nagle spada na Ciebie fala nieznanych dotąd uczuć. W tym czasie często też bierze górę zmęczenie i oszołomienie przez co, widząc swoje nowo narodzone dziecko, nie czujesz miłości od pierwszego wejrzenia. I zamiast tej miłości rozpierającej serce możesz czuć ból rozpierający Twoje ciało, właśnie na tym etapie to uczucie jest częste. Równie dobrze możesz czuć się zagubiona, jakby nic do Ciebie nie docierało. Wszystkie te uczucia mogą się ze sobą mieszać albo przechodzić jedne w drugie.

Wiele kobiet przeraża ich samopoczucie i reakcje. Jest to dla nich coś nowego, coś — czego nie da się przewidzieć i ciężko zrozumieć. Zaczynają wątpić w swoje siły i umiejętności. Przerażenie opanowuje umysł, a zdolność do logicznego myślenia nagle gdzieś znika. Najczęściej wynika to z tego, że kobiety bardzo skupiają się na czasie ciąży i samym porodzie, nie zdając sobie sprawy z tego, co może je czekać później. Pamiętaj, że poród jest jednym z bardziej ekstremalnych doświadczeń, jakie są z udziałem kobiecych ciał i powrót do normalności trwa trochę dłużej niż chwilę, bo teraz Twój organizm stoi przed kolejnym wyzwaniem — połogiem.

Połogiem nazywamy czas pierwszych 6-8 tygodni po narodzinach dziecka. Jest to czas wielu przemian zarówno w życiu mamy jak i w jej organizmie. Dochodzi wtedy do szeregu zmian, które mają na celu powrócenie do stanu sprzed ciąży. Cała gospodarka hormonalna ulega zmianie, obkurcza się macica, goją się rany — krocza lub po cięciu cesarskim. To również czas wielu zmian pod względem emocjonalnym i właściwie one rozpoczynają się od razu po narodzinach dziecka.

Powrót do domu z noworodkiem oznacza organizację naszego życia na nowo. Zmienia się praktycznie wszystko, łącznie z Tobą i Twoim partnerem. Nie możesz doczekać się wyjścia ze szpitala tymczasem gdy już jesteś w domu, to nie bardzo wiesz, co masz zrobić ze sobą i z dzieckiem. Twoje pierwsze chwile po powrocie, czyli 3-4 doba po porodzie, to czas kiedy smutek poporodowy ma najczęściej swoje szczytowe nasilenie. Wiąże się to z zaburzeniem poczucia bezpieczeństwa, które dawał Ci szpitalny oddział. Pierwsze dni z noworodkiem w domu i tak bywają stresujące, więc gdy dodatkowo pojawiają się u Ciebie niechciane uczucia, których być może wcześniej nie doświadczałaś, może to znacznie potęgować poczucie strachu. W tym czasie świeżo upieczeni rodzice często czują się zagubieni i przestraszeni. Rosnąca niepewność skłania ich do szukania nowych źródeł wiedzy, a informacje — na które trafiają — często bywają sprzeczne.

W dzisiejszych czasach nie brakuje poradników i instrukcji dotyczących opieki nad dzieckiem. Wręcz przeciwnie — wybór jest ogromny, co paradoksalnie nie ułatwia nam zadania. Z mojego doświadczenia jako mamy oraz z licznych rozmów z kobietami podczas sesji — wiem, że ciężko jest trafić na takiego noworodka, jaki jest opisany w tych książkach. Rzeczywistość bywa inna, bo każde dziecko jest inne. Przyjęło się, że noworodek tylko je i śpi, tymczasem często jest tak, że dziecko mało śpi albo jego sen jest przerywany, a niekiedy właściwie ciężko nazwać to snem. Do tej pory nie rozumiem powiedzenia „spać jak dziecko". Cała trójka moich dzieci nie spała, co było dla mnie bardzo wyczerpujące. Przez długi czas myślałam, że coś musi być nie tak i ze mną, i z dziećmi. Tak jak wiele mam porównywałam się do innych. I nagle zrozumiałam, że przecież ja nie znam prawdziwego życia osób, do których się porównuję. Widzę tylko jakąś część podczas krótkiego spotkania albo zdjęcia w mediach społecznościowych.

I właśnie media społecznościowe są tematem, nad którym warto się zatrzymać i uświadomić sobie, że tam toczy się zupełnie inne życie. Czy prawdziwe? — Wątpię! Czy ma na nas wpływ? — Tak, ogromny! Wyrządza nam również ogromną krzywdę, wprawiając w poczucie niewystarczalności i odgrywa się to na wielu płaszczyznach. Widzisz kobiety, które na pozór już wróciły do formy. Są zadbane i tryskają szczęściem, tymczasem u Ciebie nadal jest kilka kilogramów nadwagi, a Twoją codziennością są dresy. Widzisz zdjęcia małżonków w objęciach, podczas gdy Ty ze swoim mężem nie masz nawet kiedy rozmawiać, a co dopiero pozować do zdjęć. Widzisz piękne bobaski, tymczasem Ty nie masz ani czasu, ani ochoty robić stu zdjęć swojemu dziecku, aby wybrać to jedno, na którym wygląda najlepiej. To normalne i takich przykładów może być mnóstwo. I tutaj się powtórzę — widzisz tylko zdjęcie, a nie wiesz jakie emocje się za nim kryją.

Zapewniam Cię, że każda kobieta na co dzień mierzy się z wieloma trudnościami, o których nie mówi. Troska, rozczarowanie i złość dopadają już na początku rodzicielskiej drogi, a rodziców może dziwić rozpiętość emocji, z którymi się mierzą. Emocje są oznaką naszych potrzeb i jedną z nich jest kontakt z drugim człowiekiem. Po narodzinach dziecka najczęściej nasze relacje towarzyskie bardzo się rozluźniają. Jesteśmy tak pochłonięci organizacją naszego życia rodzinnego na nowo, że siłą rzeczy możemy nie mieć ani czasu, ani ochoty na to, aby z kimś się spotkać czy porozmawiać. Jednak zachęcam Cię, żebyś nie odcinała się całkiem od życia, które prowadziłaś przed ciążą. Kontakt z drugim człowiekiem jest bardzo ważny. Wymiana doświadczeń rodzicielskich z kobietami z rodziny czy przyjaciółkami może mieć działanie terapeutyczne. Chociaż czasem lepiej, żeby niektóre z rad wpadały jednym uchem, a wypadały drugim, to i tak warto rozmawiać. Uczucie ulgi staje się wręcz fizycznie odczuwalne kiedy trudnymi chwilami możemy podzielić się z kimś, kto nas wysłucha i zrozumie. Jeżeli nie masz takiej osoby w swoim otoczeniu, warto skonsultować się ze specjalistą, który Cię wysłucha bez oceniania.

Mimo tego, że po narodzinach dziecka doświadczysz wielu emocji, których nie będziesz rozumiała, zmierzysz się z wieloma trudnościami, których się nie spodziewałaś i poczujesz się zagubiona i nieporadna, to pamiętaj — że to Ty znasz swoje dziecko najlepiej i nic nie możesz zepsuć, nic nie może się też nie udać, bo dla swojego dziecka jesteś najlepszą mamą na świecie. Ufaj i sobie, i dziecku. Pamiętaj, że macierzyństwo często ma niewiele wspólnego z ciepłym światem opowieści i bajek. Jest dużo bardziej codzienne i zwykłe. Poczucie winy to przyjaciel rodzicielstwa, ale mimo tego przestań się zadręczać. Najpewniej okaże się, że to, co teraz nie daje Ci spokoju, za jakiś czas nie będzie miało większego znaczenia, bo na wszystko spojrzysz inaczej. Nie zapominaj, żeby opiekować się nie tylko nowo narodzonym dzieckiem, ale również sobą. To bardzo ważne. Opieka nad dzieckiem właściwie na każdym etapie jego życia jest sporym wyzwaniem i ciężko będzie Ci cieszyć się z macierzyństwa, gdy będziesz wobec siebie za bardzo wymagająca. Pomyśl, że jest dobrze tak, jak jest, a Twoje wyobrażenie zacznie się urzeczywistniać. Zapewniam Cię, że możesz pomóc sobie sama, bo masz wszystko, czego potrzebujesz, ale zobaczysz to, gdy będziesz spokojna. I tego spokoju Ci życzę. Życzą Ci go również specjaliści, z którymi rozmawiałam. Zapraszam Cię więc do odczytania rozmów z ginekologiem, położną, psycholog i psychiatrą, którzy podzielą się z Tobą swoją wiedzą i doświadczeniem odnośnie smutku poporodowego, który jest tak częstym zjawiskiem wśród wielu mam.

ROZMOWY
ZE SPECJALISTAMI

Dr n. med. Rafał Ziemiński

fot. Agnieszka Kołodyńska - Jakowicka

Lekarz specjalista w dziedzinie położnictwa i ginekologii. Pracuje w Klinice Położnictwa i Patologii Ciąży Uniwersyteckiego Szpitala Klinicznego nr 1 w Lublinie. Jego pasją zawodową jest położnictwo i praca na trakcie porodowym. Wrodzona i nabyta empatia, a także fakt, że kiedyś o mało co nie został psychiatrą oraz pasja do pochłaniania książek psychologicznych sprawiają, że znany jest z dobrego kontaktu z pacjentkami i łatwości w poruszaniu z nimi trudnych tematów okołomedycznych*. W Klinice prowadzi badania na temat Baby Bluesa, w przyszłości zaś planuje dodatkową specjalizację z seksuologii. W wolnych chwilach żegluje po jeziorach mazurskich i wędruje po polskich górach.

Sylwia: zacznijmy od zdefiniowania tego, czym jest Baby Blues i czy takie pojęcie w ogóle funkcjonuje w medycynie?

Dr Rafał Ziemiński: Baby Blues, czyli przygnębienie poporodowe jest przejściowym stanem trudności emocjonalnych występującym u kobiety w pierwszych tygodniach po porodzie. W dużym uproszczeniu jest to sytuacja obniżenia nastroju i różnego rodzaju trudności adaptacyjnych związanych z porodem i połogiem. Temat emocji kobiet po porodzie jest mi bardzo bliski i przyglądam się mu od kilku lat. Przygnębienie poporodowe (dalej PP) jak najbardziej jest terminem medycznym, ma swoje udowodnione czynniki ryzyka oraz ramy czasowe, a także znamy mechanizmy hormonalne, które je wywołują. Problem w tym, że ta przypadłość nie została uwzględniona w klasyfikacji chorób ICD-11 i DSM-5, a w medycynie te klasyfikacje są dla lekarzy istotnym drogowskazem. Zresztą również częstość występowania przygnębienia poporodowego daje do myślenia. Dostępna literatura podaje rozbieżne dane na temat częstości występowania PP. Jednak wiele prac sugeruje, że ten stan może dotykać nawet ponad połowę populacji położnic. Wobec tego należy się zastanowić, czy PP jest w ogóle patologią, czy skoro dotyczy większości matek, to raczej należałoby je traktować jako wariant prawidłowego przebiegu połogu. Jednakże nawet jeżeli zakwalifikujemy je jako element fizjologii połogu, to i tak może ono przysporzyć kobiecie wielu poważnych trudności i być wstępem do depresji poporodowej. A niestety fakt, że nie jest to choroba, może sprawić, że personel medyczny nie poświęci temu stanowi należytej uwagi. Z pewnością to zagadnienie potrzebuje szerszej analizy. Na oddziale położniczym Szpitala Klinicznego nr 1 w Lublinie stworzyliśmy autorską ankietę dotyczącą PP. Wymieniliśmy w niej 15 objawów, które wg literatury są charakterystyczne dla niego.

Wobec braku uznanych powszechnie kryteriów diagnostycznych przyjęliśmy, że jeżeli kobieta po porodzie wskazuje na obecność więcej niż 5 z powyższych objawów, to diagnozujemy u niej przygnębienie poporodowe i poddajemy dalszej obserwacji. Natomiast gdy tych symptomów jest mniej, to jeszcze takiej diagnozy nie stawiamy, co nie oznacza, że ta sytuacja nie może ulec zmianie, np. po wyjściu ze szpitala w kolejnych tygodniach połogu. Należy pamiętać, że kobieta po urodzeniu dziecka wymaga szczególnie dużej troski i uważności ze strony personelu medycznego. Powinna zostać obserwowana nie tylko pod kątem jej somatycznego stanu zdrowia, ale również pod kątem problemów emocjonalnych.

Sylwia: myślę, że tego typu ankieta jest świetnym narzędziem do wykonania wstępnej oceny stanu emocjonalnego położnic. Jednak nasuwa mi się pytanie, czy w każdej sytuacji możemy liczyć na szczerość ze strony kobiety, która właśnie została mamą? Gdy po porodzie spotyka się z negatywnymi emocjami, których do tej pory nie znała, może odczuwać lęk przed tym, aby się do tego przyznać. Nie chce być oceniana albo obawia się, że ktoś może stwierdzić, że jej stan uniemożliwia sprawowanie opieki nad dzieckiem.

Dr Rafał Ziemiński: oczywiście istnieje możliwość, że kobieta może obawiać się, mówić szczerze o swoich trudnościach. Myślę, że taktowna i delikatna postawa lekarza ankietującego oraz wyjaśnienie celu przeprowadzania badania, zwiększa szansę na udzielenie szczerych odpowiedzi przez pacjentkę. Pamiętajmy, że z powodu licznych nowych zadań, z którymi musi sobie radzić świeżo upieczona mama, może się zdarzyć, że w ogóle nikt nie zapyta o jej stan psychiczny. Musimy pytać. Natomiast pytanie, jak sprawić, by podczas tej rozmowy kobieta czuła się na tyle bezpiecznie, by mogła mówić szczerze, to kolejne z naszych wyzwań.

Sylwia: z czego właściwie wynika przygnębienie poporodowe?

Dr Rafał Ziemiński: poród to jedno z intensywniejszych wydarzeń w życiu kobiety. Jest to przeżycie wyjątkowe i niezwykle piękne, ale również trudne, bo wiąże się z nim wiele lęku i bólu. Poród niesie za sobą cały szereg ogromnych zmian w życiu młodej mamy. Zmienia się jej ciało i psychika, a dotychczasowa codzienność wymaga częstych modyfikacji i podporządkowania pod proces opieki nad dzieckiem. Nagromadzenie tak silnych przeżyć sprawia, że mnóstwo położnic przeżywa problemy psychologiczne i trudności z adaptacją do nowych warunków, a coraz to nowe dylematy i wyzwania w połączeniu z permanentnym zmęczeniem i niedoborem snu potrafią być naprawdę przygnębiające. Dodatkowo niezwykle ważną rolę odgrywa tu gospodarka hormonalna, która w tym czasie szaleje. Po porodzie ilość hormonów we krwi zmienia się całkowicie. Tych ciążowych robi się znacznie mniej, inne z kolei zaczynają być produkowane w dużych ilościach. Gwałtownie spada poziom progesteronu i estrogenów. Jest to najczęściej przytaczana teza na wyjaśnienie złego samopoczucia. Poród jest też silnym stresorem, gdyż w jego trakcie wydziela się adrenalina, noradrenalina i kortyzol. Dodatkowo rośnie poziom prolaktyny i oksytocyny, co jest konieczne dla rozpoczęcia i utrzymania karmienia piersią. Zatem zmiany w gospodarce hormonalnej są naprawdę ogromne. Drugim aspektem, który odgrywa ważną rolę, jest siła więzi społecznych. Mam tu na myśli:

- po pierwsze, relację z partnerem
- po drugie, mocne więzi w rodzinie
- po trzecie, relacje przyjacielskie
- i po czwarte, systemowe wsparcie społeczne — czyli np. położna środowiskowa i lekarz.

Jeżeli powyższe potrzeby są zaspokojone, to kobiecie jest zdecydowanie łatwiej przejść przez różnego rodzaju trudności okołoporodowe. Natomiast gdy któregoś z tych elementów brakuje, wtedy istnieje większe ryzyko wystąpienia problemów emocjonalnych.

Sylwia: myślę, że to dobry moment na to, aby przejść do rozmowy na temat objawów, jakie mogą wskazywać na przygnębienie poporodowe.

Dr Rafał Ziemiński: zebrawszy wszystkie objawy wyodrębnione przez literaturę, do najczęstszych możemy zaliczyć

Zmienność nastroju
Obniżenie nastroju
Lęk — nie wiemy, czego się boimy i dlaczego się boimy
Zmęczenie
Senność
Trudności z zasypianiem
Negatywne myślenie
Drażliwość
Zaburzenia koncentracji

Niezdolność do odczuwania przyjemności
Utrata apetytu
Poczucie winy
Obniżone poczucie własnej wartości
Myśli rezygnacyjne

Sylwia: czy zdarza się, aby na wizycie popołogowej kobieta poruszała temat swojego złego samopoczucia psychicznego i dzieliła się z Panem wymienionymi objawami?

Dr Rafał Ziemiński: problem polega na tym, że takie wizyty trwają około 20-30 minut i w tym czasie, jest do poruszenia wiele kwestii medycznych, przez co niestety ciężko wygospodarować przestrzeń na rozmowy o wszystkich ważnych kwestiach. Na rozmowy o samopoczuciu psychicznym często potrzeba więcej czasu i tu pojawia się pytanie, z kim ta kobieta miałaby o tym rozmawiać? System rodzinny nie zawsze funkcjonuje wspaniale, a my o tym nie musimy wiedzieć. Pojawia się tu również kwestia opieki poporodowej. W momencie kiedy pacjentka wychodzi ze szpitala, wydaje się, że jest w miarę dobrej formie fizycznej i psychicznej i jeżeli nie dzieje się nic bardzo niepokojącego, to następny jej kontakt z lekarzem ginekologiem jest po zakończeniu okresu połogu, czyli 6 tygodni po porodzie. A w tym czasie może się wydarzyć naprawdę dużo. Wracając do Pani pytania — tak, niekiedy się zdarza, że kobieta sygnalizuje, że mierzy się z różnymi emocjami. Przyjąłem też, że z każdą pacjentką na wizycie poporodowej rozmawiam o współżyciu. Nie wszystkie kobiety poruszają ten temat same, być może adaptacja do nowych warunków rodzinnych generuje w nich duże zmęczenie i zmniejszenie potrzeb seksualnych w stosunku do jej poprzedniej normy. Czasem może im się wydawać, że jest na to za wcześnie lub po prostu może uważać ten temat za krępujący. Tak czy inaczej, rozmawiam z nimi o relacji partnerskiej, bo jeżeli nie pojawiły się żadne powikłania poporodowe, to jest dopuszczalne a wręcz rekomendowane, aby kobieta podjęła aktywność seksualną i żeby wszystko powoli wracało do normy. Próbuję tłumaczyć, że na początku może będzie inaczej niż przed porodem, może pojawiać się dyskomfort lub ból, mogą wystąpić problemy z podnieceniem i odpowiednim nawilżeniem. Ogólnie może być trochę dziwnie, ale nie musi. Kolejny problem jest taki, że dziecko wymaga dużo uwagi i ciężko jest wygospodarować trochę czasu dla siebie. Mimo wszystko trzeba próbować, a przy tym również wykazywać się wobec siebie nawzajem delikatnością, cierpliwością i wyrozumiałością, żeby uniknąć sytuacji, w której po kilku nieudanych próbach współżycia partnerzy zaczynają się od siebie oddalać. Przede wszystkim warto rozmawiać o nowej sytuacji, o swoich odczuciach, pragnieniach, potrzebach i obawach. Tutaj widzę dużą niezagospodarowaną niszę i czuję potrzebę, żeby o tym mówić. Należy pamiętać, że aktywność seksualna jest jedną z najzdrowszych aktywności ludzkich, a ponadto satysfakcja w tej dziedzinie jest niezbędnym elementem subiektywnego poczucia zdrowia.

Sylwia: na co dzień rozmawiam z wieloma kobietami, które są na wczesnym etapie macierzyństwa. Poruszamy wiele tematów, ale nigdy nie zdarzyło mi się rozmawiać na temat aktywności seksualnej. Ciekawe, z czego to wynika? Ze skrępowania? Chęci poczucia zapewnienia intymności? Czy zmęczenie i opieka nad dzieckiem bywają na tyle absorbujące, że kobiety nie przywiązują wagi do tematu intymności ze swoim partnerem?

Dr Rafał Ziemiński: jest to z pewnością jedno z delikatniejszych zagadnień, które może spędzać sen z powiek młodych mam i chyba po prostu warto zapytać, czy chciałaby na ten temat porozmawiać.

Sylwia: analizując różnego rodzaju statystyki, trafiam na informację, że przygnębienie poporodowe dotyka nawet do 80% kobiet po porodzie. Jest to ogromna skala. Czy Pana doświadczenie i obserwacje przychylają się do tych liczb?

Dr Rafał Ziemiński: przeglądając literaturę, najmniejsza liczba, na jaką trafiłem, jest jednocyfrowa, ale maksymalnie to rzeczywiście tak jak Pani mówi — nawet 80%. I właśnie z tego wynika pierwsza teza, że być może to nie jest patologia, tylko wariant przebiegu połogu, bo coś, co przechodzi 80% kobiet, nie może być chorobą. Myślę, że prawda jest gdzieś pośrodku. Na razie w klinice zrobiliśmy pilotażowe badania na 128 położnicach. Polegały one na tym, że badaliśmy pacjentki we wczesnym połogu, czyli 2-3 doba, później po tygodniu i po dwóch tygodniach, a jeżeli objawy się utrzymywały, to jeszcze po 6 tygodniach od narodzin dziecka, czyli wtedy, kiedy kończy się połóg. Jeżeli objawy wskazujące na przygnębienie poporodowe nadal się utrzymywały, to kwalifikowaliśmy pacjentkę jako kobietę o dużym ryzyku depresji poporodowej i kierowaliśmy ją na konsultację psychiatryczną. Wyniki naszego pilotażowego badania, które mamy zamiar jeszcze kontynuować, wskazywały, że we wczesnym połogu objawy przygnębienia poporodowego miało około 24% pacjentek, a do 6 tygodni po porodzie 4%. Warto wspomnieć, że nie ma powodu, by obawiać się wizyty u lekarza psychiatry i przypięcia łatki osoby cierpiącej na zaburzenia psychiczne. Zaburzenia nastroju dotykają wielu ludzi na świecie i nie jest to żaden powód do wstydu, a dobrze dobrane leki przeciwdepresyjne potrafią dawać wspaniałe efekty poprawy samopoczucia.

Sylwia: myślę, że to jest dobry moment, żeby przejść do rozmowy na temat długości trwania przygnębienia poporodowego. Literatura podaje, że objawy utrzymują się około 10 dni. Według moich obserwacji jest to zdecydowanie dłużej.

Dr Rafał Ziemiński: teoretycznie kiedy mamy objawy obniżenia nastroju utrzymujące się powyżej 2 tygodni, to jest to już podłoże do klinicznego rozpoznania depresji, jednak chyba dojdziemy do wspólnych wniosków, że połóg trzeba traktować troszkę inaczej.

Sylwia: tak. Podczas konsultacji z kobietami widzę, że objawy przygnębienia poporodowego najczęściej trwają tyle samo czasu co połóg — czyli około 6 tygodni. Kobiety często nawiązują do tego, że lepiej się czują po wizycie kontrolnej u lekarza prowadzącego ciążę. Tak jakby czekały na potwierdzenie od lekarza, że wszystko jest ok. Druga kwestia to stabilizacja laktacji, która trwa właśnie około 6 tygodni i w tym czasie u kobiet jest też spore zamieszanie w gospodarce hormonalnej, co może powodować zmienność nastrojów.

Dr Rafał Ziemiński: zgadza się, mam podobne spostrzeżenia i też trochę idąc za intuicją — w naszym badaniu również tak do tego podeszliśmy. Jeżeli objawy utrzymywały się powyżej dwóch tygodni, to nie oznacza, że jest to jakaś ciężka patologia, jednakże trzeba taką kobietę objąć baczniejszą obserwacją.

Sylwia: obserwuję, że objawy PP często nasilają się po wyjściu kobiety ze szpitala. Wydaje mi się, że wynika to z tego, że w szpitalu jest komfort psychiczny związany z opieką na oddziale — są położne i lekarze, więc kobieta czuje się zaopiekowana, a po wyjściu do domu pojawia się wiele wątpliwości. Dochodzi też narastające zmęczenie, co najczęściej prowadzi do nasilenia złego samopoczucia.

Dr Rafał Ziemiński: Czynników może być mnóstwo. Wielu autorów badań sugeruje powiązanie występowania PP z niskim poziomem wsparcia rodzinnego w okresie połogu i wskazują na częstsze występowanie w kulturze zachodniej (Stein i in. 1980). Inni autorzy opisują kluczowy wpływ stresujących i trudnych wydarzeń podczas ciąży w etiologii PP, wskazując również na dominującą rolę występowania zaburzeń psychicznych, przede wszystkim depresji, przed i podczas ciąży, jako czynnika ryzyka (Gonidakis 2007). Niski poziom wsparcia i niska socjalizacja w dzieciństwie ma również zwiększać częstość występowania PP (Murata i in. 1998). Opisano także zależność między doświadczeniem silnego bólu porodowego, a Baby Blues (Boudou 2007). Nie będzie zaskakujące, że kobiety, które urodziły dzieci z wadami wrodzonymi lub innymi problemami zdrowotnymi, wydają się być bardziej podatne na wystąpienie przygnębienia poporodowego. Wywiad rodzinny w kierunku depresji również podnosi ryzyko wystąpienia PP (Gale i in. 2003). Z przeglądu literatury wykonanego dla bazy danych UpToDate wynika, że jako czynniki ryzyka PP wymieniane są również: występowanie przed ciążą zespołu napięcia przedmiesiączkowego, występowanie zaburzeń nastroju jako działanie niepożądane antykoncepcji hormonalnej i stres związany ze sprawowaniem opieki nad dzieckiem. Zwraca się uwagę na istotny wpływ karmienia piersią, jako czynnika poprawiającego nastrój i zmniejszającego ryzyko występowania PP. Literatura podaje też statystyki dotyczące liczby dzieci w rodzinie i o dziwo wskazuje, że u kobiet mających więcej dzieci zwiększa się ryzyko PP, zwłaszcza gdy odstępy między kolejnymi porodami są krótkie. Natomiast nasze doświadczenie i badania wskazują, że raczej przy pierwszych porodach kobiety mierzą się z większymi problemami emocjonalnymi.

Sylwia: zdecydowanie tak. Pierwszy poród niesie za sobą dużo więcej stresu, niewiadomych sytuacji oraz oczekiwań, które nie pokrywają się z rzeczywistością. Odnoszę wrażenie, że wiek też tu odgrywa sporą rolę. Im starsza kobieta, tym trudniej jest jej się zaadaptować do nowej sytuacji.

Dr Rafał Ziemiński: na to nie ma twardych danych, aczkolwiek należy stwierdzić, że zarówno ciąża u kobiet poniżej 18 roku życia, jak i ciąża u kobiet powyżej 35 roku życia jest z definicji ciążą podwyższonego ryzyka.

Sylwia: a czy widzi Pan zależność występowania smutku poporodowego, porównując ze sobą poród drogami natury z cięciem cesarskim?

Dr Rafał Ziemiński: jestem ogromnym zwolennikiem porodów drogami natury, co nie wynika wyłącznie z mojej prywatnej opinii i doświadczenia, ale z aktualnej wiedzy medycznej i obowiązujących nas rekomendacji towarzystw naukowych. Stale podkreśla się zbyt wysoki odsetek cięć cesarskich w polskiej populacji (ok. 43%) i konieczność jego redukcji. Przy braku przeciwwskazań, prawidłowej masie płodu i jego położeniu, prawidłowej budowie kanału rodnego kobiety, braku zagrożenia dobrostanu płodu i prawidłowym postępie porodu – poród drogami natury jest zdrowszy i bezpieczniejszy zarówno dla kobiety, jak i dla dziecka. Znajduje to potwierdzenie w obowiązujących rekomendacjach Polskiego Towarzystwa Ginekologów i Położników, które nie dopuszczają wykonywania cięcia cesarskiego bez wskazań medycznych wyłącznie na żądanie kobiety. Wszak jest ono poważnym zabiegiem operacyjnym, który wiąże się z istotnym ryzykiem powikłań chirurgicznych i położniczych. Jednak współcześnie umiemy sprawnie i bezpiecznie wykonywać tę operację, a należy pamiętać, że istnieje cały szereg przeciwwskazań do porodu drogami natury i często pojawiają się wskazania do rozwiązania ciąży cięciem cesarskim w sposób planowy... Również już po rozpoczęciu porodu drogami natury, może się okazać, że nie postępuje on prawidłowo, dziecko nieprawidłowo się wstawia do miednicy lub jego dobrostan jest zagrożony, wtedy wykonujemy cięcie cesarskie celem ratowania zdrowia i życia kobiety i dziecka. Wiem, że dla wielu kobiet poród drogami natury jest bardzo ważny i konieczność poddania się cięciu cesarskiemu mogą traktować jak osobistą porażkę. To niewątpliwie przykra i trudna sytuacja, jednak chciałbym zapewnić, że w Klinice Położnictwa i Patologii Ciąży na Staszica całym zespołem jesteśmy wielkimi zwolennikami porodów naturalnych. Uważam to za wielki sukces wieloletniego kierownika kliniki, pani profesor Anny Kwaśniewskiej, która jest wielką przyjaciółką kobiet i bardzo dba o to, byśmy postępowali zgodnie z etyką, bieżącą wiedzą medyczną i najlepiej pojętym dobrem naszych pacjentek. Znajduje to zresztą potwierdzenie w faktach — jesteśmy jedynym w województwie ośrodkiem, w którym wykonywane są zabiegi obrotu zewnętrznego, by zmienić nieprawidłowe położenie płodu i ustawić go główką do dołu oraz umożliwić poród drogami natury. A także wiodącym ośrodkiem wspierającym kobiety, które chcą rodzić drogami natury po uprzednio wykonanych cięciach cesarskich. Zatem proszę pamiętać, że sytuacja, gdy kobieta została zakwalifikowana do cięcia cesarskiego i nie udało się urodzić drogami natury, oznacza że cięcie było naprawdę konieczne ze względu na zagrożenie kobiety lub dziecka i nie ma tu mowy o winie lub porażce. Wręcz przeciwnie, uważam że wielkim sukcesem kobiety jest już szczęśliwe donoszenie ciąży i walka o bezpieczny poród niezależnie od tego, jaką drogą się on zakończy. Faktycznie cięcie cesarskie w porównaniu do porodu drogami natury jest wymieniane jako czynnik ryzyka PP, jednak warto wziąć pod uwagę fakt, że poród porodowi i cięcie cięciu nie są równe. Traumatyczny poród — podczas którego pacjentka doświadcza silnego bólu, ma zaburzone poczucie kontroli czy nie czuje wystarczającego wsparcia — to również czynniki, które zwiększają ryzyko wystąpienia PP. Weźmy pod uwagę również fakt, że kobiety mają różne poziomy wytrzymałości na ból. Niektóre Panie już w pierwszej dobie połogu wspominają poród jako najwspanialsze doświadczenie swojego życia, a są takie, które opisują go jako największą traumę i nie chcą nawet o tym myśleć. Tu muszę też wspomnieć, że jesteśmy jedynym ośrodkiem w województwie, w którym dostępne jest całodobowo znieczulenie zewnątrzoponowe porodu.

Sylwia: często spotykam się z tym, że kobiety były tak bardzo nastawione na poród drogami natury, że gdy zostają postawione przed koniecznością cięcia cesarskiego, to bardzo obwiniają się o to, że do tego cięcia doszło.

Dr Rafał Ziemiński: myślę, że może to wynikać z tego, z czym nie raz się spotkałem na różnych forach internetowych — że cięcie cesarskie to nie poród, tylko wydobyciny. Zobaczmy, jakie są skrajne postawy w społeczeństwie. Są pacjentki, które nie wyobrażają sobie porodu. Paraliżuje je strach albo chcą uniknąć tego ogromnego wysiłku i wolą, by ich ciąża była zakończona cięciem cesarskim. A są kobiety, dla których poród drogami natury to wręcz wyznacznik kobiecości i jak się to nie udaje, to odczuwają ogromne poczucie porażki.

Sylwia: wielokrotnie spotkałam się właśnie z tym poczuciem porażki związanym z porodem, który poszedł nie po myśli kobiety. Mówię tu o ogromnej chęci porodu siłami natury, który jak się okazało, z różnych względów nie był możliwy.

Dr Rafał Ziemiński: niestety, ale często tak bywa. Tak jak już mówiłem, jestem ogromnym zwolennikiem porodu siłami natury, jednak nie zawsze jest to możliwe. Podczas każdego porodu nadrzędne dla nas lekarzy jest zdrowie i życie kobiety i dziecka, dlatego jakiekolwiek ryzyko należy ograniczać do minimum i mimo szczerych chęci niekiedy cięcie cesarskie jest jedynym właściwym wyjściem.

Sylwia: bywa, że kobiety chcą to w jakiś sposób przegadać? Np. nawiązują rozmowę na ten temat podczas obchodu lekarskiego?

Dr Rafał Ziemiński: kiedy ja prowadzę wizytę na oddziale, to pierwsze moje pytanie brzmi „Jak się Pani czuje" i mam tu na myśli ogólne samopoczucie — zarówno fizyczne jak i psychiczne. Bywa, że pacjentki zgłaszają złe samopoczucie. Sprawując opiekę nad pacjentkami w oddziale położniczym, staramy się wychwycić wraz z paniami położnymi, które z pacjentek wymagają wsparcia psychologicznego. Często są to te, u których stwierdzamy czynniki ryzyka, np. ciężki poród czy jakiś problem z dzieckiem.

Sylwia: w jaki sposób kobieta może sama sobie poradzić z tymi trudnymi emocjami, jakie towarzyszą jej po porodzie?

Dr Rafał Ziemiński: pierwsza rzecz — wiedza. Konieczna jest świadomość tego, że takie zjawisko może mieć miejsce. Pozwoli się to trochę przygotować na to, co może nas spotkać, a przynajmniej nie będzie to wtedy wywoływało tak dużego zaskoczenia, zdezorientowania a wręcz strachu o to, co się ze mną dzieje. Druga rzecz — organizacja wsparcia społecznego, o czym już rozmawialiśmy. Wyrozumiałość ze strony partnera i najbliższego otoczenia jest w stanie czynić cuda. Podobnie jak relacje koleżeńskie, w których kobiety wentylują swoje emocje. Bardzo pomaga przegadanie swoich wątpliwości i trudności, z którymi się spotykają. W ten sposób nabierają przeświadczenia, że nie są z tym same, a wręcz widzą, że ich koleżanki borykają się z podobnymi problemami. I takie realne znajomości dają nam więcej korzyści niż treści, które widzimy na Instagramie. Media społecznościowe zalewają nas uśmiechniętymi mamami, z idealną figurą 3 tygodnie po porodzie. Szczytem wszystkiego były chyba zdjęcia księżnej Walii Kate Middleton, która w pierwszej dobie po porodzie w perfekcyjnym makijażu i kostiumie pozowała do sesji fotograficznej. To są bardzo toksyczne treści, które często nie odzwierciedlają rzeczywistości nawet samych kobiet, które biorą w nich udział.

Sylwia: w każdej rozmowie przeprowadzanej z kobietą w połogu poruszamy wątek mediów społecznościowych. Widzę to, jak bardzo kobietę potrafi przytłoczyć to, co widzi u innych. Nabiera tym samym przekonania, że z nią coś jest nie tak. Nie potrafi się zorganizować, nie jest wystarczająco dobra…

Dr Rafał Ziemiński: to absolutnie nie jest prawdą. Poród i czas połogu jest dla kobiety tak wielkim i wyczerpującym wydarzeniem, że ja sam niekiedy się zastanawiam jak to możliwe, że niektóre Panie nie mają przygnębienia poporodowego. Każda kobieta w tym czasie ma pełne prawo do lęku i niepewności czy sobie poradzi. A na pewno sobie poradzi, tylko potrzebuje trochę czasu, aby odnaleźć się w nowej sytuacji. A w drodze do tego może być płacz, zmęczenie, bezradność, a nawet marudzenie i fochy. Każda kobieta powinna sobie dać prawo do tych emocji. Być dla siebie wyrozumiałą. Dać sobie czas na przystosowanie się do nowej sytuacji. Istotna jest świadomość, że kobieta nie od razu stanie się najlepszą mamą na świecie, chociaż dla swojego dziecka i tak nią od początku jest. Niekiedy lęk i smutek może być na tyle duży, że przytłumi miłość macierzyńską i ważne jest to, aby nie mieć o to do siebie pretensji. Z biegiem czasu wszystko się ustabilizuje tak, że szczęście i satysfakcja zaczną się wlewać do Waszych serc powolnym, ale stałym strumieniem. Baby Blues jest zjawiskiem przemijającym. Należy jednak pamiętać, że problemy emocjonalne w połogu niekiedy są tak duże, że mogą być objawami poważniejszych, groźnych zaburzeń i przekształcać się w pełnoobjawową depresję lub nawet zaburzenia psychotyczne.

Sylwia: kiedy złe samopoczucie powinno kobietę zaniepokoić?

Dr Rafał Ziemiński: jeżeli smutek, brak sił do działania, bezsenność, pesymizm i niemożność odczuwania radości i przyjemności trwają dłużej niż kilka tygodni. Gdy dołączają do nich również takie objawy jak osłabienie lub nieumiejętność zbudowania więzi z dzieckiem albo wręcz myśli o zrobieniu krzywdy sobie lub dziecku – należy bezwzględnie zasięgnąć porady specjalisty. Niekiedy, aby móc normalnie funkcjonować i wrócić do pełni sił, może być konieczne rozpoczęcie przyjmowania leków. Oczywiście istnieją takie leki, które mogą pomóc w sytuacji kiedy zaburzenia nastroju są mocno nasilone. Filozofia farmakoterapii zarówno w ciąży, jak i laktacji jest taka, że staramy się zawsze ograniczyć liczbę leków, jaką podajemy, ale to jest zawsze bilans zysków i strat. Nie ma takiej substancji, która jest w 100% bezpieczna, ale zważywszy na to, że dobrostan, zdrowie, wręcz życie kobiety może być zagrożone, no to jest uzasadnione włączenie leczenia oczywiście po uprzedniej konsultacji z psychiatrą.

Sylwia: bardzo dziękuję za naszą rozmowę. Jestem pewna, że niejednej kobiecie pozwoli ona spojrzeć inaczej na poród, ale przede wszystkim na ten niełatwy czas, który po nim następuje. Cieszę się, że akurat z Panem miałam możliwość porozmawiać na temat przygnębienia poporodowego. Pana zaangażowanie w emocje kobiet po porodzie, jest nieocenione. Podobnie jak wiedza, którą zechciał się Pan z nami podzielić.

Justyna Kurębska
Położna i Certyfikowany Doradca Laktacyjny

Doświadczenie zdobywałam w przychodni lekarza rodzinnego, pracując jako położna środowiskowa oraz na Oddziale Położniczo-Noworodkowym i Oddziale Patologii Noworodka w Lubelskich Szpitalach. W 2007 roku ukończyłam kurs organizowany przez Komitet Upowszechniania Karmienia Piersią i uzyskałam tytuł Międzynarodowego Konsultanta Laktacyjnego IBCLC i od tego czasu prowadzę prywatną poradnię laktacyjną. Stale podnoszę swoje kwalifikacje zawodowe przez udział w szkoleniach i konferencjach naukowych. Obecnie aktualizuję swoją wiedzę w Centrum Nauki o Laktacji w Warszawie.

Sylwia: ma Pani 20-letnie doświadczenie jako położna. Czy na przestrzeni tych lat widzi Pani różnicę w częstotliwości występowania Baby Blues? Z czym się Pani najczęściej spotyka podczas rozmów z kobietami?

Justyna Kurębska: obserwuję, że w dzisiejszych czasach problem smutku poporodowego jest nasilony i dotyczy dużej liczby kobiet. Myślę, że w związku z tym powinny być prowadzone badania, dlaczego ten proces tak przybrał na sile i jak moglibyśmy mu zapobiegać. Mnóstwo kobiet nie radzi sobie ze swoimi emocjami, ale co gorsze — ciężko jest im się do tego przyznać w swoim najbliższym otoczeniu. Ciąża i poród to zarówno pod względem fizycznym jak i emocjonalnym ogromne wydarzenie w życiu każdej kobiety. A sam połóg bywa bardzo wyczerpujący. Poza zmianami, jakie zachodzą w gospodarce hormonalnej u młodej mamy, dochodzi poznanie i zaspokojenie potrzeb nowo narodzonego dziecka. Przez to proces adaptacyjny związany z nową sytuacją, jaka je spotyka, bywa trudny.

Sylwia: czy te trudności prowadzą do Baby Blues?

Justyna Kurębska: tak, ale lata mojej praktyki pokazały mi, że jest to temat dosyć szeroki i złożony. Z pewnością Baby Blues, czyli smutek poporodowy jest zjawiskiem, które występuje bardzo często, a czynników, które do niego prowadzą, może być cały szereg. Za główny uznaje się nagły spadek hormonów, do którego dochodzi po rozwiązaniu ciąży. Baby Blues zaczyna się zazwyczaj w drugiej dobie po porodzie i jest to niestabilność emocjonalna, która utrzymuje się przez około 6 tygodni. Mniej więcej po tym czasie to rozchwianie emocjonalne ustępuje i kobieta zarówno pod względem fizycznym, jak i emocjonalnym powinna już do siebie dojść. Jednak należy pamiętać, że za każdą kobietą stoi inna historia, a co za tym idzie także przebieg, intensywność i długość czasu, w którym może czuć się gorzej, mogą być różne. Niemniej jednak gdy złe samopoczucie się przeciąga albo znacznie nasila, to powinno to wzbudzić naszą czujność.

Sylwia: czy da się jakoś uchronić przed smutkiem poporodowym?

Justyna Kurębska: Nie do końca. Jednak można się w pewien sposób przygotować na tę okoliczność, bo już sama świadomość występowania Baby Bluesa wiele daje. Kobiety bardzo często bywają zaskoczone swoimi emocjami po porodzie i nie wiedzą co się z nimi dzieje. Obserwuję, że dzisiaj przyszłe matki bardzo często korzystają z edukacji w czasie ciąży. Zdecydowana większość chodzi na zajęcia do szkół rodzenia, gdzie bywają informowane o zjawisku smutku poporodowego. Mimo to w większości przypadków kobiety, będąc jeszcze w ciąży, nie przywiązują do tego większej uwagi. Na zajęciach skupiają się najbardziej na kwestiach dotyczących porodu i przygotowaniu wyprawki dla noworodka. Nie do końca zdają sobie sprawę, że czas po porodzie jest dosyć trudnym okresem adaptacyjnym także pod względem emocjonalnym. Dlatego ja, prowadząc zajęcia w szkole rodzenia, przywiązuję dużą wagę do tłumaczenia kobietom, że czas po porodzie jest szczególnie trudny emocjonalnie i wiąże się z dużym wysiłkiem fizycznym i psychicznym. Dlatego w tym okresie nie powinno się stawiać sobie zbyt wysoko poprzeczki. Nie mieć względem siebie dużych oczekiwań, bo niekiedy musi upłynąć sporo czasu, aby wszystko wokół nas na nowo zaczęło funkcjonować w sposób w miarę uporządkowany. Należy sobie uświadomić, że pojawienie się noworodka w domu wymaga przeorganizowania naszego życia i jest to zupełnie normalne.

Sylwia: odnoszę wrażenie, że wiele kobiet nie zdaje sobie z tego sprawy. Są rzeczy, których nie da się nauczyć z kursów czy książek. Można się z nimi zapoznać, oswoić, ale później w praktyce może to wyglądać zupełnie inaczej.

Justyna Kurębska: zgadza się. Kobietom wydaje się, że jak czytały poradniki dotyczące ciąży i porodu, to wszystko już wiedzą i niewiele będzie w stanie ich zaskoczyć. Tymczasem po porodzie i podczas wczesnego macierzyństwa historie są tak różne, że każdy mógłby napisać swoją książkę.

Sylwia: utkwiło mi w głowie takie stwierdzenie — które kiedyś usłyszałam — że jak rodzi się dziecko, to jest to dla Matki miłość od pierwszego wejrzenia. Tymczasem im więcej przeprowadzam rozmów z kobietami, tym bardziej widzę, że jest wręcz odwrotnie. Wiele kobiet przeraża to, że patrzą na nowo narodzone dziecko i nie czują fali zalewających je uczuć. Określają swoje emocje względem dziecka bardziej jako obojętne. Z czego to może wynikać?

Justyna Kurębska: w dzisiejszych czasach dość dużo porodów kończy się cięciem cesarskim, po którym często brakuje kontaktu skóra do skóry oraz pierwszego karmienia, co według mnie powoduje zaburzenia więzi matki z dzieckiem. I potem bardzo często się zdarza, że przez pierwsze tygodnie kobiety nie odczuwają miłości do dziecka w takim stopniu, jakby chciały, za co bardzo siebie obwiniają. Tymczasem jest to proces naturalny i za rozwój więzi nie odpowiada matka, tylko dziecko, bo to ono stymuluje tę więź. Przy drugim porodzie lub porodzie naturalnym instynkt macierzyński uruchamia się automatycznie w momencie przytulenia dziecka do piersi i wtedy zazwyczaj kobietę od razu zalewa fala uczuć. Przy pierwszym porodzie — szczególnie przez cięcie cesarskie — może tego nie być. Taka obojętność matki względem dziecka powoduje, że zaczyna się rozpędzać w poczuciu, że „coś jest ze mną nie tak". Dlatego już w ciąży należy mówić kobietom, że po porodzie mogą spotkać się z różnymi uczuciami względem dziecka, ale i względem siebie, i jest to zupełnie naturalne. Po porodzie niestabilność emocjonalna może być na tyle silna, że wiele kobiet odczuwa zaburzenia pamięci i koncentracji. Mogą też mieć zaburzenia apetytu i snu. Kobiety nie rozumieją swoich uczuć i nie spodziewają się, że ten proces jest tak trudny. Zaczynają się bardzo na tym skupiać i martwić, co wpływa na pogorszenie się ich stanu psychicznego. Czas połogu, czyli 6 tygodni od narodzin dziecka, jest bardzo specyficznym czasem, który niesie za sobą wiele trudności, ale należy pamiętać, że jest to stan przejściowy i matka w połogu może — a nawet powinna — płakać. Kobieta, która płacze zrzuca z siebie ciężar emocjonalny, z którym się mierzy i dla mnie jest to sytuacja absolutnie naturalna. Widok „nie do końca zorganizowanej" i płaczącej kobiety na wizycie popołogowej absolutnie mnie nie dziwi.

Sylwia: często widzi Pani płaczące matki?

Justyna Kurębska: tak, bardzo często. Natomiast gdy idę do matki, która jest kilka dni po porodzie, a wita mnie w pełnym makijażu i eleganckiej sukience, to potem często w trakcie rozmowy okazuje się, że to właśnie ona nie radzi sobie ze swoimi uczuciami i obowiązkami związanymi z opieką nad dzieckiem i chce przykryć to uśmiechem oraz ładnym wizerunkiem. A takie skrywanie emocji nigdy nie jest dobre, bo prowadzi do pogorszenia się złego samopoczucia. Kobieta myśli, że płacząc, okazuje swoją słabość i nie radzi sobie z opieką nad dzieckiem. Natomiast w rzeczywistości gdy płacze i opowiada o swoich lękach, to zrzuca z siebie ten ciężar. Podejmuje dialog, w którym ktoś może ją pocieszyć i pomóc.

Sylwia: dlaczego kobiety tak często ukrywają swoje uczucia?

Justyna Kurębska: wydaje mi się, że w dużej mierze ma na to wpływ to, że dzisiaj poród i stan po porodzie jest bardzo idealizowany. Zdjęcia szczęśliwych matek w mediach społecznościowych nie odzwierciedlają rzeczywistości, w jakiej znajdują się kobiety po porodzie. Dlatego potęguje to w nich uczucie bezradności i wzbudza przekonanie, że nie nadają się na matkę. Zapominamy o tym, że takie porównywanie siebie z ułamkiem czyjegoś życia, które widzimy w internecie, nigdy nie jest dobre i obiektywne.

Sylwia: wróćmy jeszcze do tego co się dzieje z kobietami po porodzie. Czy często są wtedy drażliwe?

Justyna Kurębska: tak, właściwie wszystkie kobiety po porodzie są drażliwe. Niejednokrotnie podczas rozmowy tłumaczę matkom, że drażliwość podobnie jak płacz też jest naturalnym stanem. Często, chcąc to zobrazować, używam takiego określenia, że w połogu ich układ nerwowy jest bardzo przeciążony i niestabilny, wręcz jakby znajdował się fizycznie bliżej powierzchni skóry. Dlatego kobieta może odczuwać rozpacz i radość w tym samym momencie. Sam układ nerwowy jest też dlatego tak bardzo wrażliwy, bo kobieta musi się nauczyć odpowiadać na potrzeby dziecka, a nadmierna wrażliwość powoduje, że matka jest bardziej na nie wyczulona. Podczas rozmów z młodymi mamami podkreślam wielokrotnie, że te uczucia, które pojawiają się po porodzie, i które kobiety uważają za złe, mają czemuś służyć. Żeby nie bać się tego płaczu i rozdrażnienia, bo jest to proces przejściowy. I właściwie im więcej płaczą, tym szybciej pozbędą się hormonów stresowych, które spłyną w łzach. Wtedy spadnie z nich napięcie i na pewno poradzą sobie z wychowaniem dziecka i będą dobrymi matkami. Minie te newralgiczne 6 tygodni i wszystko zacznie się normować. Trzeba pamiętać o tym, że wiele rzeczy przychodzi w sposób naturalny i z biegiem czasu.

Sylwia: i nie chodzi tu o liczbę poradników, które się przeczyta...

Justyna Kurębska: nie. Kiedyś kobiety nie umiały czytać i pisać, a świetnie radziły sobie z wychowywaniem dzieci. Ta wiedza była po prostu przekazywana z pokolenia na pokolenie. Obecnie matki często korzystają z internetu, a treści tam zawarte znacznie odbiegają od rzeczywistości i są bardzo wyidealizowane. Czas po porodzie nie wygląda jak ten pokazywany na Instagramie. Zresztą treści zawarte w wielu podręcznikach też nie mają odzwierciedlenia w codziennym życiu przeciętnej kobiety i jej nowo narodzonego dziecka. Powtarzam kobietom, żeby pamiętały, że noworodek nie czytał tej samej książki co one i nie wie, że ma np. 20 godzin spać a 4 godziny czuwać. Pracuję w zawodzie położnej ponad 20 lat i prawdę mówiąc, jeszcze nigdy nie widziałam takiego noworodka, jaki jest w tych książkach opisany.

Sylwia: to może potęgować u kobiety poczucie dezorientacji, bo nagle się okazuje, że po porodzie w jej życiu niewiele zgadza się z tym, na co się nastawiła.

Justyna Kurębska: tak, wprowadza to kobietę w niepotrzebne obwinianie się, że musi coś robić źle. A zapewne nie robi źle. Przypominam, że każda kobieta jest inna, podobnie jak i każde dziecko jest inne. Druga sprawa, że w programie szkoły rodzenia skupiono się na porodzie i tylko samym porodzie. Dlatego staram się przedstawić też różne scenariusze tego, co może nastąpić po porodzie. Powtarzam przyszłym matkom, że ciąża na pewno się skończy i poród na pewno nastąpi, ale to, co zaskakuje kobiety najbardziej, to trudny czas po porodzie. Kiedy matka próbuje podjąć opiekę nad noworodkiem, niejednokrotnie zaczyna odczuwać silną presję i odpowiedzialność, która czasami wręcz ją obezwładnia i odbiera poczucie pewności siebie. Czuje się osamotniona i bezradna. Wydaje jej się, że wszyscy dookoła radzą sobie lepiej od niej. Znowu zaczyna się porównywać i wytykać sobie błędy. Często nawet jej samej trudno nazwać uczucia, które jej towarzyszą. Bardzo utkwiły mi w głowie takie słowa, które kiedyś usłyszałam na szkoleniu, w którym uczestniczyłam. Prowadząca psychiatra powiedziała, że kobieta po porodzie jest jak szyba, która rozpadła się na tysiące kawałków i teraz trzeba pomóc jej się skleić. Dlatego podczas wizyty u kobiety w połogu próbuję pomóc nazwać uczucia, z którymi się mierzy. To jej ułatwia zrozumienie co się z nią dzieje.

Sylwia: czy widzi Pani jakąś zależność w występowaniu Baby Bluesa? Np. biorąc pod uwagę wiek kobiet?

Justyna Kurębska: myślę, że wiek kobiety, która rodzi dziecko, ma tu znaczenie. Teraz średnia wieku kobiet w Polsce, które rodzą po raz pierwszy — wzrosła, bo decydują się na macierzyństwo coraz później. Obecnie jest to około 28-30 roku życia. Pamiętajmy, że już nawet jeśli pominiemy czas ciąży, to sam poród jest ogromnym wysiłkiem i po nim przychodzi równie ogromne zmęczenie, którego kobieta się nie spodziewała. Im człowiek jest młodszy, tym ma więcej siły i szybciej się regeneruje. Sam poród jest męczący, a to przecież dopiero początek tego co nas czeka, bo po narodzinach dziecka kobieta potrzebuje cały czas energii, żeby się nim opiekować. Noworodek je minimum 8 razy na dobę, a karmienie zajmuje średnio godzinę. Więc 8 godzin, czyli cały etat, to tylko karmienie, a przecież jest też wiele innych obowiązków związanych z opieką nad dzieckiem. Poza tym młody człowiek ma mniejsze poczucie lęku i nie analizuje tak wszystkiego, dzięki czemu szybciej adaptuje się do nowej sytuacji.

Sylwia: a liczba urodzonych dzieci? Zmojego doświadczenia wynika, że z Baby Bluesem zdecydowanie częściej mierzą się kobiety po pierwszej ciąży.

Justyna Kurębska: tak, ja też obserwuję więcej trudnych emocji po pierwszym porodzie, gdzie wszystko jest nowe i nie do końca zrozumiałe. Gdy jest to kolejna ciąża, to te zawirowania najczęściej bywają chwilowe i w granicach normy. Przy drugim dziecku jest zdecydowanie mniejszy stres na poziomie noworodka, bo kobieta wiele rzeczy robi już odruchowo. Swobodnie przewija dziecko, wie, jak je nosić i ma już wypracowane swoje metody dotyczące opieki nad dzieckiem, ale i dotyczące swojego funkcjonowania. Zazwyczaj jest bardziej zorganizowana, mniej bojaźliwa i przede wszystkim ma już uruchomiony instynkt macierzyński i przelewa swoją miłość na drugie czy kolejne dziecko.

Sylwia: i ostatnia rzecz — przebieg porodu. Obserwuje Pani różnicę między porodem siłami natury, a cięciem cesarskim?

Justyna Kurębska: uważam, że rodzaj porodu najbardziej wpływa na to, jak kobieta później czuje się pod względem fizycznym i emocjonalnym. Obserwuję, że matki po porodzie naturalnym, z minimalną ilością medykalizacji od razu mają bardzo silny instynkt macierzyński, co sprawia, że krócej i łagodniej przechodzą Baby Blues. Natomiast po cięciu cesarskim bywa, że ta więź od początku jest zaburzona, o czym już opowiadałam na początku naszej rozmowy. Kolejna kwestia to przebieg porodu. Jeżeli był trudny, długi, z jakimiś komplikacjami — to ma to ogromny wpływ na późniejsze samopoczucie kobiety. Spotykam wiele matek, które wręcz mają traumę związaną z porodem. Te trudne doświadczenia potrafią zostać z nią na długo, co nasila jej zły stan emocjonalny.

Sylwia: zatrzymajmy się chwilę nad tym złym stanem emocjonalnym. Jakie widzi Pani najczęściej objawy związane z Baby Blues?

Justyna Kurębska: smutek, to jest to, co widzę najczęściej. Na twarzy widać też przygnębienie i zmęczenie. Kobiety bywają zdezorientowane i rozkojarzone, ciężko im zebrać myśli. Mają duży problem z decyzyjnością, są drażliwe i płaczliwe. Pojawia się strach. Bywa, że odczuwają silny lęk , że dziecku może się coś stać, to z kolei powoduje fiksację — czyli mama skupia się na jakimś temacie, który dla niej wydaje się być problemem i cały czas o nim mówi. Bardzo często jest to związane z karmieniem piersią — pojawiają się tu myśli czy dziecko się najada i czy prawidłowo przybiera na wadze. Emocje często biorą górę nad logicznym myśleniem. Kobiety mogą wręcz wpadać w nagłą panikę.

Sylwia: kobiety mówią wprost o swoich obawach? Złym samopoczuciu? Przytłaczających myślach?

Justyna Kurębska: na pewno widzę to po nich. Zdarza się też, że w trakcie wizyty zaczynają się otwierać i dzielić trudnymi emocjami, ale większości z nich przychodzi to z dużym trudem. Często swoje złe samopoczucie przypisują zmęczeniu, ale mówią też, że sobie nie radzą i wtedy rozmowę prowadzę w taki sposób, aby one same spróbowały nazwać uczucia, jakie im towarzyszą. Wtedy mówią właśnie o smutku, o lękach, rozkojarzeniu i napięciu, który stale odczuwają. Kobiety nakręcają się w swoim złym samopoczuciu, bo pojawiają się uczucia, których nie znają, nie rozumieją i których nie chcą. Skupiają się na tym, że źle się czują i zaczynają się czuć jeszcze gorzej.

Sylwia: dużą rolę odgrywa tu psychika?

Justyna Kurębska: z pewnością, bo przez rozchwianie emocjonalne oraz różnego rodzaju lęki tracimy poczucie bezpieczeństwa. Nie radzimy sobie ze swoimi emocjami względem siebie, ale również i dziecka, które mogą być różne. Często zamiast miłości i radości, że dziecko już jest z nami, bardziej odczuwamy presję związaną z opieką nad nim. Jednak obserwuję różnice w zachowaniu i samopoczuciu kobiet po porodzie naturalnym a cięciu cesarskim. Te pierwsze z reguły szybciej potrafią się pozbierać i rzadziej dotyka je Baby Blues — a jak się pojawia, to w zdecydowanie łagodniejszej postaci. Odnoszę wrażenie, że w trudach i bólu porodu szybciej budzi się instynkt macierzyński, a po cięciach cesarskich brakuje stymulacji mózgu, co powoduje jego zaburzenia i kobietom jest się trudniej pozbierać.

Sylwia: kobiety, które nastawiają się na poród naturalny, są bardzo rozczarowane jeśli musi dojść do cięcia. Bywa to dużym punktem zapalnym ich złego samopoczucia psychicznego i niestety później często również problemów z karmieniem.

Justyna Kurębska: tak, jest to sytuacja podwójnie trudna, bo nie udało jej się urodzić naturalnie i ma problemy związane z karmieniem piersią. Dochodzi do tego, że odczuwa podwójną porażkę — nie urodziłam i jeszcze nie potrafię karmić. Generuje to dużo stresu powodującego, że karmienie idzie jeszcze ciężej, a to z kolei podbija wyrzuty sumienia i wprowadza w taki stan, że nie jestem wystarczająca, nie radzę sobie i nie wiem, co mam robić z własnym dzieckiem.

Sylwia: w jaki sposób kobiety mogą same się uporać z tymi wszystkimi rozterkami i złym samopoczuciem?

Justyna Kurębska: widzę, że wiele kobiet pomaga sobie sama instynktownie. Wielokrotnie Baby Blues przemija samoistnie, a podczas jego trwania kobieta znajduje w sobie motywację do w miarę normalnego funkcjonowania. Jeżeli Baby Blues wynika z problemów z karmieniem piersią, to warto umówić się na spotkanie z położną laktacyjną, żeby szybko zapanować nad tymi trudnościami. Jeśli natomiast młoda mama czuje się źle — brakuje jej energii, ma jakieś dolegliwości, które ją niepokoją — to warto skonsultować się z lekarzem rodzinnym lub ginekologiem, który ją zbada. Być może zleci jakieś badania laboratoryjne i wdroży leczenie jeśli zajdzie taka potrzeba. Pamiętajmy, że stan kobiety po porodzie jest silnie związany z jej stanem zdrowia i warto zwrócić uwagę również na właściwe odżywianie zarówno w ciąży, jak i po porodzie. Zalecane jest zmniejszenie podaży węglowodanów w diecie, a zwiększenie podaży tłuszczy i dobrej jakości białka. Z kolei powinno się unikać żywności wysokoprzetworzonej. Ja jestem ogromnym zwolennikiem zarówno diety jak i suplementacji. Dlatego myślę, że warto zadbać o prawidłowy poziom witaminy D, witamin z grupy B, K2 i magnezu. Szczególnie witamina D powinna być na odpowiednio wysokim poziomie. Ważną kwestią w kontekście pomocy samej sobie w tym trudnym czasie jest również to, aby dzielić się z kimś swoimi obawami i lękami. Rozmowy na ten temat mogą uspokoić i bardziej zracjonalizować to, co się wokół nas dzieje. I ostatnia sprawa to sen. Często kobieta już po przyjściu do domu ze szpitala jest bardzo zmęczona i niewyspana, bo nie miała do tego warunków, a w domu bywa jeszcze gorzej. Sen przy noworodku jest urywany, matka czuwa i przez to często się wybudza albo ma problemy z zaśnięciem nawet jak może sobie na to pozwolić. I dużo zaburzeń bierze się właśnie z tego niewyspania. Także wręcz koniecznością jest to, aby pozwolić sobie na ten sen.

Sylwia: odnoszę wrażenie, że zarówno snu, jak i pocieszenia brakuje bardzo często.

Justyna Kurębska: jak kobieta powie wprost, jak się czuje i co ją dręczy, to szybciej otrzyma pocieszenie. Nawet osoby z naszego najbliższego otoczenia wcale nie muszą zdawać sobie sprawy z tego, w jak fatalnym stanie się znajdujemy. Kobiety często wstydzą się mówić o swoich uczuciach. Niekiedy wręcz boją się, że potocznie mówiąc, ktoś pomyśli, że zwariowały i trzeba odsunąć je od opieki nad dzieckiem. Tak się dzieje w naprawdę skrajnych przypadkach. W sytuacji kiedy po porodzie czujemy się źle, radzę, aby tego nadmiernie nie analizować i nie dusić w sobie tylko zacząć o tym mówić. Powiem mężowi, jeśli nie zrozumie — powiem siostrze, jeśli nie zrozumie — powiem mamie, jeśli nie zrozumie — powiem przyjaciółce, a jeśli nikt mnie nie zrozumie albo nie mam z kim porozmawiać, bo tak też przecież się zdarza — to decyduje się na rozmowę ze specjalistą.

Sylwia: rozwiązań w tej sytuacji bywa naprawdę mnóstwo, ale kobiety tak bardzo zatapiają się w te wszystkie negatywne emocje oraz opiekę nad dzieckiem, że tego nie widzą. Niekiedy mam ochotę powiedzieć, że wręcz tracą kontakt z rzeczywistością.

Justyna Kurębska: tak, jeszcze jak pracowałam na oddziale położniczym, to często z położnymi używałyśmy takiego określenia, że kobieta po porodzie w pewnym sensie traci swój mózg i odzyskuje go mniej więcej po 6 tygodniach, gdy kończy się połóg. Teraz też widzę, że kobiety w połogu są bardzo rozkojarzone, mają problemy z koncentracją i wysławianiem się. Na pewno ma na to wpływ również zmęczenie i brak snu.

Sylwia: w zdecydowanej większości te wszystkie negatywne emocje dopadają kobiety po wyjściu ze szpitala. Kiedy jesteśmy jeszcze na oddziale, jest sporo ekscytacji związanej z tym, że poród mamy już za sobą i za chwilę wracamy do domu. Wręcz nie możemy się tego doczekać.

Justyna Kurębska: tak. Z reguły kobiety w szpitalu czują się bardziej bezpieczne. Wokół są lekarze, położne i inne pacjentki. Jeżeli któraś położnica potrzebuje pomocy, to wciska dzwonek i ktoś się zjawia. Druga sprawa, że po narodzinach dziecka kobieta żyje już wizją wyjścia do domu i gdy już się tam znajdzie wraz z dzieckiem, to okazuje się, że spotyka ją wiele trudności, lęków, a nawet niezrozumienia ze strony otoczenia. Najczęściej jest tak, że tata może pozwolić sobie na około 2 tygodnie urlopu, potem wraca do pracy i kobieta zostaje sama z dzieckiem, co może powodować u niej jeszcze więcej trudności i lęków. Często bywa też, że przez pierwsze dni po narodzinach dziecka kobieta próbuje być szczęśliwa, a wcale nie odczuwa tego szczęścia. Chce wejść w rolę matki wręcz wzorowo, ponieważ ma w sobie przekonanie, że tak trzeba. Tłumi swoje prawdziwe emocje, żeby nikt jej nie oceniał, nie chce pokazać, że sobie nie radzi, bo przecież wszyscy sobie radzą. A tak nie jest. Macierzyństwo jest ciągłą nauką, szczególnie jego początki. I każdy powinien sprawować opiekę nad dzieckiem tak, jak umie — intuicyjnie, bez porównywania się do kogoś innego. Powinniśmy sobie uświadomić, że to, co widzimy przez chwilę na Instagramie, nie oddaje rzeczywistości ani naszej, ani tej osoby, która to pokazuje. Kobiety często nie zdają sobie sprawy z tego, że wychowywanie dziecka jest tak wielkim obowiązkiem i wymaga wielu wyrzeczeń typu obolałe ciało po porodzie, wielogodzinne karmienie i nieprzespane noce. O tym trzeba mówić — że tak zazwyczaj wyglądają początki. Bo gdy na kobietę spadną te wszystkie rzeczy jak grom z jasnego nieba, to jest bardzo rozbita wszystkimi emocjami, z którymi musi się mierzyć.

Sylwia: ciężarne często układają plan dotyczący ich porodu. Spotykam się z gronem kobiet, które wręcz marzyły o tym, aby urodzić naturalnie i czują się przygnębione, gdy to się nie udaje. Jednak obserwuję też coraz więcej lęku przed porodem. Często kobiety wręcz panikują, są przekonane, że nie dadzą rady urodzić, nie zniosą bólu albo przydarzy się im coś złego.

Justyna Kurębska: obawy związane z porodem są zupełnie zrozumiałe. Jest to bardzo ważne wydarzenie w życiu każdej kobiety, pewnie dlatego budzi tak skrajne emocje. Jednak natura skonstruowała nas w taki sposób, że umiemy urodzić dziecko. Może jest to dla nas nie do wyobrażenia, ale gdy już dochodzi do porodu, to kobieta wie, jak to zrobić. Zresztą ma obok siebie wsparcie położnej, która instruuje ją jak postępować. Niestety, ale widzę również tendencję do tego, że kobiety uważają cięcie cesarskie za łatwiejszą i bezpieczniejszą drogę rozwiązania porodu. Tymczasem poród siłami natury daje niesamowicie więcej korzyści dla matki i dziecka. Należy mieć świadomość, że poród boli niezależnie od tego, w jaki sposób przebiega. Pacjentki po cięciu są zdumione bólem, jaki odczuwają. Jest to ból, przez który ciężko jest wstać z łóżka, który utrudnia poruszanie się i chodzenie. Cięcie cesarskie jest operacją. Na innych oddziałach pooperacyjnych pacjentki leżą i nikt im nie każe zajmować się dzieckiem. Tymczasem kobieta po rozcięciu i zszyciu powłok brzusznych musi od razu zaopiekować się noworodkiem. Obawy związane z porodem zawsze warto przedyskutować z położną lub ginekologiem, tak aby mieć cały obraz sytuacji. Wydaje nam się, że cięcie jest łatwiejszym rozwiązaniem, tymczasem z medycznego punktu widzenia wiąże się ono z ryzykiem wielu powikłań i tak jak wspomniałam, zaburza więź matki z dzieckiem. Wpływa na to, chociażby brak kontaktu skóra do skóry bądź pierwszego karmienia po porodzie.

Sylwia: przez cały czas skupiamy się na mamie, a zastanawia mnie, gdzie w tym wszystkim jest tata. Jaka jest jego rola po narodzinach dziecka? Często podczas rozmów z kobietami słyszę, że odsuwają na bok męża jako partnera i jako ojca. Pani również dostrzega takie tendencje? Jak Ci ojcowie zachowują się podczas Pani wizyty patronażowej?

Justyna Kurębska: w dużej mierze zależy to od tego, jaka jest relacja między małżonkami, ale z reguły mężczyźnie jest trochę trudniej sobie to wszystko wyobrazić. Kobieta ma za sobą poród i wszystkie obciążenia z nim związane — zmiany hormonalne, obolałe ciało i zmęczenie, które powodują dosyć duże rozkręcenie się emocji. A mężczyzna ogólnie nie jest tak emocjonalny tylko zadaniowy i dobrze by było, żeby w tym czasie gdy pojawia się dziecko, mąż był takim głosem rozsądku i uspokajał kobietę. Panowie zazwyczaj bardziej realnie oceniają sytuację i są przy tym spokojniejsi. Podczas moich wizyt w większości przypadków są oboje rodzice i mąż jest zaangażowany w to, co się dzieje — zadaje pytania i robi notatki. To dobrze, bo wiem z doświadczenia, że kobieta jest tak bardzo wszystkim przejęta, że nie jest w stanie zapamiętać wielu rzeczy. Wskazane jest, żeby mąż w tym czasie wspierał kobietę i okazywał jej dużo zrozumienia.

Sylwia: czy po narodzinach dziecka, między partnerami często dochodzi do kryzysów?

Justyna Kurębska: odnoszę wrażenie, że teraz między parami ogólnie często dochodzi do kryzysów, a ludzie z większą lekkością podejmują decyzję o rozstaniu, bo tak jest im łatwiej. Żyjemy w czasach nieograniczonych możliwości, ale i dużego egoizmu, który jest z tym związany. Mówi się, że dziecko scala małżeństwo, sprawia, że rodzina staje się pełna. Jednak gdy relacje między małżonkami już przed narodzinami dziecka są napięte, to wcale nie będzie lepiej kiedy pojawi się nowy członek rodziny, który przewraca życie do góry nogami. Dziecko nie jest od naprawiania związków. Mało tego, nawet u wzorowych par pojawienie się dziecka często osłabia relacje małżonków, którzy mają dla siebie zdecydowanie mniej czasu. Dlatego obie strony powinny dbać nawzajem o siebie, swoje emocje i potrzeby.

Sylwia: chciałabym poruszyć jeszcze jeden temat, o którym kiedyś rozmawiałyśmy — czyli rodziny wielopokoleniowe. Teraz tak sobie myślę, że to może mieć wpływ na relacje między partnerami, bo pomoc najbliższych może odciążyć młodych rodziców.

Justyna Kurębska: w porównaniu do dzisiejszych czasów, to jeszcze 20-30 lat temu było znacznie więcej rodzin wielopokoleniowych. W jednym domu mieszkała, np. młoda kobieta, która dopiero zakładała swoją rodzinę, jej rodzeństwo, matka i babcia. Dawało to ogromne wsparcie. Często też, zanim kobieta została matką, to miała już kontakt z małymi dziećmi w swoim najbliższym otoczeniu. Miała okazję do tego, aby obserwować, jak wygląda opieka nad dzieckiem. Niejednokrotnie nawet zajmowała się rodzeństwem czy kuzynostwem i później, kiedy już miała swoje dziecko, to było jej dzięki temu łatwiej. Rodzina, z którą mieszkała, była dużym wsparciem. Zawsze ktoś był pod ręką, co dawało duży komfort pod względem fizycznym i psychicznym. Wydaje mi się, że dzięki temu, że w jednym domu mieszkało wiele osób, które z czasem zakładały swoje rodziny, już małe dziewczynki obserwowały swoje otoczenie i były przygotowywane do tego, że wyjdą za mąż i będą miały swoje dzieci. Dzisiaj żyje się inaczej i być może w wychowywaniu dzieci przywiązujemy zbyt małą wagę do promocji macierzyństwa i rodzicielstwa, a zbyt mocno skupiamy się na rozwoju osobistym i karierze? Obecnie kobiety często rodzą swoje pierwsze dziecko około 30 roku życia. Do tego momentu mają dużą swobodę w gospodarowaniu swoim czasem i zaspokajaniu swoich potrzeb i nagle zmienia się wszystko. Kobiety niejednokrotnie odczuwają, że dziecko odbiera im ich dotychczasowe życie. Kolejna sprawa to, że kiedyś kobiety inaczej patrzyły na swoją fizyczność. Urodzenie dziecka budziło poczucie dumy i wzrastało w nich poczucie kobiecości. Stanowiło przejście z etapu bycia dziewczynką do stania się kobietą. A zmiany w ciele, które następowały po porodzie były wręcz czymś pożądanym i budującym — postrzeganym jako przypływ kobiecości. Teraz bywa wręcz przeciwnie. Często podczas rozmów z kobietami słyszę, jak mówią wprost, że odczuwają stratę własnego ciała i życia. Bywa, że blokuje je to przed dalszym rodzicielstwem.

Sylwia: myślę, że jest wiele czynników, które mają na to wpływ. Chęć rozwoju osobistego i kariery wpływa na późniejsze macierzyństwo, ale i obraz macierzyństwa, jaki jest kreowany przez media społecznościowe — o czym już zresztą wspominałyśmy. Często jest to bardzo obciążające dla kobiet. Na zakończenie naszej rozmowy, co by Pani powiedziała kobiecie, która już na początku macierzyństwa spotyka się z wieloma trudnościami i traktuje je bardzo personalnie?

Justyna Kurębska: że wszystko potrafi, tylko jeszcze o tym nie wie. Musi upłynąć trochę czasu, żeby się o tym przekonała. Idąc na wizytę do kobiety po porodzie, obserwuję, jak wiele matek przeżywa silny lęk, bo martwią się — czy w prawidłowy sposób sprawują opiekę nad swoim dzieckiem. Wtedy staram się w niej rozluźnić to napięcie, pokazując, że noworodek jest dobrze przystosowany do życia. Zazwyczaj układam dziecko na brzuchu, tak żeby matka zobaczyła jak dziecko unosi główkę, biorę je swobodnie na ręce, przekładam do różnych pozycji, aby rodzice wiedzieli, że takie ruchy nie zrobią dziecku krzywdy. Jednocześnie opiekunowie powinni również dać sobie przyzwolenie na popełnianie błędów, bo one wręcz są potrzebne. Paradoksalnie popełnianie błędów jest dobre, bo pomaga zreflektować się, że coś robimy źle, ale możemy to poprawić. Każdy nauczy się opieki nad swoim dzieckiem. Z czasem włączy się instynkt macierzyński i intuicja z nim związana, ale po drodze każdy popełni jakiś błąd, nie ma innej możliwości i nie ma się co nad tym zamartwiać, tylko trzeba z tego wyciągnąć wnioski. Będzie to miało odzwierciedlenie przy odczytywaniu potrzeb dziecka i budowaniu relacji z nim. Wszystko przychodzi z czasem, ale żeby mogło zadziałać, z młodej mamy musi zejść to ciśnienie i lęk, które w dużym stopniu sama sobie generuje.

Sylwia: żeby umieć zachowywać się intuicyjnie wobec dziecka, trzeba mieć w sobie sporo spokoju, bo ciągły lęk, napięcie i natłok myśli zaburzają nam rzeczywisty obraz sytuacji.

Justyna Kurębska: dokładnie. Działanie w lęku albo według schematu, który czytamy w poradniku i odbieramy bardzo dosłownie, powoduje u nas frustrację i ciągłe wrażenie, że coś się nie udaje w opiece nad dzieckiem, bo przecież w książce jest to inaczej opisane. Tymczasem dziecko to nie pralka, którą da się nastawić. Niekiedy ta wiedza, którą nabywamy, jest bardzo blokująca. Kobieta tak nasiąka tym, co przeczytała, że chciałaby wszystko wcielić w życie, a to się nie udaje albo nie sprawdza i wtedy myśli, że albo z nią, albo z dzieckiem jest coś nie tak. I wpędza ją to w dodatkowy stres, bo jest przekonana, że coś robi źle. Nie ma nic złego w tym, że szukamy wiedzy w różnych źródłach. Bardziej chodzi o to, żeby próbować i wybrać coś, co będzie się sprawdzało u mnie, bo nie ma uniwersalnych metod czy prawd, które będą złotym środkiem dla każdego, kto o tym przeczyta. Robię to, co mi się sprawdza, a nie robię tego, co mi się nie sprawdza. Metod wychowawczych jest wiele i ludzie powinni je dostosowywać do siebie w zależności od potrzeb, usposobienia dziecka oraz jego wieku. Niezwykle ważna jest umiejętność „czytania" dziecka i jego potrzeb, a nie kolejnych książek. Pamiętajmy, że dzieci bardzo się od siebie różnią. Z czasem matka instynktownie będzie odpowiadała na jego potrzeby.

Sylwia: jak opowiada Pani o tym wszystkim, to coraz bardziej przypominam sobie siebie po narodzinach córki. To był czas, kiedy się poznałyśmy i była Pani dla mnie ogromnym wsparciem. Byłam właśnie taką bardzo zalęknioną mamą, która wszystko chciała robić według jakiegoś schematu. Tymczasem moje dziecko miało zupełnie inne schematy niż ja. Niekiedy wręcz wprowadzało mnie to w panikę, że dosłownie wszystko jest nie tak, jak powinno być. A to moje „powinno być" wcale nie było moje tylko czyjeś i dlatego to wszystko mi nie grało. Jak dzisiaj o tym myślę, to mam w sobie duże poczucie straty związane z tym pierwszym, wczesnym macierzyństwem, bo z tego okresu najbardziej pamiętam strach i bezradność. Nie potrafiłam cieszyć się z bycia mamą, bo negatywne emocje, które były we mnie przysłoniły mi wszystko…

Justyna Kurębska: powiem szczerze, że sprawia mi ból patrzenie na takie emocje u matki. Jest to cierpienie, które powoduje ogrom blokad i stresu i rodzi we mnie taki żal, że matka nie potrafi poczuć radości z nowo narodzonego dziecka i przeżywać od razu wielu pięknych chwil związanych z macierzyństwem. Dlatego, bo wiem, że macierzyństwo może być wspaniałe i zapewne takie będzie u większości kobiet, ale na początku tej drogi kobieta wiele traci. Trzeba jasno mówić, że macierzyństwo to niesamowity trud połączony z radością. Widzę to na ca co dzień, jak bardzo kobiety sobie nie radzą i co najgorsze — nie szukają pomocy.

Sylwia: tak. Nie szukają pomocy, bo bardzo personalnie odbierają stan, w którym się znalazły. Odnoszą wrażenie, że to dotyczy tylko ich. Tymczasem z podobnymi rozterkami mierzy się około 80% kobiet po porodzie, więc rozmowy na ten temat powinny być na porządku dziennym. Dlatego uważam, że trzeba edukować w tym zakresie społeczeństwo, a samym kobietom pokazywać czym jest Baby Blues i jakie są objawy z nim związane. Nieocenione też jest przede wszystkim okazanie zrozumienia oraz przypomnienie, że to jest okres przejściowy. Pokazanie wizji końca tego stanu.

Justyna Kurębska: ja bym wręcz powiedziała, że Baby Blues dotyczy wszystkich kobiet, bo jest to fizjologia wynikająca ze spadku hormonów. Z tym że u niektórych jest to bardzo delikatny i krótki przebieg, może nawet ledwo zauważalny, ale już te 80% kobiet odczuwa to o wiele bardziej. I trzeba ogarnąć te emocje dla dobra swojego i najbliższych nam osób. Albo kobieta poradzi sobie sama, albo skorzysta z pomocy, albo będzie żyła w takim stanie latami. Jednak trzeba liczyć się z tym, że niejednokrotnie zagrzebanie tych uczuć i udawanie, że wszystko jest ok, prowadzi do traumy, przez którą kobieta nie chce mieć kolejnych dzieci. Jest to przykre i zupełnie niepotrzebne.

Sylwia: bardzo dziękuję za naszą rozmowę. Jestem przekonana, że będzie wsparciem i nauką dla niejednej kobiety.

Więcej informacji o Pani Justynie Kurębskiej znajdziesz
https://vivamamma.pl/
https://www.facebook.com/VivaMamma.poradnia

Psycholog Katarzyna Kałczyńska

Zawodowo pracuje jako: psycholożka, terapeutka TSR (terapia skoncentrowana na rozwiązaniach), wykładowca. Osobiście bywa w rolach: partnerki i matki, przyjaciółki, siostry, córki. Na co dzień rozmawia z ludźmi w gabinecie Bliska Perspektywa, w którym wspiera rodziców, dzieci i całe rodziny, by ich życie przynosiło więcej spokoju i radości. Wspiera ludzi, którzy troszczą się o innych: kadrę żłobków oraz studentów pielęgniarstwa. Pomaga w widzeniu spraw z różnych perspektyw, bazuje na mocnych stronach ludzi. Bardzo wierzy w to, że każdy z nas wie najlepiej, czego dla siebie chce i czasem potrzebuje aktywnego słuchacza obok, by się do tego dokopać.

Sylwia: opowiedz mi, jak wygląda Baby Blues z Twojej perspektywy. Czy jest to temat, o którym często się mówi?

Katarzyna Kałczyńska: Baby Blues to zjawisko występujące na bardzo dużą skalę, dotykające 40-80% kobiet po porodzie[1], a wg mnie <u>mówi się o nim</u> zdecydowanie za mało. Temat zdrowia psychicznego

[1] O'Hara M.W., McCabe J.E. Postpartum depression: current status and future directions. Ann. Rev. Clin. Psychol. 2013; 9: 379–407

jest w naszym społeczeństwie nadal tematem niezwykle delikatnym. Na przestrzeni ostatnich lat zrobiono sporo, by sytuacja uległa poprawie i temat Baby Blues jest coraz lepiej badany naukowo. Mimo wszystko jest jeszcze bardzo wiele mitów do obalenia w tym obszarze.

Sylwia: odnoszę wrażenie, że kobiety w ciąży przeważnie nie zdają sobie sprawy z tego, czym jest Baby Blues i jak wiele kobiet po porodzie dotyka. Coraz częściej słyszę, że w szkołach rodzenia nie mówi się o smutku poporodowym, co jest dla mnie dużym zaskoczeniem, bo to miejsce jest idealne do takich rozmów. Jednak cała wiedza skupia się na samym porodzie, kwestiach okołoporodowych oraz opieki nad dzieckiem. A szkoda, bo tutaj nie chodzi o to, żeby w jakikolwiek sposób straszyć kobiety, tylko przygotować je na to, z czym ewentualnie przyjdzie im się zmierzyć.

Katarzyna Kałczyńska: według mnie istnieje ogromna potrzeba edukowania w tym temacie zarówno kobiet ciężarnych, jak i ich partnerów. Kiedy pary decydują się na wspólne uczestnictwo w szkole rodzenia, to jest świetna sytuacja z punktu widzenia profilaktyki i nauki opanowania Baby Bluesa. Zarówno kobieta, jak i jej partner mają okazję, aby dowiedzieć się, co może wydarzyć się po porodzie. Dzięki temu mężczyzna może bardziej świadomie wspierać kobietę, ale przede wszystkim wyłapać, że dzieje się coś nie tak. Gdy kobietą po porodzie zaczynają targać różne emocje, które nie do końca rozumie jej partner może znormalizować jej to, co się dzieje, mówiąc np. „Słyszeliśmy o tym w szkole rodzenia. Pamiętasz? Nawet do 80% kobiet po porodzie przeżywa właśnie takie trudności i to jest zupełnie naturalne. Powiedz mi, co mogłoby Ci pomóc?". A jeśli kobieta nie ma pomysłu na wsparcie, to pomocne bywa powiedzenie jej tego, co usłyszeliście na zajęciach: „Czy chciałabyś, aby ktoś był z Tobą w domu kiedy mnie nie ma i wspierał Cię w opiece nad dzieckiem? Kogo widzisz w takiej roli? Co ta osoba miałaby robić? Czegoś byś od niej potrzebowała? Czy mój wcześniejszy powrót z pracy choć raz w tygodniu byłby pomocny? Co mógłbym zrobić, kiedy wrócę do domu, co najbardziej mogłoby Cię wesprzeć?". Dobrym sposobem jest wcześniejsza rozmowa między partnerami „na zimno", czyli zanim cokolwiek się jeszcze wydarzy, o tym, co może pomóc, gdyby przyszło im mierzyć się z Baby Bluesem. Przygotowanie kilku strategii wspierających, uwzględniających działania pomocne dla kobiety w smutku poporodowym, wykonywane przez obojga z partnerów... Zaangażowanie bliskich osób, które mogłyby wesprzeć powiększającą się rodzinę. Albo gdy ich brak (o czym często słyszę, w przypadku wyprowadzki do innego miejsca, niż mieszkają dziadkowie) zatrudnienie kogoś do pomocy w opiece nad dzieckiem, gotowaniu, sprzątaniu, robieniu zakupów, pojechaniu z mamą do lekarza, gdyby była taka potrzeba. Jednocześnie ważne jest weryfikowanie na bieżąco czy tamte pomysły są adekwatne do dzisiejszej sytuacji.

Sylwia: myślę, że to bardzo cenne wskazówki i w takich sytuacjach niezwykle ważne jest nazwanie swoich potrzeb i uczuć, a przede wszystkim wypowiedzenie ich na głos. To wcale nie jest takie oczywiste, że partner wie bądź domyśla się tego, że się źle czujesz. Większość sesji z kobietami pokazuje mi, że ich partnerzy nie wiedzą o tym, z jak trudnymi emocjami mierzą się kobiety. Właściwie wszystkie młode mamy, które do mnie trafiają, mówią, że czują się zupełnie osamotnione i niezrozumiane w swoim przygnębieniu.

Katarzyna Kałczyńska: to może łączyć się z dużym tabu wokół tego, jakie emocje są ok, a jakie nie, kiedy rodzi się dziecko. Niezwykle często moment narodzin, to wg oczekiwań społeczno-kulturowych wymarzony i wyczekiwany okres, w którym wraz z przyjściem na świat dziecka dopełni się rodzina. A matkę i ojca zaleje wtedy fala miłości i radości. Tymczasem życie jest o wiele bogatsze: oprócz euforii mogą pojawiać się również smutek, niepewność i lęk. Mało tego, rodzic wcale nie musi przeżywać takiego nagłego zakochania się w noworodku. Znam mamy, które polubiły swoje dziecko o wiele później.

Sylwia: tak! Kobiety obwiniają się i nie rozumieją, dlaczego po narodzinach dziecka nie ma w nich takiej miłości od pierwszego wejrzenia. A niekiedy nawet bywa, że patrzą na swoje dziecko jak na zupełnie obcą osobę. Myślę sobie, że powinno się o tym mówić — że na początku macierzyństwa takie uczucia mogą nam towarzyszyć.

Katarzyna Kałczyńska: zdarza się to częściej, niż nam się wydaje. Są to uczucia, które ludzie zatrzymują dla siebie, bo mało jest przyzwolenia w naszej kulturze na ich przeżywanie i wyrażanie. Urodzenie dziecka jest tak przełomowym momentem w życiu rodziców, że może budzić bardzo skrajne emocje. Może być zakochanie, a może być także sporo obaw w stylu: „Czy ja na pewno nadaję się na mamę?". A może być zastanowienie: „Czy poradzę sobie sama bez partnera?" w przypadku mam samodzielnie wychowujących dziecko. Wraz z podjęciem się roli mamy może się pojawić cała gama emocji i one wszystkie są ok. Jednak w naszej kulturze nadal jest mało miejsca na to, aby o tym mówić.

Sylwia: i spotykamy się właśnie po to, żeby rozmawiać o trudnych emocjach i zachęcić tym samym do rozmów innych.

Katarzyna Kałczyńska: tak. Różne emocje, które tak niespodziewanie się pojawiają, bywają bardzo trudne, a mama nie ma czasu, by się nimi zajmować, bo wszystko kręci się wokół dziecka: uczy się jak sobie z nim radzić, jak rozpoznawać i zaspokajać jego potrzeby. Szczególnie dotyczy to osób, które po raz pierwszy zostały rodzicami i potrzebują czasu, aby zaadaptować się do nowej sytuacji. To wyzwanie zbiega się też z trwającym połogiem kobiety, któremu może towarzyszyć osłabienie. Organizm dochodzi do siebie po bardzo dużych wyzwaniach i młoda mama potrzebuje wtedy wsparcia i opieki. Partner zazwyczaj nie może sobie pozwolić na bardzo długą obecność w domu, bo często to on finansowo wspiera powiększoną rodzinę, i kobieta najczęściej po kilku tygodniach od porodu zostaje przez większość dnia sama z dzieckiem. Bywa odwiedzana przez rodzinę czy najbliższych znajomych tylko pytanie: czy te wizyty jej pomagają, czy ją w tej sytuacji wspierają.

Sylwia: tak, to też jest ciekawa kwestia. Przyjęło się, że goście przychodzą zobaczyć i odwiedzić dziecko, a nie mamę. I kobieta w tym wszystkim jest pominięta, a to właśnie ona potrzebuje zainteresowania i wsparcia. I myślę, że powinna pozbyć się skrępowania czy poczucia, że okazuje słabość, tylko wprost poprosić o pomoc. Np. wykorzystać czyjąś wizytę do tego, żeby wziąć prysznic, zjeść ciepły posiłek albo napić się herbaty. A niestety u nas to nadal wygląda tak, że jak przychodzą do nas goście, to my im podajemy kawę, herbatę i jeszcze może nawet pieczemy ciasto. A przecież nie zawsze mamy ochotę na te odwiedziny albo czujemy się na tyle źle, że nie mamy siły przyjmować gości. Warto więc znaleźć w sobie odwagę i powiedzieć wprost, że to nie jest odpowiedni czas na odwiedziny.

Katarzyna Kałczyńska: tak, to bardzo ważne… Często się zdarza, że poród dziecka powoduje nagłe „zniknięcie kobiety". Wszyscy koncentrują się na cudzie narodzin, obdarowują dziecko i zachwycają się nim. Kobieta zaś schodzi na drugi plan. A przecież, zwłaszcza na tym etapie dobrostan mamy jest kluczowy, także po to, by była w stanie zajmować się dzieckiem. I warto mieć na uwadze, że ta kobieta, poza potrzebą troski o dziecko (która zazwyczaj występuje), ma też inne potrzeby. Dobrze, by miała wokół grono ludzi, które może wspierać ją w dbaniu o jej naprawdę podstawowe potrzeby. By dostała propozycję w stylu: „Wezmę dziecko na spacer, żebyś mogła mieć choć chwilę dla siebie lub się przespać / Przyniosę Ci obiad i pobędę z Wami, żebyś zjadła dopóki jest ciepły / Ponoszę w chuście Twoje „nieodkładalne dziecko" i napijemy się herbaty". A jeszcze lepiej, by konsultować z nią swój pomysł, np. „Co Ty o tym myślisz?" albo „Jestem gotowa Cię wesprzeć, mam takie pomysły…, jak najlepiej mogę to zrobić?". Warto dbać, by mama wciąż mogła uczestniczyć w życiu towarzyskim, bo rozmowy z osobami bliskimi stanowią dla niej ważny czynnik chroniący.

Sylwia: jednak w naszym społeczeństwie nadal jest tak, że czas po porodzie dosyć mocno rozluźnia relacje towarzyskie. Tak bardzo zatapiamy się w opiece nad dzieckiem, że nie mamy przestrzeni na inne rzeczy, co pogłębia naszą samotność, a nawet prowadzi do frustracji, bo takie trzymanie negatywnych emocji w sobie nie może prowadzić do niczego dobrego.

Katarzyna Kałczyńska: dla kobiety często sporym wyzwaniem okazuje się wyjście z domu bez dziecka. Nawet w sytuacji kiedy ma taką możliwość, nie chce go zostawiać, ponieważ towarzyszy jej przekonanie, że to ona sprawuje nad nim najlepszą opiekę. Jest to też kwestia oczekiwań, jakie mamy miewają wobec siebie.

Sylwia: Zdarza się, że tych oczekiwań jest całkiem sporo — chociażby zaplanowanie porodu.
Kobiety zwykle nastawiają się na poród siłami natury i niestety jak się nie uda, to mają duże poczucie zawodu, z kolei inne panie panicznie boją się porodu naturalnego i za wszelką cenę chcą, aby ciąża zakończyła się CC. Podobnie z karmieniem piersią — nie zawsze jest takie łatwe, jakby się wydawało. Te kwestie generują kolejne sytuacje, które są „nie tak".

Katarzyna Kałczyńska: czasem jest też tak, że kobieta nie wyobraża sobie karmienia piersią, a są na to duże naciski ze strony otoczenia, którym kobieta ulega. Albo zostaje przy swoim stanowisku, ale towarzyszy jej poczucie winy, że coś robi nie dość, że coś jest z nią nie tak, bo nie chce karmić swojego dziecka piersią. Jest wiele rzeczy, które nasze mamy czy teściowe zrobiłyby inaczej, ale nie oznacza to, że musimy się poddawać i spełniać czyjeś oczekiwania.

Sylwia: zgadza się. Warto zaufać swojej intuicji, robić coś tak jak się czuje, jak się chce, a nie tylko tak, jak przekazuje się to z pokolenia na pokolenie. Różne porady bywają cenne, ale powinny zostać radami, a nie przykazami. Czy podczas sesji terapeutycznych, które prowadzisz, młode mamy mówią, że przytłaczają je oczekiwania otoczenia?

Katarzyna Kałczyńska: tak, często słyszę o oczekiwaniach otoczenia, i one dotyczą na przykład tego, że w dobie tylu udogodnień kobieta powinna sobie świetnie radzić. Albo że mężczyzna idzie do pracy, a rolą kobiety jest „tylko" opieka nad dzieckiem i domem. A zapomina się, że jeszcze kilkanaście lat temu w wielopokoleniowych domach maluchami i matką zajmowała się „cała wioska". Najwięcej w swojej praktyce słyszę jednak o oczekiwaniach, które my kobiety stawiamy sobie same. Dotyczy to np. przebiegu porodu, o którym już rozmawiałyśmy, ale także naszego życia po pojawieniu się dziecka.

Sylwia: chyba trochę jest tak, że uważamy poród za najcięższe wyzwanie, które nas czeka, a potem okazuje się, że po urodzeniu dziecka tych wyzwań jest o wiele więcej.

Katarzyna Kałczyńska: zdecydowanie! I są to wyzwania różnego rodzaju: począwszy od naszych nieco innych możliwości fizycznych — czyli osłabienia wynikającego z połogu, braku snu, zmęczenia dostosowywaniem się do trybu noworodka, poprzez nieregularne jedzenie — aż po wyzwanie związane z adaptacją do nowej sytuacji, czyli z opieką nad dzieckiem, nauką odczytywania jego potrzeb. Poznanie języka, jakim dziecko się z nami komunikuje.

Sylwia: kluczowe w tym wszystkim jest, aby dać sobie trochę czasu na spokojne poznanie swojego dziecka i niekiedy też poznanie na nowo samej siebie… i tutaj chciałabym poruszyć jeszcze jedną kwestię — czy widzisz jakąś zależność w występowaniu Baby Bluesa jeśli chodzi o wiek? Może młodym mamom jest łatwiej, bo mają w sobie więcej energii, a za to mniej lęków, a może właśnie starsze kobiety są bardziej doświadczone życiowo i dzięki temu łatwiej odnajdują się w nowej roli?

Katarzyna Kałczyńska: moje klientki są w różnym wieku. Nie wiem, czy wiek odgrywa tu rolę, czy bardziej nasze przekonania, doświadczenia życiowe, wzorce wyniesione z domu rodzinnego albo wartości. Natomiast ważne jest, aby podkreślić, że zjawisko Baby Bluesa jest bardziej powszechne, niż nam się wydaje. W zależności od źródeł badania pokazują, że może dotykać nawet 8 na 10 kobiet.

Oczywiście mówimy o statystykach, ale możemy na tej podstawie przyjąć, że na 5-osobowej sali poporodowej nawet 4 kobiety dotknie smutek poporodowy.

Sylwia: czy ma przy tym znaczenie — czy to pierwsze, czy kolejne dziecko?

Katarzyna Kałczyńska: spotkałam się z informacją, że ryzyko depresji jest największe przy pierwszym dziecku. Według moich obserwacji w gabinecie, Baby Blues jest bardzo powszechny zarówno po pierwszym, jak i po kolejnych porodach. Wyzwania w obu tych przypadkach bywają nieco inne. Przy pierwszym dziecku nie do końca wiemy czego się spodziewać, więc czasem sam lęk przed nieznanym dodaje trudu. Oczekiwania kobiet, które są czasem nieco wyidealizowane przy pierwszym dziecku — o których też już rozmawiałyśmy — mogą okazać się odmienne od rzeczywistości, a pogodzenie się z tym może być trudne. Proces porodu w szpitalu jest bardzo zmedykalizowany, jest to machina, która toczy się w mało przyjazny dla kobiety sposób. Przyszła mama często ma ograniczony wpływ na przebieg porodu. Z drugiej strony, jak myślę o kolejnych ciążach, to znacznie szybciej kobietom uruchamiają się różne obawy w sytuacji, gdy mają za sobą trudne doświadczenia po pierwszym porodzie. Wiele z nich ma dylemat czy mieć kolejne dziecko lub wręcz jest zdecydowana, by więcej ich nie mieć. Dochodzi trud pogodzenia opieki nad nowym członkiem rodziny z zajmowaniem się starszymi dziećmi. Statystyki dotyczące rozwoju depresji poporodowej pokazują, że jeżeli Baby Blues przerodził się w depresję poporodową, to prawdopodobieństwo ponownego jej wystąpienia po kolejnym porodzie — rośnie.

Sylwia: a gdy kobieta miała epizody depresyjne bądź zaburzenia lękowe niemające związku z ciążą, to też jest w grupie ryzyka nawrotu tych zaburzeń po urodzeniu dziecka?

Katarzyna Kałczyńska: tak, kobiety, u których wcześniej występowały epizody depresji niezwiązane z ciążą, charakteryzują się około 30% ryzykiem depresji poporodowej. Natomiast w przypadku kobiet cierpiących na zaburzenia afektywne dwubiegunowe — ryzyko wystąpienia poporodowych zaburzeń nastroju, wynosi około 25-60%[1] [2]. U kobiet z depresją poporodową występuje 30-35% ryzyko nawrotu po kolejnej ciąży. Zatem statystyki pokazują, że wcześniejsze zaburzenia depresyjne, nawet te niezwiązane z ciążą, mogą powrócić u co drugiej lub co trzeciej kobiety w okresie okołoporodowym.

Sylwia: dlatego tak ważne jest to, o czym mówiłyśmy na początku naszej rozmowy — żeby w miarę możliwości opracować sobie strategię, co zrobić jeżeli pojawi się u mnie złe samopoczucie.

Katarzyna Kałczyńska: zgadza się, wtedy szybciej można podjąć działania, które będą nas wspierać.

Sylwia: powiedz, proszę, coś więcej o depresji poporodowej.

Katarzyna Kałczyńska: ważnym wydaje mi się rozróżnienie: Baby Bluesa i depresji poporodowej. Literatura podaje, że czas trwania Baby Bluesa wynosi około 2-3 tygodni. Jak po tym czasie nie mijają objawy, to trzeba zasięgnąć konsultacji — czy nie rozwija się depresja poporodowa.
Depresja poporodowa jest jednostką niezależną od przygnębienia poporodowego, jednakże BB jest istotnym czynnikiem ryzyka depresji poporodowej[3] [4]. Lepiej więc dmuchać na zimne, ponieważ smutki po-

[1] Bielawska-Batorowicz E. Psychologiczne aspekty prokreacji. „Śląsk" Wydawnictwo Naukowe, Katowice 2005: 221–242

[2] Freeman M.P., Keck P.E., McElroy S.L. Postpartum depression with bipolar disorder. Am. J. Psychiatry 2001; 158: 652

[3] O'Hara MW, Wisner KL. Perinatal mental illness: definition, description andaetiology. Best Pract Res Clin Obstet Gynaecol. 2014 Jan;28(1):3-12. doi: 10.1016/j.bpobgyn.2013.09.002. Epub 2013 Oct 7. PMID: 24140480; PMCID: PMC7077785

[4] Cox JL, Holden JM, Sagovsky R. Detection of postnatal depression. Development of the 10-item Edinburgh Postnatal Depression Scale. Br J Psychiatry. 1987

porodowe mogą być zapowiedzią depresji poporodowej w 15-20% przypadków[1], czyli nawet u co piątej kobiety. Niektóre źródła podają, że ogólne rozbicie po porodzie, problemy z laktacją, płaczące dziecko, brak odpoczynku, mogą się przyczynić do rozwoju choroby, jaką jest depresja poporodowa[2]. Spotkałam się także z opinią, że: trudny poród, stresujące wydarzenia, brak wsparcia ze strony partnera i bliskich, uważane są za czynniki ryzyka wystąpienia depresji. Depresja poporodowa (inaczej zwana również: pure postpartum depression, postnatal depression, post baby depression) jest zaburzeniem o umiarkowanym lub ciężkim nasileniu pojawiającym się zwykle 2-3 tygodnie po porodzie. Trwa zwykle 3-9 miesięcy, ale jeżeli nie jest leczona, to w przypadku 25% chorujących kobiet jeszcze nawet rok po porodzie stwierdza się jej objawy. Według Międzynarodowej Statystycznej Klasyfikacji Chorób i Problemów Zdrowotnych ICD-10 — depresja poporodowa widnieje jako „zaburzenia psychiczne i zaburzenia zachowania, związane z porodem" i pojawia się w pierwszych 6 tygodniach po porodzie (czas połogu). Natomiast według Klasyfikacji Zaburzeń Psychicznych DSM-V — depresja poporodowa może rozpocząć się wraz z początkiem okresu okołoporodowego, czyli może się ona pojawić również w czasie ciąży. Jeszcze inni klinicyści i specjaliści podają, że na depresję poporodową matka może zachorować nawet w ciągu 12 miesięcy od urodzenia dziecka. Objawy depresji są bardziej nasilone niż objawy BB. Charakterystyczne w depresji jest duże przygnębienie z płaczliwością, częstymi skargami na nieznośny smutek czy zmęczenie. Występuje wysoki poziom lęku z napadami paniki, nadmierną i nieadekwatną troską o zdrowie własne i dziecka[3]. W przebiegu depresji występują często natrętne myśli (na

Jun;150:782-6. [PubMed]

[1] Manurung S, Setyowati S. Development and validation of the maternal blues scale through bonding attachments in predicting postpartum blues. Malays Fam Physician. 2021 Feb 15;16(1):64-74. doi: 10.51866/oa1037. PMID: 33948144; PMCID: PMC8088748.

[2] Ostrowska A. Matka w depresji. Mag. Piel. Położ. 2006; 12: 32

[3] Marzena Kaźmierczak, Grażyna Gebuza, Małgorzata Gierszewska „Zaburzenia emocjonalne okresu poporodowego" Problemy pielęgniarstwa 2010, tom 18, zeszyt nr 4

przykład związane ze zrobieniem krzywdy dziecku), problemy z koncentracją, zaburzenia snu (zwykle kłopoty z zaśnięciem), mogą występować myśli samobójcze[1]. Dochodzić mogą do tego trudności w podejmowaniu decyzji, spadek libido, negatywne myślenie o sobie wraz z przekonaniem o braku predyspozycji do bycia mamą, zaniedbywanie obowiązków macierzyńskich, wycofanie się z rozmów i izolacja. W depresji może uruchamiać się wiele lęków dotyczących samopoczucia, otoczenia, przyszłości, ale i nowo narodzonego dziecka. Kobieta może bacznie obserwować dziecko, doszukując się jakichś nieprawidłowości w jego zachowaniu lub rozwoju. Obawia się, że zachoruje lub coś mu się stanie. Z jednej strony jest dużo obaw i troski o dziecko, a z drugiej występuje trudność, żeby z tym dzieckiem emocjonalnie się połączyć. Często kobiety mówią o wykonywaniu czynności wokół noworodka w taki bardzo automatyczny sposób, mają problem z odczytywaniem emocjonalnych sygnałów od dziecka, co może wpływać na budowanie ich więzi. A w konsekwencji jeszcze dodawać poczucia winy, że ze mną jako matką jest coś nie tak, skoro wciąż przeżywam raczej lęk, niepewność, niepokój zamiast radości. Depresji towarzyszy zazwyczaj obniżona motywacja. Warto zauważyć, że jej nasilenie może być różne: jednej kobiecie może towarzyszyć duża niechęć do wyjścia z domu, ale mimo wszystko wychodzi. Podczas gdy inna kobieta może mieć kłopot z tym, żeby w ogóle wstać z łóżka. Może być i tak, że kobieta w domu zmusza się do wykonywania pewnych czynności, ale rezygnuje z podtrzymywania relacji towarzyskich, bo to kosztowałoby ją za dużo. Jest to związane z brakiem sił i energii na te działania. Kobiety odczuwać mogą również dolegliwości psychosomatyczne, takie jak bóle głowy, brzucha czy żołądka, biegunki, palpitacje serca, uczucie duszności, a nawet ataki paniki. Są to stany, które mogą potęgować niepokój. Jeszcze jednym bardzo istotnym objawem, na który chcę zwrócić uwagę, są myśli samobójcze. Kiedy osoby z bliskiego otoczenia słyszą zdania typu: „Nie chce mi się żyć", „Lepiej, żeby mnie nie było" — należy niezwłocznie sięgnąć po pomoc specjalisty. W takiej sytu-

---

[1] Freeman M.P., Keck P.E., McElroy S.L. Postpartum depression with bipolar disorder. Am. J. Psychiatry 2001; 158: 652.

acji warto udać się do Centrum Zdrowia Psychicznego, Centrum Interwencji Kryzysowej czy Szpitala (Neuro)Psychiatrycznego. Wracając do BB, chcę podkreślić, że okres tych 2-3 tygodni BB jest okresem fizjologicznym, jednak nawet u co piątej kobiety może on zapowiadać depresję. Dlatego nie bierzmy tego czasu jedynie na przeczekanie. Warto by kobieta rozmawiała o swoim złym samopoczuciu, dawała sobie przyzwolenie na odpoczynek i prosiła o pomoc. A bliscy otaczali ją opieką i byli uważni na jej słowa.

Sylwia: czy te 2 tygodnie to wg Ciebie taka górna granica normy, czy stan Baby Bluesa może się utrzymywać dłużej?

Katarzyna Kałczyńska: może się utrzymywać nieco dłużej i niektóre źródła mówią nawet o 3 miesiącach[1]. Według mnie warto obserwować, czy po 2 tygodniach cokolwiek się zmienia, czy następuje jakaś poprawa. Miejmy przy tym na uwadze, że złe samopoczucie mamy ma też wpływ na nasze otoczenie, czyli dziecko i partnera. Więc pomoc mamie oznacza objęcie pomocą całej rodziny. Dlatego ja bym nie zwlekała z konsultacją specjalistyczną. Wsparciem kobiety może być, np. poszukanie jej specjalisty i umówienie do niego. Tym bardziej że oczekiwanie na wizytę czasami trochę trwa.

Sylwia: porozmawiajmy jeszcze trochę o roli taty w okresie okołoporodowym. Wiele kobiet mówi mi o tym, że po narodzinach dziecka tata trochę sam się odsuwa na bok, a trochę pomagają mu w tym partnerki, bo często są przekonane, że to one najlepiej zaopiekują się dzieckiem.

Katarzyna Kałczyńska: myślę, że są bardzo różne sytuacje. Ja często słyszę od kobiet o scenariuszu, w którym tata po jakimś czasie urlopu wraca do pracy (a czasem nawet od razu po urodzeniu dziecka) i mama zostaje na większość dnia sama z dzieckiem, co może powodować jej osamotnienie, czy tworzyć pewnego rodzaju dystans mię-

---

[1] Steiner M, Yonkers K: Depresja u kobiet; Via Medica, Gdańsk 1999 (tłum. Dr hab. n.przyr. Maria Bnińska)

dzy partnerami. Dlatego tak ważna jest rola taty w tej sytuacji. Warto, aby był ciekaw, co się dzieje w domu. By pytał, jak wygląda dzień mamy i dziecka, jak partnerka radzi sobie z nowymi obowiązkami i jak się przy tym czuje. I co ważne — słuchał jaki nastrój towarzyszy tym rozmowom.

Sylwia: sądzę, że mężczyzna powinien wprost pytać kobietę o to, jak się czuje i jak może jej pomóc, a ona równie wprost odpowiadać na te pytania. Domysły czy niedopowiedziane słowa nie sprzyjają żadnej relacji, a tym bardziej takiej, która boryka się z jakimiś trudnościami.

Katarzyna Kałczyńska: tak, rozmowa jest tu bardzo ważna. Znaczenie ma też to, jak relacja między partnerami wyglądała wcześniej. Jeżeli ludzie są ze sobą blisko, to jest to samo w sobie elementem chroniącym. Łatwiej powiedzieć wtedy o swoich niepewnościach, o dyskomforcie. Kiedy kobiety borykające się z BB mają problemy z decyzyjnością — wsparciem ze strony mężczyzny mogłaby być rozmowa na temat rozwiązań, a nawet podsuwanie opcji i pomoc w podjęciu decyzji. Przykładem zapewnienia kobiecie wsparcia mogłoby być zajęcie się dzieckiem, kiedy tylko jest to możliwe, np. po powrocie z pracy czy w weekendy; poproszenie kogoś innego o pomoc dla kobiety w opiece nad dzieckiem, ugotowaniu, posprzątaniu czy po prostu towarzyszeniu jej w tym wymagającym dla niej czasie.

Sylwia: myślę sobie, że partner powinien też być przygotowany na to, że kobieta może mieć spadek formy i wahania nastroju. Dobrze by było, gdyby znalazł w sobie na tyle siły, żeby nie denerwować się na tę sytuację, tylko okazać zrozumienie i wykazać się cierpliwością, co nie jest łatwe. Może nie do końca zdajemy sobie sprawę, że dla mężczyzny czas po narodzinach dziecka też może być trudny. Przecież jego życie również się zmienia. Podczas gdy kobieta jest pochłonięta opieką nad dzieckiem, on może czuć się zagubiony, nieporadny, zepchnięty na drugi plan, a niekiedy nawet zazdrosny.

Katarzyna Kałczyńska: tak, to wszystko o czym mówisz, może mieć miejsce. Jednocześnie warto podkreślić, że Baby Blues może dotyczyć również mężczyzny, który podobnie jak kobieta jest w nowej sytuacji i również może odczuwać wiele skrajnych emocji. Może to być spadek energii, motywacji, zmiany nastroju, a nawet złość, że tyle rzeczy uległo zmianie.

Sylwia: dokładnie. Badania przeprowadzone przez „Journal of the American Medical Association" pokazują, że ojcowie doświadczają własnego Baby Bluesa, częściej niż nam się wydaje. Około 10% ojców cierpi na depresję w okresie okołoporodowym, a kolejne 11% doświadcza lęków. I tutaj sytuacja jest podwójnie trudna — bo mężczyzna zmaga się z problemami psychicznymi w czasie, kiedy powinien być wsparciem dla swojej partnerki i dziecka. Dodatkowo jest jeszcze duże niezrozumienie tego problemu wśród społeczeństwa.

Katarzyna Kałczyńska: stąd właśnie potrzeba, by ta książka powstała i mogła dołożyć cegiełkę w zakresie oswajania tematu BB i depresji okołoporodowej. Bardzo ważne jest profilaktyczne wsparcie informacyjne, żeby wiedzieć, co się może wydarzyć i jak sobie z tym radzić. Już sama świadomość, że wiem, co przeżywam, że kobiety i mężczyźni „tak" miewają i nie jestem z tym sam(a), może być ogromnym wsparciem. Może odczarować ten temat i ułatwić kobietom i mężczyznom doświadczającym tego wszystkiego, mówienie o tym głośno.

Sylwia: w takim razie jak można pomóc sobie bądź bliskiej nam osobie?

Katarzyna Kałczyńska: To może truizm, ale „warto rozmawiać". Rozmawiać o emocjach, które nas niepokoją i zabierają energię. Już samo powiedzenie o naszych lękach czy smutku bardzo dużo daje. Umożliwia zrzucenie z siebie ciężaru, a osobie obok daje sygnał, że pomoc jest potrzebna. Np. powiedzenie: „Jest mi bardziej smutno niż zwykle. Nie poznaję siebie – raz się uśmiecham, a za chwilę płaczę. Drobne rzeczy wyprowadzają mnie z równowagi. Jestem bardzo zmęczona i nie ogarniam wszystkiego. Czy mogłabyś/mógłbyś mi pomóc, (konkretna pomoc, której potrzebuje mama) np. przychodząc raz w tygodniu na 3 godziny, abym mogła się przespać / przynieść mi obiad / zrobić mi zakupy / pomagając mi się wybrać na spacer?". Fajną inicjatywą są grupy wsparcia, gdzie spotykają się osoby, które łączą podobne doświadczenia. W takiej grupie widzimy sporo podobieństw do tego, przez co przechodzimy, ale też widzimy, że to minie, że można sobie poradzić z tym smutkiem. I jak dotyka mnie Baby Blues czy depresja poporodowa, to nie oznacza to, że coś jest ze mną nie tak. Wspierające jest, gdy kobieta potrafi priorytetyzować samą siebie. Mam tu na myśli okazywanie sobie łagodności w tym czasie dużej zmiany życiowej, odpuszczenie sobie spraw nieistotnych albo zakomunikowanie granicy innym ludziom (np. W związku z wizytą, na którą brak nam sił). A także sięganie po pomoc, kiedy sama nie daje rady. Opieka nad noworodkiem jest bardzo wymagająca, jednak w tym wszystkim warto znajdować chwile dla siebie, które ładują nasze wewnętrzne baterie. Dla niektórych będzie to długi prysznic, samotny spacer, rozmowa z przyjaciółką, dla innych odsłuchanie jakiegoś podcastu albo obejrzenie serialu. Wiedzmy, że żeby móc wspierać nasze dziecko, sami musimy mieć coś, co w psychologii nazywamy „zasobami". Często podczas rozmów z rodzicami o tych bateriach nawiązuję do porównania związanego z telefonem – zwykle pamiętamy o tym, żeby go naładować, aby móc z niego korzystać, i nie jesteśmy zaskoczeni, że nie zadzwonimy, jeśli go wcześniej nie naładujemy. Natomiast do siebie samych często podchodzimy zupełnie inaczej. Zachowujemy się, jakbyśmy byli takimi telefonami, które dadzą radę dzwonić pomimo pustej baterii. A to po prostu nie może się udać. Nasza energia też się kończy i wymaga uzupełnienia. Nie da się opiekować dzieckiem bez troszczenia się o siebie. Wiem, że proszenie o pomoc może nie być łatwe, ale naprawdę warto to robić. Tym bardziej że często największym marzeniem młodej matki jest wzięcie prysznica, skorzystanie samej z toalety czy wypicie ciepłej kawy. A to są sprawy, w których bliscy mogą pomóc, przejmując na chwilę opiekę nad dzieckiem, bo nie jest to długie i wymagające. Pod warunkiem, że wiedzą o tej potrzebie.

Sylwia: myślę, że kobiety powinny pozbyć się strachu przed ocenianiem, bo prowadzi to do zamykania się w sobie razem ze swoim przygnębieniem i lękami. Nadal żyjemy w społeczeństwie stereotypów i jednym z nich jest matka, która ogarnia wszystko, dbając o dzieci, męża i dom. Wiele z nas wyniosło takie przekonania ze swoich domów rodzinnych. I w sytuacji gdy coś nas przerasta albo z czymś sobie nie radzimy, jest nam bardzo trudno się do tego przyznać i przybieramy rolę matki męczennicy.

Katarzyna Kałczyńska: tak, wciąż nosimy ze sobą bagaż minionych pokoleń. Uważamy, że wyrazem radzenia sobie jest robienie wszystkiego samemu. Dla mnie oznaką radzenia sobie jest proszenie o pomoc, kiedy jest ona potrzebna. Mam też przekonanie, że nasze zdrowie psychiczne jest o wiele ważniejsze niż opinia innych ludzi. Umiejętność dbania o siebie jest niezwykle istotna. Warto brać na siebie tyle, ile jesteśmy w stanie udźwignąć. Mówmy o tym, co nam nie pasuje i sięgajmy po pomoc kiedy jej potrzebujemy. Jeżeli objawy Baby Bluesa się przeciągają albo nasilają, lub zaczynamy się zastanawiać nad tym, czy nasz smutek poporodowy nie trwa zbyt długo albo nie jest zbyt dotkliwy, sięgnijmy po profesjonalne wsparcie. Może to być psychiatra, który postawi diagnozę i jeśli uzna to za zasadne — przepisze leki, które wesprą kobietę w jej powrocie do zdrowia, skieruje na terapię.

Sylwia: odnoszę wrażenie, że jest wiele obaw związanych z zażywaniem leków przeciwdepresyjnych. Największą z nich jest chyba przekonanie, że te leki będzie trzeba brać do końca życia, a niekoniecznie tak jest. Zapewne nie trzeba będzie ich brać zawsze. Bardziej chodzi o zabezpieczenie tego najgorszego okresu, w którym znalazła się osoba dotknięta depresją.

Katarzyna Kałczyńska: masz rację, że jest dużo tabu związanego ze zdrowiem psychicznym. Po pierwsze, ludzie wciąż jeszcze obawiają się i wstydzą wizyty u psychiatry. Tymczasem to jest lekarz, który jak inni ma zaopiekować się naszym zdrowiem. Podobnie jak idziemy do stomatologa kiedy boli nas ząb, warto przy niepokojących objawach, które mogą wskazywać na depresję, odwiedzić psychiatrę. On ma liczne narzędzia do oceny stanu psychicznego pacjenta, dzięki czemu może mu szybko pomóc. Muszę przyznać, że kiedy zaczynałam swoją pracę terapeutyczną, też byłam dosyć sceptycznie nastawiona do niektórych leków, a teraz widzę, że niekiedy wsparcie farmakologiczne jest niezbędne, aby toczył się proces leczenia i proces terapeutyczny. Drugi mit dotyczy brania leków w ciąży i podczas karmienia piersią. Tymczasem dysponujemy już dziś bezpiecznymi lekami dla matki i dziecka. I zawsze też ważymy ryzyko — czy lepsze będzie nieleczenie w obliczu konsekwencji, jakie niesie to dla całej rodziny — czy włączenie farmakologii, która może mieć skutki uboczne. Jeżeli u kobiety podczas poprzedniego porodu wystąpiła ciężka depresja okołoporodowa i kobieta czuje, że te objawy nawracają, to czasem zaleca się branie leków już w trakcie ciąży. I warto się poradzić psychiatry doświadczonego w zakresie zaburzeń okołoporodowych.

Sylwia: czyli jak kobieta już bardzo zapędziła się w złym samopoczuciu, to najpierw powinna udać się do psychiatry?

Katarzyna Kałczyńska: tak, można zacząć od wizyty u psychiatry, a następnie — albo nawet równolegle — psychologa lub psychoterapeuty. Dla części pacjentów ścieżka rozpoczęcia od terapeuty też się sprawdza. Kiedy do mnie przychodzą kobiety i podejrzewam depresję poporodową, to pracujemy nad tym, jak sobie lepiej radzić w tej sytuacji. Ale także kieruję na konsultację do lekarza psychiatry, by potwierdzić lub wykluczyć depresję.

Sylwia: a jeżeli jest sytuacja ekstremalnie kryzysowa. Nagłe pogorszenie samopoczucia, a być może nawet myśli samobójcze.

Katarzyna Kałczyńska: w takich sytuacjach jest potrzebna natychmiastowa pomoc. Można pojechać na Izbę Przyjęć do Szpitala Psychiatrycznego, do Centrum Interwencji Kryzysowej, do Centrum

Zdrowia Psychicznego i do tego niepotrzebne jest skierowanie. Czasem kobieta boi się tego rozwiązania, przewiduje, że ktoś będzie chciał zatrzymać ją tam siłą. A to nie do końca jest prawda. Tymczasem może tam natychmiast uzyskać pomoc, która jest jej potrzebna. Istnieje też opcja wezwania karetki pogotowia w sytuacji zagrożenia życia.

Sylwia: kobiety powinny też zdawać sobie sprawę z tego, że przebieg Baby Bluesa czy depresji poporodowej krzywdzi nie tylko je, ale również ich dziecko i partnera. Powinno to być dodatkową motywacją do uporania się z tym problemem szybko.

Katarzyna Kałczyńska: pewnie. Osoba dotknięta depresją bardzo cierpi i często nie jest w stanie zaspokoić swoich potrzeb, a także potrzeb dziecka czy wspierać swojego partnera. Warto wspomnieć, że osoba w depresji nie musi być cały czas w bardzo złym stanie. Może być w stanie rozdrażnienia i smutku, a potem jakiś czas funkcjonuje „normalnie". Są momenty kiedy jest lepiej, a są też kiedy jest gorzej. Może to trochę uśpić czujność samej kobiety i jej otoczenia. W takiej sytuacji „przeczekiwanie" chwil gorszego samopoczucia nie pomaga, bo to nie przejdzie samo. Dlatego tak dużo nawiązuję do tego, aby udać się do specjalisty. Już jedno takie spotkanie zwiększa poczucie bezpieczeństwa — kobieta już wie, że jest „zaopiekowana", ma przygotowany proces leczenia i nie jest z tym sama. Po wyjściu z gabinetu rodzi się nadzieja na wyzdrowienie i jednocześnie kobieta uświadamia sobie, że nie jest odosobnionym przypadkiem, bo takie rzeczy jak depresja się zdarzają i to dość często i nie jest to zależne od niej.

Sylwia: w jaki sposób reagować czy rozmawiać z osobą dotkniętą Baby Bluesem albo depresją? Odnoszę wrażenie, że najczęściej się słyszy najgorsze z możliwych stwierdzeń typu „daj spokój, inni mają gorzej".

Katarzyna Kałczyńska: tak, jest wiele rzeczy, które totalnie nie wspierają i to powyższe stwierdzenie jest jednym nich. Często kobiety porównują się albo są porównywane do naszych mam czy babć, które nie miały tylu udogodnień co my teraz, a dawały sobie radę. Takie komunikaty nie wspierają i zamykają na dalsze zwierzenia. Dużo jest również takich rad, które dyskredytują umiejętności młodej matki i potęgują uczucie niepewności w opiece nad swoim dzieckiem oraz dają potwierdzenie jej obaw. Krzywdzące też jest sformułowanie „dlaczego beczysz?", które wiąże się z takim kulturowym brakiem przyzwolenia na przeżywanie smutku czy złości. No i na koniec media społecznościowe, które zalewają nas pięknymi obrazami ukazującymi idealne macierzyństwo. Widzimy to, porównujemy się i czujemy się fatalnie. Nie zdajemy sobie sprawy z tego, że widzimy tylko fasadę czyjegoś życia, czyli cytując za Agnieszką Stein: „witrynę sklepową innej osoby, która jest piękna i poukładana", a nie widzimy tego, co się dzieje na zapleczu — tam też może bałagan. Swoje nieidealne zaplecze porównujemy z czyjąś idealną witryną i w tym porównaniu nie mamy szans na zobaczenie siebie w korzystnym świetle.

Sylwia: też używam tego porównania i uważam, że jest świetne! Obraz, jaki widzimy w mediach społecznościowych, przewija się w każdej rozmowie, którą przeprowadzam. Kobiety bardzo porównują to, co się wokół nich dzieje do tego, co widzą w swoich telefonach. Taka błędna interpretacja rzeczywistości powoduje, że czują się niewystarczające i rośnie w nich przygnębienie. Często wspominają, że teraz są już tylko mamami, a nawet i to je przerasta. Co można zrobić, aby zmienić takie myślenie?

Katarzyna Kałczyńska: kobieta po urodzeniu dziecka zostaje Matką, ale pozostaje dalej Kobietą, a o tym trochę się zapomina. Wiele czynności odbywa się wokół dziecka, to ono jest w centrum, ale kobieta też potrzebuje uwagi i warto porozmawiać też o niej, a nie tylko o dziecku. Zapytać wprost jak się czuje, czy może czegoś potrzebuje. I nie zrażać się przy tym, jak zareaguje na oferowaną pomoc nerwowo albo nie zechce rozmawiać w tym jednym momencie. Może to akurat nie jest ten czas albo nie jesteśmy tą osobą. Ale warto się przypominać, ponawiać propozycje. Dawać znać, że jest się w gotowości.

Ważne by osoby bliskie rodzicom faktycznie były blisko. Bo mężczyzna może sam potrzebować wsparcia, by móc wspierać kobietę. Warto, by przyjaciele byli dla nich wciąż życzliwym uchem do wysłuchania. Wspierające mogą być takie komunikaty, jak np. „Jestem przy Tobie", „Słyszę, że Ci trudno", „Nie wyobrażam sobie, jak się czujesz, ale jestem dla Ciebie", „Jak mogę Ci pomóc?", „Czy pomogłoby Ci... (opcje)?". Jeśli ktoś z bliskich doświadczył BB, może powiedzieć: „Miałam podobnie", „Chcesz wiedzieć, co mi wtedy pomogło?". To wzmacnia poczucie wspólnoty, dodaje nadziei na poradzenie sobie, podpowiada sprawdzone metody, których można użyć. Bo powtórzę za Gosią Stańczyk: do zajmowania się dzieckiem „potrzebna jest cała wioska". Dobrze jest też wspierać kobietę, umożliwiając jej jak największą ilość odpoczynku. Tak, by nie musiała zajmować się obowiązkami domowymi, gotowaniem. Od czasu do czasu dobrze zaproponować opiekę nad starszymi dziećmi. Choć czasem bywa to wymagające lub nawet niemożliwe. Warto też zapewnić mamie taki czas, który wykorzysta jak lubi, który sprawia jej przyjemność. Który pozwoli jej się pośmiać, rozluźnić, skupić na czymś innym niż dziecko. Może to być wspólny spacer, a może pomuzykowanie czy wyjście na zajęcia jogi. Istotną rolę we wspieraniu procesów leczenia zaburzeń nastroju odgrywa także ruch. Dobrze namówić młodą mamę do spotkania się z innymi kobietami w podobnej sytuacji. Opcją mogą być rozmowy z innymi mamami czy skorzystanie z grupy wsparcia. Osoba, która chce być pomocna, może zrobić naradę z innymi bliskimi tej osoby, na temat tego, jak wspólnie wspierać młodych rodziców i ich dziecko. Bo w grupie, możliwości wsparcia są o wiele większe. Jeśli brakuje w otoczeniu bliskich, którzy mieliby odpowiednie zasoby czasowe czy gotowość na takie rozmowy, warto od razu zaproponować profesjonalną pomoc. Poradnictwo psychologiczne czy konsultacja ze specjalistą mogą być bardzo pomocne. W depresji wsparciem może być zaproponowanie pomocy psychologa lub psychiatry. A nawet, tak jak wspominałam, wyszukanie odpowiedniego specjalisty i umówienie wizyty, zajęcie się dzieckiem w jej czasie. Dla wielu osób już samo postawienie diagnozy depresji przynosi spokój i nadzieję, bo człowiek zaczyna rozumieć co się z nim dzieje, i wie, co może zrobić dalej. Szukając informacji, dowiadują się, że nie są odosobnieni w temacie depresji poporodowej, co sprawia, że pojawia się więcej nadziei na poradzenie sobie i daje poczucie przynależności. Warto też, by profesjonaliści, którzy mają kontakt z młodą mamą, w tym szczególnie położne i lekarze, zachowali uważność na tematy zaburzeń nastroju. By słuchali tego, co mówi mama, by zapytali wprost o jej samopoczucie.

Sylwia: dzielisz się z nami bardzo ważnymi przemyśleniami. Wiele z wymienionych form pomocy tak naprawdę nie wymaga dużego wysiłku, a takie małe gesty mogą być zbawienne dla osoby, która znajduje się w kryzysie… Chciałabym, żebyśmy na koniec porozmawiały o mitach dotyczących depresji poporodowej.

Katarzyna Kałczyńska: Istnieje sporo mitów na temat depresji poporodowej. To najważniejsze z nich:

- depresja poporodowa jest rzadkim zjawiskiem - tymczasem dotyczy 10-15% kobiet rodzących, więc skala problemu jest duża.
- depresja poporodowa minie sama - Depresja nie minie sama, więc nie warto na to czekać.
- Depresja poporodowa dotyka tylko kobiety - Depresja poporodowa jednej osoby, wpływa na cały system rodzinny, może wpływać na relacje z partnerem i relacje z dzieckiem.
- Kobiety w depresji poporodowej chcą zrobić krzywdę sobie albo dziecku - Tylko niektóre kobiety mają takie chęci.
- Depresja to jest jedynie płakanie, chodzenie w wymiętej koszuli z nieumytymi włosami - To jest jedno z obliczy depresji, inne może przybierać postać eleganckiej, umalowanej kobiety, która makijażem maskuje smutek.
- To wina kobiety, że ma depresję - Kobieta nie ma na to wpływu. Pomimo stosowanej profilaktyki i przygotowania do sytuacji po porodzie i tak może zachorować.
- Depresja poporodowa dotyka tylko kobiety - Depresja poporodowa dotyczy również samych mężczyzn.

- Depresja poporodowa jest bezpośrednio po porodzie - w szerokim rozumieniu możemy mówić o depresji okołoporodowej, czyli np. takiej, która pojawia się już w trakcie ciąży albo pojawia się do roku po jej rozwiązaniu.

Podsumowując naszą rozmowę, powiem raz jeszcze — kobieto, mężczyzno, daj sobie chwilę po narodzinach swojego dziecka, wsłuchaj się w swoje emocje, one wszystkie są ok, bo niosą ważne informacje. Opowiedz o samopoczuciu komuś bliskiemu, poproś o pomoc, przyjmuj pomoc. Jeśli nie ma bliskiej osoby, której chciał(a)byś o tym opowiedzieć, umów się z empatycznym psychologiem, terapeutą albo lekarzem psychiatrą.

Sylwia: bardzo Ci dziękuję. To była świetna rozmowa zawierająca mnóstwo wartościowych treści. Mimo poruszania trudnych tematów uśmiecham się na myśl, że Twój przekaz trafi do kobiet, a właściwie i całych rodzin, które potrzebują właśnie takiego wsparcia, które okazałaś, dzieląc się swoją wiedzą i doświadczeniem.

Psychiatra, dr n. med. Adam Domagała

Jestem absolwentem II Wydziału Lekarskiego z Oddziałem Anglojęzycznym Uniwersytetu Medycznego w Lublinie. Szkolenie specjalizacyjne z psychiatrii odbywałem w Klinice Psychiatrii Uniwersytetu Medycznego w Lublinie, zdałem egzamin specjalizacyjny w 2023 roku. W 2019 roku rozpocząłem kształcenie w 4-letniej Szkole Psychoterapii Poznawczo-Behawioralnej Centrum CBT-EDU w grupie prof. dr hab. n. med. Anity Bryńskiej. W 2024 roku uzyskałem stopień naukowy doktora nauk medycznych i nauk o zdrowiu na Uniwersytecie Medycznym w Lublinie. Odbywałem staże zawodowe w Klinice Psychiatrii Wieku Rozwojowego UCK WUM w Warszawie u prof. dr. hab. n. med. Tomasza Wolańczyka, w Klinice Psychiatrii, Stresu Bojowego i Psychotraumatologii WIM w Warszawie, w Szpitalu Neuropsychiatrycznym w Lublinie, SPZOZ w Parczewie oraz w Avon&Wiltshire Mental Health Partnership NHS Trust w Bristolu, w Anglii. Od 2020 do 2023 roku byłem konsultantem psychiatrycznym Instytutu Medycyny Wsi w Lublinie. Od wielu lat pracuję w ramach Zakładu Opiekuńczo-Leczniczego Psychiatrycznego KA-MIMED w Milanowie oraz w Zespole Leczenia Środowiskowego w Parczewie. Współpracuję z Centrum Zdrowia Psychicznego w Radecznicy, gdzie pełnię dyżury medyczne.

Sylwia: jakie symptomy mogą świadczyć o tym, że smutek poporodowy przeistacza się w depresję poporodową?

Dr Adam Domagała: pierwsze, o czym należy wspomnieć, to okres trwania złego samopoczucia. Baby Blues pojawia się w pierwszych dniach po porodzie i zwykle ustępuje po około dwóch tygodniach. Przyjmuje się, że jest to zjawisko fizjologiczne, które dotyczy około 80% kobiet po narodzinach dziecka i jest tłumaczone burzą hormonalną występującą po porodzie. Jeżeli chodzi o depresję poporodową, to oddziaływanie hormonów traci na znaczeniu i przyjmuje się, że biorą tu udział inne czynniki. Poza przedłużaniem się przykrych objawów obserwujemy, że dochodzi również do ich nasilenia. Według najnowszych wytycznych okres pierwszego roku po porodzie powinien być czasem wzmożonej obserwacji pod kątem zaburzeń depresyjnych ze względu na to, że do pogorszenia się samopoczucia kobiety może dojść nawet w drugim czy szóstym miesiącu po porodzie. Sama depresja poporodowa w swoich głównych objawach tak naprawdę nie różni się od typowej depresji, z tym że po porodzie pojawia się dużo myśli i obaw związanych z rolą matki i relacji z dzieckiem.

Sylwia: faktycznie zostało przyjęte, że czas trwania Baby Bluesa, to około dwóch tygodni, jednak z moich obserwacji wynika, że obniżony nastrój trwa dłużej — podobnie jak połóg, czyli około 6 tygodni. Po tym czasie ta burza hormonalna się stabilizuje.

Dr Adam Domagała: właśnie dlatego musimy pamiętać, że wszystkie kryteria są takim uogólnianiem i uśrednianiem i nie diagnozuje się tego w taki sposób, że dwa tygodnie — to Baby Blues, a dwa tygodnie i sześć dni — to już depresja poporodowa.

Sylwia: żeby podejrzewać depresję, bierzemy pod uwagę to, czy dochodzą nowe objawy świadczące o możliwości jej wystąpienia? Czy wystarczy, że nasze samopoczucie utrzymuje się na stałym kiepskim poziomie i nie dochodzą inne objawy, ale trwa to na tyle długo, że kwalifikuje się już na depresję.

Dr Adam Domagała: moje osobiste zdanie jest takie, że jeżeli samopoczucie pacjentki sprawia jej cierpienie i nie widać żadnej poprawy, to należy poszukać pomocy. Nie każda depresja jest na tyle silna, że towarzyszą jej myśli samobójcze, natrętne myśli, czy objawy psychotyczne. Możemy zatrzymać się w stanie kiedy nic się nie zmienia i to sprawia cierpienie oraz utrudnia funkcjonowanie. W psychiatrii stosujemy kategorię cierpienia dla jednostki jako kryterium zaburzenia czy chorobowości. Jeżeli nasilone objawy choroby sprawiają, że pacjentka ma trudności w funkcjonowaniu i spełnianiu swoich ról społecznych, rodzinnych czy zawodowych, to wtedy traktujemy to jako rzecz do leczenia. Także wszystko zależy od stanu pacjentki, w jakim się znajduje. Ostatecznie bierzemy pod uwagę subiektywne odczucia pacjenta oraz ogół jego funkcjonowania.

Sylwia: zdarzają się też takie stany kiedy to samopoczucie jest zmienne? Jednego dnia czujemy się zupełnie normalnie, a kolejnego dnia opadamy z sił i dopadają nas różnego rodzaju lęki? Powinno to nas niepokoić czy bardziej mówimy o takiej przewlekłej niedyspozycji?

Dr Adam Domagała: ogólnie we wszystkich chorobach jest tak, że nie zawsze jest źle w 100%. Podobnie przy depresji są lepsze dni i lepsze chwile i to bardziej świadczy o tym, że mamy lżejszy przebieg tego zaburzenia. Ciężko powiedzieć jednoznacznie. Praktycznie nie zdarza się, że depresja utrzymuje się cały czas, przez cały dzień i jest tylko gorzej i gorzej. Często nawet pacjenci w ciężkiej depresji mówią, że zdarzają się lepsze chwile. Zwracamy również uwagę na subiektywne poczucie cierpienia przez pacjenta. Osoba pozornie sprawiająca wrażenie szczęśliwej, w środku może odczuwać największy smutek lub rozpacz. Istotna jest tu też obserwacja osoby w depresji ze strony najbliższych jej osób. Czy coś się zmienia w zachowaniu albo funkcjonowaniu pacjenta.

Sylwia: porozmawiajmy chwilę o objawach, które mogą świadczyć o tym, że kobieta mierzy się z depresją poporodową.

Dr Adam Domagała: najważniejszym objawem biologicznej depresji jest anhedonia albo dyshedonia, czyli brak albo ograniczenie odczuwania przyjemności. Prowadzi do tego, że zaczynamy tracić zdolność do odczuwania emocji. Kobieta może wtedy sprawiać wrażenie nieobecnej, otępiałej. Nie robi na niej wrażenia to, że np. dziecko się uśmiecha czy płacze, czy wydarza się coś miłego, czy mniej przyjemnego. Wszystko staje się takie nijakie, szare i wyblakłe. Poza znacznym i trwałym obniżeniem nastroju pojawia się również osłabienie i pogorszenie sprawności fizycznej.

Objawami dodatkowymi są
- stany lękowe
- zaburzenia snu
- zaburzenia apetytu w obie strony, bo może to być brak uczucia głodu albo objadanie się słodkościami
- drażliwość
- pesymistyczne widzenie przyszłości i teraźniejszości
- poczucie winy
- niska samoocena
- pogorszenie koncentracji i uwagi
- myśli rezygnacyjne
- myśli samobójcze

Jednak warto zauważyć, że wiele nieprzyjemnych dolegliwości w okresie poporodowym może dziać się tak po prostu, bo poród jest epizodem krytycznym dla życia rodziny i samej matki. Urodzenie dziecka mimo tego, że jest sytuacją przyjemną, to w ujęciu psychoterapeutycznym jest to również sytuacja kryzysowa, która charakteryzuje się nagłą zmianą życiową, biologiczną i społeczną. W tym czasie trzeba dostosować się do dziecka i jest to sytuacja bardzo wymagająca względem rodziców.

Potrzeby matki typu zmęczenie czy głód często są niezaspokajane, bo dziecko potrzebuje pomocy i o nią prosi bardzo dosadnie.

Sylwia: czy przy tym mogą pojawić się jakieś objawy somatyczne?

Dr Adam Domagała: mogą pojawić się objawy somatyzacyjne, które nie zawsze muszą być związane z depresją jako taką. W sytuacji gdy mamy w sobie dużo emocji, z którymi nie potrafimy sobie poradzić, to wpadamy w takie zniekształcenia poznawcze. Mamy trudność w przeżywaniu emocji i kiedy stresu nagromadzi się zbyt dużo, to wychodzi on w inny sposób. I tu właśnie mogą pojawić się dolegliwości żołądkowe, biegunki, napady panicznego lęku, spięcia w ciele. Tak naprawdę tego jest ogrom i każdy przeżywa to na swój sposób, ale wynika to z tego, że jeśli czegoś nie przeżyjemy, nie przetrawimy tych uczuć, to one prędzej czy później gdzieś wyjdą i mogą to być właśnie takie sygnały, które wysyła nam ciało. Takie zakopane emocje w jakiejś późniejszej sytuacji destabilizującej mogą wyjść ze zdwojoną siłą. Należy również wspomnieć o tym, że w przypadku zaburzeń depresyjnych, które są nieleczone, też niekiedy mogą minąć samoistnie, tylko będzie się to rozwlekać na miesiące, a nawet lata i z pewnością ma to wpływ na ogólne funkcjonowanie, samopoczucie, ale także na relacje z dzieckiem.

Sylwia: często słyszę, jak kobiety mówią, że dużo straciły w początkowej relacji z dzieckiem. Nie pamiętają tego okresu, nie potrafiły się cieszyć i teraz towarzyszy im poczucie straty związane z pierwszymi tygodniami, a nawet miesiącami kiedy zostały mamami.

Dr Adam Domagała: często myślimy, że mogliśmy zrobić coś tak, a nie inaczej, albo zrobić coś lepiej. Pierwsze miesiące po porodzie dziecka mogą być wielkim obciążeniem psychicznym i fizycznym, skupiamy się na zaspokajaniu wszelkich potrzeb dziecka i uczymy się odkładać nasze potrzeby na rzecz nowych obowiązków i dostosowywania się do nowej sytuacji. Silne zmęczenie i trud włożony w trakcie początkowego okresu rodzicielstwa może faktycznie prowadzić do wyparcia tych dni z pamięci, jednak moim zdaniem powinny one być powodem do dumy dla świeżo upieczonych rodziców w związku z dobrze wykonanym zadaniem przystosowywania się do nowej roli.

Sylwia: jakie czynniki mają wpływ na pojawienie się depresji poporodowej? Czy kobiety, które mają za sobą epizody depresyjne, mają większe predyspozycje do tego, że dotknie je depresja po narodzinach dziecka?

Dr Adam Domagała: przede wszystkim najważniejsze czynniki ryzyka, to wcześniejsza diagnoza choroby psychicznej typu choroba afektywna dwubiegunowa czy schizofrenia. Wtedy istnieje bardzo duże ryzyko epizodów depresyjnych. Podobnie gdy w najbliższej rodzinie genetycznej jest obecna historia choroby psychicznej, wtedy jest to przesłanka, żeby dokładniej przyglądać się takiej osobie. Duże znaczenie odgrywa również osobowość kobiety. W jaki sposób reaguje na zmiany i sytuacje kryzysowe. Kolejną kwestią jest brak wsparcia systemowego. Brak partnera lub przemocowa relacja z partnerem. Brak komunikacji i zrozumienia w związku. Są to deficyty, które mogą wywoływać dużo smutku i lęku. Należy wspomnieć również o tym, że poza depresją poporodową bywają również takie zaburzenia jak psychoza poporodowa, czy zaburzenia lękowe poporodowe. I tak naprawdę nie wiadomo, w jakim kierunku pójdą emocje związane z Baby Bluesem. Mogą samoistnie ustąpić, ale również mogą przekształcić się w coś poważniejszego. Dlatego ważna jest obserwacja swojego samopoczucia i w razie jego pogorszenia konsultacja z lekarzem. Warto zdać sobie sprawę, że zaburzenia poporodowe mogę dotyczyć również ojca. Weźmy pod uwagę to, że matka przygotowuje się do narodzin dziecka. Przez całą ciążę buduje więź z dzieckiem, czuje już jego obecność, natomiast u ojca te procesy zachodzą po porodzie, kiedy dziecko jest już fizycznie obecne. Adaptacja mężczyzny do roli ojca bywa trudna i wiąże się z wieloma rzeczami, które zaskakują.

Sylwia: tak, dotychczasowe życie obojga rodziców bardzo się zmienia. Młodemu tacie może towarzyszyć wiele skrajnych emocji i może być mu ciężko odnaleźć się w nowej sytuacji. Dodatkowo w społeczeństwie nadal funkcjonuje sporo stereotypów związanych z ojcem, który powinien być silny, dawać wsparcie, dbać o partnerkę i nowo narodzone dziecko, a jednocześnie dbać o finanse rodziny. To duże obciążenie. Do tego dochodzi duże przekoloryzowanie rodzicielstwa, chociażby w mediach społecznościowych. Obserwuję, że rodzice, ale głównie kobiety bardzo wzorują się i porównują, do tych wydawałoby się idealnych obrazów matek i rodzin, które widzą na Facebooku czy Instagramie.

Dr Adam Domagała: całe media społecznościowe to iluzja, która nadaje błędny obraz rzeczywistości osobom dorosłym, ale i populacji młodzieży czy dzieci. Widzimy wiele ideałów nie do spełnienia. W wyniku takiej destabilizacji i narzucanej presji, o której Pani mówi, zarówno u matki jak i u ojca może pojawić się wiele wątpliwości i lęków, dlatego ważny jest szerszy system wsparcia typu dziadkowie czy najbliżsi przyjaciele. W psychoterapii wspierającej, samopomocowej nie ma żadnych czarów czy jakichś niesamowitych metod. Bardziej chodzi o to, żeby dobrze wyedukować rodziców. Uświadomić im, że wiele rzeczy, które się dzieją, to po prostu kolejny etap w ich życiu i tak na razie będzie. Dużo rzeczy może się wydarzyć i to nie jest do końca zależne od nas.

Sylwia: tak i nie tylko u nas tak się dzieje, a obserwuję, że bardzo personalnie podchodzimy do trudności, z którymi się spotykamy po narodzinach dziecka. Zarówno jeśli chodzi o opiekę nad nim, jak i uczucia, które nam towarzyszą w tym czasie.

Dr Adam Domagała: dlatego warto odbarczyć się trochę z tych wszystkich emocji. Trzeba stworzyć sobie taką przestrzeń, aby móc powiedzieć o swoich wszystkich emocjach, a nie dusić je w sobie. Ważne jest, aby rozmawiać o swoich uczuciach, emocjach i obawach, które mogą wydawać się złe, ale jednocześnie nie ma nic złego w tym, że nam towarzyszą. Odnoszę wrażenie, że matki boją się takich uczuć i mają w sobie przekonanie, że jak źle myślą o dziecku, to są złymi matkami. A samo myślenie nie czyni z nikogo złego człowieka.

Sylwia: zgadza się, ale mimo tego bardzo często spotykam się wręcz z takim zadręczaniem się przez matki, że dopuszczają do siebie myśli bezradności, zmęczenia i frustracji. I widzę, że bardzo ciężko jest im się do tego przyznać i zaakceptować te trudne emocje, z którymi się spotykają. Często nie zdają sobie przy tym sprawy, że akceptacja i zrozumienie tych uczuć jest dla nas dużo lepsze niż ucieczka przed nimi.

Dr Adam Domagała: złość też ma swoją rolę w naszym życiu, nie można przed nią uciekać, tylko należy ją wyrażać w zdrowy, funkcjonalny sposób.

Sylwia: podobnie jak smutek, a widzę, że od tego smutku również bardzo się ucieka.

Dr Adam Domagała: tak, o tych emocjach za dużo się nie mówi, a one też muszą mieć swój wyraz. Bo o czym mówi złość? O tym, że są przekraczane moje granice, że jestem na skraju wyczerpania, a nie do końca musi to się odnosić do naszego dziecka.

Sylwia: spotykam się również z mamami, u których obserwuję, że tłumiona złość wychodzi nawet po kilku latach. Trafiają do mnie kobiety, których dzieci mają dwa, trzy lata i mówią, że nie radzą sobie ze swoimi emocjami. Mają napady złości i często reagują nieadekwatnie do sytuacji.

Dr Adam Domagała: to jest to, o czym rozmawialiśmy wcześniej — jeżeli nie spożytkujemy tych emocji, to będą się gromadzić po to, żeby wybuchnąć nawet przy małej okazji.

Sylwia: w takim razie, jaka jest Pana rada na spożytkowanie tych negatywnych emocji, aby nie dochodziło do sytuacji kumulacji, która z kolei może prowadzić do zaburzeń psychicznych.

Dr Adam Domagała: myślę, że najważniejsza rzecz, to być świadomym, co może się wydarzyć. Często nie dajemy sobie prawa do złych czy nie wygodnych dla nas myśli lub uczuć.

Ważna jest psychoedukacja i przygotowanie do tego, że po narodzinach dziecka możemy napotkać wiele trudności, przy których będzie towarzyszyć nam stres i zmęczenie. Jak wiemy, że coś takiego może nam się przydarzyć, to łatwiej akceptujemy taki stan rzeczy i nie jest to dla nas tak dużym zaskoczeniem. Warto powiedzieć, że kobiety z depresją poporodową rzadko popełniają jakiekolwiek złe czyny wobec swoich dzieci, te myśli się zdarzają, mogą być nasilone i przykre, ale to się zdarza rzadko. Myśli są tylko myślami. To, że się ma takie myśli, nie oznacza, że się wyrządzi krzywdę swojemu dziecku, powinien to być jednak dla nas sygnał, że trzeba z kimś o tym porozmawiać.

Sylwia: myślę, że należy mieć również świadomość, że im szybciej poszukamy pomocy, tym szybciej wrócimy do dobrego samopoczucia. Istotną rolę odgrywa tu rozmowa, bo dzięki niej wiele rzeczy możemy sobie zracjonalizować.

Dr Adam Domagała: zgadza się, rozmowa o tym, co nas dręczy, jest bardzo uwalniająca.

Sylwia: a co w przypadku gdy okazuje się, że jednak sama rozmowa nie jest wystarczająca? Może potrzeba jej więcej i to może nam zaoferować psychoterapia czy raczej powinniśmy sięgnąć po farmakologię?

Dr Adam Domagała: z mojego doświadczenia wynika, że nie zawsze w zaburzeniach depresyjnych wymagana jest farmakoterapia, ale o tym powinien ostatecznie zadecydować specjalista wraz z pacjentem. Farmakoterapia przynosi ulgę w objawach szybciej niż terapia, nawet w przeciągu kilku tygodni, psychoterapia wymaga zdecydowanie więcej czasu. Natomiast już kilka spotkań na terapii kryzysowej poznawczo-behawioralnej nastawionej na psychoedukację lub poradnictwo, daje bardzo dobre rezultaty. Psychoedukacja jest bardzo uwalniająca, daje nam odpowiedź na pytanie, z czego wynika nasze złe samopoczucie i jak możemy sobie z nim poradzić.

Sylwia: kiedy nasze złe samopoczucie powinno skłonić nas do wizyty u psychiatry? Jakie symptomy wskazują na to, że to już jest ten moment, w którym potrzebujemy pomocy specjalisty?

Dr Adam Domagała: w mojej opinii głównym kryterium wizyty u psychiatry jest wypadanie z ról życiowych i subiektywne poczucie cierpienia. Jak ktoś nie jest w stanie normalnie funkcjonować, odczuwa cierpienie, jest przytłoczony, nie ma siły, nie może wstać, ma myśli rezygnacyjne, myśli samobójcze bądź natrętne myśli w stosunku do siebie lub dziecka, to oznacza, że nadszedł ten moment.

Sylwia: często trafiają do Pana kobiety cierpiące na depresję poporodową?

Dr Adam Domagała: do mnie osobiście rzadko zgłaszają się pacjentki tuż po narodzinach dziecka.

Sylwia: z czego to może wynikać? Bo nie sądzę, że nie ma kobiet, które cierpią na depresję po porodzie. Według mnie wiele osób uważa wizytę u psychiatry za krępującą.

Dr Adam Domagała: wydaje mi się, że jest coraz mniej takich głosów. Na co dzień widzę dużo chęci poszukiwania pomocy. Kobietom, które niedawno urodziły dziecko, może towarzyszyć niezrozumienie swoich emocji. Jednocześnie poświęcają dużo czasu i energii na opiekę nad dzieckiem, a przez to spychają swoje potrzeby na dalszy plan. Zapewne na swój sposób radzą sobie ze złym samopoczuciem, i biorą je na przeczekanie. Rozumiem również, że to, co skrywamy w myślach, może być dla nas wstydliwe i powodować, że ciężko jest nam się przyznać do jakichś dysfunkcji o podłożu psychicznym, które odczuwamy. Jednak psychiatria jest specjalizacją medyczną, a psychiatra lekarzem jak każdy inny, więc w razie potrzeby należy skorzystać z jego pomocy. Na szczęście obserwuję, że to się zmienia i coraz więcej osób decyduje się na konsultację psychiatryczną.

Sylwia: to bardzo budujące, jednak odnoszę wrażenie, że kobiety zmagające się ze smutkiem poporodowym mogą nie wiedzieć, gdzie właściwie udać się po pomoc.

Dr Adam Domagała: tak, mam świadomość, że kwestia opieki poporodowej w Polsce wygląda nie najlepiej i kobieta, która odczuwa złe samopoczucie, nie bardzo wie do kogo się zgłosić. Kiedy jest jeszcze w szpitalu, nic nie wskazuje na to, że może się zadziać coś nie tak. Tak naprawdę wszystko spada na kobietę po powrocie do domu. Wizyty patronażowe skupiają się na dziecku, a nie na matce. Kobieta po zakończeniu połogu, czyli około 6 tygodni po porodzie zgłasza się na kontrolę zazwyczaj do lekarza prowadzącego ciążę, który przeprowadza badania pod kątem ginekologicznym. Więc odnoszę wrażenie, że nie ma takiego systemowego rozwiązania, które pomogłoby kontrolować zdrowie psychiczne kobiet po narodzinach dziecka.

Sylwia: tak. Stanowi to bardzo problematyczną kwestię. Myślę, że świetnym rozwiązaniem jest psychoedukacja, o której Pan wspominał. Dużo kobiet, które trafia do mnie, podczas rozmowy uświadamia sobie, z czego wynika ich złe samopoczucie i jak można sobie z nim poradzić i widzę, jak dużą ulgę im to sprawia.

Dr Adam Domagała: tak, rozmowa jest pierwszą rzeczą, od której powinniśmy zacząć. Już samo wyrzucenie z siebie negatywnych emocji i natrętnych myśli sprawia, że nasze samopoczucie się poprawia.

Sylwia: jednak czasami emocje biorą górę na tyle mocno, że ciężko nad nimi zapanować. Wtedy należałoby skonsultować się ze specjalistą i często odczuwam, że młode mamy bronią się od wizyty u psychiatry, gdyż ta jest kojarzona przez nie z koniecznością brania leków. Wspomniał już Pan o tym, że w wielu przypadkach można sobie bez nich poradzić. Jednak jeśli zachodzi potrzeba włączenia farmakologii, pojawia się wiele pytań i wątpliwości. Na przykład stwierdzenie, że jak zacznie się brać leki psychotropowe, to należy je przyjmować już przez całe życie.

Dr Adam Domagała: zawsze w takim przypadku staram się wyjaśnić z pacjentem jak rozumie sformułowanie — lek psychotropowy. Dobrym przykładem jest paracetamol, który jest lekiem psychotropowym, bo działa na enzym znajdujący się w mózgu, a nikt po zażyciu kilku tabletek paracetamolu nie bierze go potem przez całe życie. Prawda jest taka, że bardzo mały procent ludzi wymaga stosowania leczenia substancjami kontrolowanymi, narkotycznymi, które mogą powodować uzależnienie. Leki przeciwdepresyjne i przeciwpsychotyczne nie są jako tako lekami prawnie psychotropowymi, które wymagają ścisłej kontroli i każdy lekarz może wypisać leki z powyższych grup.

Sylwia: czyli zażywanie leków przeciwdepresyjnych należy traktować jako pomoc doraźną? Okres przejściowy?

Dr Adam Domagała: w większości przypadków tak. Chodzi o wyciszenie tych najsilniejszych objawów. Leki pomagają w redukcji lęków, zmniejszają anhedonię (czyli obniżoną zdolność lub nawet niemożność odczuwania przyjemności), a zwiększają energię, co pomaga nam spojrzeć inaczej na to, co się dzieje. Leki są taką podstawą, która wyciąga nas z tych najgorszych stanów, a psychoterapia ma trochę rozruszać nasze zatwardziałe schematy poznawcze. Więc idealnym rozwiązaniem byłoby stosowanie w jednym czasie jednego i drugiego. W pierwszym epizodzie depresyjnym przy dobrej odpowiedzi okres leczenia wynosi około 6 miesięcy, a potem zaczyna się schodzić z leków. Także to leczenie nie jest na zawsze. Ja dążę do tego, żeby po okresie stabilizacji próbować redukować dawki leków.

Sylwia: wiele wątpliwości wzbudza również rozpoczęcie leczenia w trakcie laktacji. Czy kobieta karmiąca piersią może rozpocząć leczenie lekami przeciwdepresyjnymi?

Dr Adam Domagała: jeżeli chodzi o leki przeciwdepresyjne, to aktualnie nie ma zaleceń, które nakazywałyby odstawianie karmienia bądź zahamowanie laktacji. Ogólnie wszystkie leki w jakimś stopniu przenikają do pokarmu kobiecego. Jednak w badaniach nie wykazuje się jednoznacznie działania negatywnego dla dziecka, szczególnie że są też leki wprost zalecone, np. sertralina, która jest bezpiecznym lekiem przeciwdepresyjnym w ciąży oraz w trakcie karmienia. Powszechne zalecenia nawet te polskie są bardzo zachowawcze i mówią, że te leki należy po prostu stosować w najniższych skutecznych dawkach, ale najniższych to nie znaczy w podprogowych. Zaleca się również przyjmowanie leków zaraz po karmieniu nocnym, wtedy gdy potencjalna przerwa między karmieniami jest dłuższa. Jeśli zakładamy, że lek choćby w najmniejszym stopniu przenika do pokarmu kobiecego, to stosując się do tego zalecenia, praktycznie eliminujemy potencjalne zagrożenie dla naszego dziecka. Bardzo ważną kwestią dla mnie jest również to, że dużo większym zagrożeniem jest nieleczony epizod depresyjny, lękowy czy psychoza, niż stosowanie tych leków w czasie karmienia. Zawsze przy decydowaniu o podjęciu terapii medycznej musimy rozważyć korzyści i straty.

Sylwia: gdy jedna z moich pacjentek około 2 lata temu zaszła w ciążę, dostała od lekarza psychiatry zalecenie, aby odstawić leki przeciwdepresyjne w obawie o rozwój płodu. Z rozmowy z panem wnioskuję, że nie ma takiej konieczności.

Dr Adam Domagała: w leczeniu depresji są inne zalecenia w trakcie ciąży i po jej rozwiązaniu. W trakcie ciąży z leków przeciwdepresyjnych stosowanych konwencjonalnie wyłączyłbym stosowanie jedynie dwóch leków — paroksetynę i wenlafaksynę. Są to leki przeciwdepresyjne, wobec których wykazano niewielkie zwiększenie ryzyka wad serca u płodu. Jeżeli kobieta była w ciężkiej depresji przed ciążą i w trakcie ciąży nagle odstawia leki, to należy zastanowić się nad konsekwencjami. Sama ciąża jest okresem kryzysowym, gdzie dużo się dzieje, więc odstawienie leku może być niebezpieczne. W przypadku lekkich zaburzeń lękowych i umiarkowanej depresji możemy podjąć próby odstawienia leków. Idealnie by było zaplanować z lekarzem psychiatrą, że chcemy zajść w ciążę, wtedy można dostosować leczenie w jeszcze bardziej bezpieczny sposób. Tak zazwyczaj się robi przy schizofrenii i chorobie afektywnej dwubiegunowej.

Sylwia: na zakończenie naszej rozmowy, co by Pan powiedział kobietom, które zmagają się ze smutkiem poporodowym bądź depresją poporodową?

Dr Adam Domagała: na pewno kobieta nie może być sama z tymi trudnościami. Powinna otrzymywać wsparcie, a jeśli tego nie ma, to o nie wprost poprosić. Nie trzeba być idealną matką, żeby wychować dobre dziecko. Po drodze możemy popełniać błędy, ale to też ma czemuś służyć. Nie ma idealnego porodu, nie ma idealnego życia, ale to nie oznacza, że nie można mieć szczęśliwego życia.

Sylwia: dziękuję za wiedzę, którą się Pan z nami podzielił. Liczę na to, że nasza rozmowa przełamie stereotypy związane z wizytą u psychiatry i podjęciem leczenia farmakologicznego u kobiet w ciąży lub połogu jeśli zachodzi taka potrzeba.

TO BY BYŁO NA TYLE...

Pisanie tej książki było dla mnie pięknym doświadczeniem. Spotkałam na swojej drodze wiele fantastycznych osób, które okazały mi dużo wsparcia, ale przede wszystkim zechciały się ze mną podzielić swoją wiedzą, doświadczeniem, ale i prawdziwymi historiami. To były niesamowite spotkania. Niesamowite jest też to, że przyszłam do Was znikąd, nie znaliście mnie, a mimo to nie odmówiliście współpracy ze mną, a wręcz przeciwnie – obdarzyliście mnie tak wielkim zaufaniem. Jestem Wam za to ogromnie wdzięczna. Rozmowy z ekspertami wzbogaciły mnie o nową, jakże wartościową wiedzę. Natomiast 10 kobiet, z którymi rozmawiałam, wzbudziło we mnie jeszcze większą empatię, ucząc mnie też przy tym pokory. Jesteście tak różne, a zarazem tak podobne do siebie! Dziękuję, że obdarzyłyście mnie tak wielkim zaufaniem. Podczas naszych rozmów było wiele emocji, które wywoływały łzy i okazywały się trudnym powrotem do przeszłości. Tym bardziej jestem wdzięczna za to, że podzieliłyście się swoimi jakże intymnymi historiami. Wierzę, że przyniosą one ogromną wartość czytelnikom tej książki. Moja praca pokazuje mi, że smutek poporodowy jest tak częstym, a równocześnie tak bardzo zaniedbanym tematem. Otwartość na zrozumienie swoich emocji i rozmowa o nich, jest kluczowa do zachowania równowagi emocjonalnej. Tymczasem w nas kobietach jest tyle blokad i stereotypów, że nie mamy odwagi do tego, aby przyznać się do swoich słabości. Wierzę, że ta książka to zmieni. To lektura – którą powinna przeczytać każda kobieta w ciąży albo tuż po narodzinach dziecka. To również lektura, skierowana do każdego taty, który najczęściej nie ma pojęcia, co się dzieje pod względem emocjonalnym u jego partnerki…

Wierzę, że każda opowieść, która się tu znalazła, nie jest kwestią przypadku, tylko niesie ze sobą przekaz, który jest Ci potrzebny. Pokazuje to jak naprawdę wygląda życie. Nie takie na Instagramie, ale takie, które każda z nas prowadzi w swoim domu. Codzienność, to też trudne chwile, którym towarzyszy smutek i niepokój, i tak nie jest tylko u Ciebie czy u mnie. Tak jest u większości z nas. Smutek przeplata się z radością. Jakieś niepowodzenia okazują się później naszymi sukcesami.

Wszystko dzieje się po coś i w tym wszystkim kluczowa jest akceptacja i zrozumienie dla samej Siebie.

Bądź dla siebie dobra.
Ślę Ci uściski.
Jestem tu dla Ciebie...
Sylwia

GDZIE SZUKAĆ POMOCY, KIEDY NASZE SAMOPOCZUCIE SIĘ POGARSZA?

W przypadku gdy młoda mama odczuwa coraz gorsze samopoczucie psychiczne, jej stan się nagle pogarsza, dochodzi do załamania nerwowego lub pojawiają się myśli samobójcze, należy niezwłocznie zgłosić się po pomoc. W takim przypadku powinniśmy wiedzieć, że jest wiele możliwości wyjścia z trudnej dla nas sytuacji, a im szybciej podejmiemy leczenie, tym szybciej odzyskamy pełnie sił z korzyścią dla siebie i swoich bliskich.

Gdy czujesz, że Twój stan się pogarsza

- Umów się do lekarza psychiatry, który przyjmuje w poradniach specjalistycznych, poradniach zdrowia psychicznego oraz poradniach przyszpitalnych. Aby zapisać się na konsultacje, nie jest potrzebne skierowanie.
- Umów się do psychologa lub psychoterapeuty, który przyjmuje w poradniach zdrowia psychicznego. Aby zapisać się na wizytę, potrzebne jest skierowanie od lekarza pierwszego kontaktu lub specjalisty pracującego w ramach NFZ.
- Umów się ze mną na sesję Treningu Mentalnego. Nasze spotkanie może odbyć się online.

Gdy czujesz się na tyle źle, że nagle potrzebujesz pomocy

- Poinformuj o tym osoby z Twojego najbliższego otoczenia. Postaw przy tym sprawę jasno, powiedz o swoich wszystkich dolegliwościach fizycznych i psychicznych, w szczególności o natrętnych myślach, które wprowadzają Cię w panikę. Nie przeciągaj momentu konsultacji ze specjalistą. Potrzebujesz pomocy teraz!
- Zadzwoń pod 999 lub 112. Opisz swoją sytuację i poproś o przyjazd karetki pogotowia.
- Udaj się na Izbę Przyjęć Szpitala Psychiatrycznego.
- Zadzwoń na całodobową i bezpłatną Linię Wsparcia 800 70 2222. Jest to Centrum Wsparcia dla osób w stanie kryzysu psychicznego, gdzie pod telefonem, mailem i czatem dyżurują psycholodzy Fundacji ITAKA udzielający porad i kierujący dzwonią-

ce osoby do odpowiedniej placówki pomocowej w ich regionie.
- Skontaktuj się z Centrum Interwencji Kryzysowej w Twoim mieście – oferuje pomoc psychologiczną i wsparcie w trudnych sytuacjach życiowych, a na stronie internetowej są dostępne numery telefonów, takie jak telefon zaufania czy punkt interwencyjno – konsultacyjny.

Ważne jest, abyś uświadomiła sobie to, że im szybciej sięgniesz po pomoc, tym szybciej wrócisz do pełni sił. Nie traktuj siebie zbyt surowo i nie obwiniaj się za swoje złe samopoczucie. To nie Twoja wina, że dopadł Cię Baby Blues lub depresja. To, że teraz się źle czujesz, nie oznacza, że ten stan będzie utrzymywał się zawsze. Chociaż teraz możesz nie widzieć nadziei na poprawę, to zaufaj mi, że jest wiele sposobów na odzyskanie równowagi, tak abyś mogła jak najszybciej zacząć cieszyć się życiem i macierzyństwem.

PODZIĘKOWANIA

Dziękuję Dr. Rafałowi Ziemińskiemu za zaufanie, wsparcie i wiedzę, którą się ze mną dzieli. No i za cierpliwość do moich szalonych pomysłów!

Justynie Kurębskiej za to ile dobra i mądrości wniosła do mojego życia.

Kasi Kalczyńskiej i Adamowi Domagale za niezwykle wartościowe rozmowy o emocjach, z których i ja sama tak wiele wyniosłam.

I oczywiście składam wielki ukłon w stronę kobiet, które podzieliły się ze mną swoimi historiami.

Jesteście cudowne i samych cudowności Wam życzę!

Jestem wdzięczna za wszystko, co mam i czym mogę się z Wami dzielić.

Ola, Martyś, Maciuś, Michał dziękuję, że jesteście…

Gosia Wójcicka Wilczok, Anetka Kłębokowska, Magda Fijołek Wasze wsparcie i wiara we mnie i tę książkę są nieocenione.

Ciocia Basia, Wujek Zenek, dziękuję, że dzięki Wam to wszystko stało się rzeczywistością.

Ciociunia (oczywiście mam tu na myśli Gosię Karwan) dziękuję za wszystkie chwile, które spędziłaś z dziećmi, abym ja mogła się szkolić i przeprowadzać wywiady.

Danuta Modrzejewska dziękuję za to, że była pani wtedy, kiedy tego najbardziej potrzebowałam. Nasza znajomość pozwoliła mi poznać siebie i dała mi dużo siły.

Bibliografia:

1. O'Hara M.W., McCabe J.E. *Postpartum depression*: current status and future directions. Ann. Rev. Clin. Psychol. 2013; 9: 379–407.
2. Marzena Kaźmierczak, Grażyna Gebuza, Małgorzata Gierszewska *Zaburzenia emocjonalne okresu poporodowego Problemy pielęgniarstwa* 2010, tom 18, zeszyt nr 4
3. Steiner M, Yonkers K: *Depresja u kobiet*; Via Medica, Gdańsk 1999 (tłum. Dr hab.n.przyr. Maria Bnińska);
4. Bielawska-Batorowicz E. *Psychologiczne aspekty prokreacji.* „Śląsk" Wydawnictwo Naukowe, Katowice 2005: 221–242.
5. Freeman M.P., Keck P.E., McElroy S.L. *Postpartum depression with bipolar disorder.* Am. J. Psychiatry 2001; 158: 652.
6. Cox JL, Holden JM, Sagovsky R. *Detection of postnatal depression. Development of the 10-item Edinburgh Postnatal Depression Scale.* Br J Psychiatry. 1987 Jun;150:782-6. [PubMed]
7. O'Hara MW, Wisner KL. *Perinatal mental illness: definition, description andaetiology. Best Pract Res Clin Obstet Gynaecol.* 2014 Jan;28(1):3-12. doi: 10.1016/j.bpobgyn.2013.09.002. Epub 2013 Oct 7. PMID: 24140480; PMCID: PMC7077785.
8. Manurung S, Setyowati S. *Development and validation of the maternal blues scale through bonding attachments in predicting postpartum blues. Malays Fam Physician.* 2021 Feb 15;16(1):64-74. doi: 10.51866/oa1037. PMID: 33948144; PMCID: PMC8088748.
9. Ostrowska A. *Matka w depresji.* Mag. Piel. Położ. 2006; 12: 32.